アジアの開発と地域統合
新しい国際協力を求めて

REGIONAL INTEGRATION
FOR ASIA'S DEVELOPMENT:
IN SEARCH OF
NEW INTERNATIONAL COOPERATION

KUCHIKI Akifumi
UMADA Keiichi
ISHIKAWA Koichi

朽木昭文
馬田啓一
石川幸一

【編著】

日本評論社

はしがき

　日本の国際協力は曲がり角に来ている。日本はこれまで、ODA（政府開発援助）、貿易、投資という三位一体型の国際協力を実施してきたが、国際協力の方法を今や見直すべきである。なぜならば、日本およびアジアを取り巻く国際環境が大きく変化したからである。

　第1に、日本の1人当たりGDPは1991年に世界第3位だったが、2013年に24位に下がった。対外貢献の柱と位置づけられ、かつて世界1位だった日本のODA支出額も財政悪化に伴い、1997年をピークに減少傾向が続き、2013年には4位に下がった。量から質への転換は喫緊の課題である。

　第2に、近年のアジア新興国の台頭が目覚ましい。中国やインド、NIEs（韓国、香港、台湾）、ASEAN 6（シンガポール、タイ、マレーシア、フィリピン、インドネシア、ベトナム）など、成長著しいアジア新興国の市場は、所得の増大を背景に量的拡大と質的向上（高付加価値化）が加速している。アジア新興国11カ国の中間所得層（ボリュームゾーンと呼ぶ）は、2000年には2億4千万人であったが、2020年には23億1千万人と、20年で10倍に拡大することが見込まれている。

　第3に、アジアでの経済活動の中心的な担い手は、公的な援助から民間部門の貿易と投資にシフトし、ここ20年で、東アジアの国際生産ネットワークは飛躍的に拡大と深化を遂げている。東アジア生産ネットワークにおいて、中国は最終財の生産・輸出拠点としての地位を確立したが、その背景には、日本、韓国、ASEAN等、東アジア諸国による中国への中間財供給の拡大がある。日本は、東アジアの中で存在感が薄くなっているように見えるが、日本企業の直接投資活動によって東アジア生産ネットワークの拡大・深化の牽引役となっている事実を見落としてはならない。

　第4に、アジア太平洋地域において二国間FTAの締結や、TPP（環太平洋経

済連携協定）、RCEP（東アジア地域包括的経済連携）、日中韓 FTA、ASEAN 経済共同体（AEC）などの広域のメガ FTA の締結に向けた取組みが活発化している。広域の FTA によって非関税障壁を撤廃し、様々な貿易・投資のルールを共通化すれば、企業のサプライチェーン（供給網）の効率化を実現し、東アジア及びアジア太平洋地域全体としても成長していくことができる。

　こうした国際環境の変化を踏まえて、本書は、従来の三位一体型国際協力に、地域統合の推進を加えた「四本柱（しほんばしら）型国際協力」への転換の必要性を提言する。企業による国際生産ネットワークの拡大が進むなか、ASEAN などアジアの途上国も自国の国内生産、輸出の担い手として、日本企業など外資系企業の役割を益々重視するようになってきている。このため、企業誘致の手段として、サプライチェーンの効率化につながる二国間 FTA や広域のメガ FTA といった地域統合に積極的に参加する傾向が強まっている。ここに、日本の新たな国際協力の方向性を見出すことができる。

　日本の国益も考慮に入れつつ、TPP や RCEP などメガ FTA をはじめとする地域統合への参加を通じた東アジアの途上国の開発戦略への取り組みを、四本柱型国際協力の一環として日本は積極的に支援していくべきである。それは日本企業のグローバル化と、日本を拠点としたグローバルなサプライチェーンの拡大を可能とし、日本企業の強みを生かすことにもつながる。日本は、今こそメガ FTA 時代の新たな国際協力の枠組みの構築を目指すべきである。

　本書が主張する仮説は、「地域統合が開発に有効である。したがって、地域統合を目指した国際協力が開発に有効である」というものである。この仮説にもとづき、本書の基本的なアプローチとして、第 1 に、アジアの開発と地域統合の現状を把握し、第 2 に、ODA から民間資金に軸足を移しつつある国際協力の諸相を検証し、第 3 に、開発の視点から地域統合の意義と課題を探っている。以下、4 部 16 章から構成される本書の主要な論点について簡単にまとめておこう。

　第 1 部は、アジアの開発と地域統合の現状を取り上げた。アジア新興国はいかにすれば「中所得国の罠」から脱出できるのだろうか、その処方箋の 1 つがアジア地域統合の推進である（第 1 章）。しかし、ASEAN 後発の CLMV 諸国（カンボジア、ラオス、ミャンマー、ベトナム）は、域内の「中間財のサプライチェーン」に十分に組み込まれていない。外資をいかに呼び込むかが、今後の成長のカ

ギであろう（第2章）。ASEAN は先発国と後発国に二極化しているが、この ASEAN の域内格差は地域統合の大きな障害となるか、また、地域統合は域内格差を是正することができるのか（第3章）。なぜ「三位一体型」から「四本柱型」への国際協力の転換が必要なのか。日本の国際協力の新たな焦点はここにある。（第4章）。

　第2部は、分野別に見た国際協力と地域統合を取り上げた。東アジアでは ASEAN を軸に周辺6カ国によって激しい FTA 構築競争が繰り広げられてきた。そうしたなか、日本企業が構築してきた ASEAN の生産ネットワークはどのような変化を遂げつつあるのか（第5章）。ASEAN は、外資系企業による産業集積を通じて輸出主導の経済成長を達成したが、地域統合の深化は、ASEAN の産業集積にどのような影響を与えるのだろうか（第6章）。アジアの更なる成長のためには、インフラ整備が不可欠である。大メコン圏において「経済回廊」の整備が進んでいるが、こうした輸送インフラ整備のような広域の国際協力は域内貿易と経済発展にどれほどの経済効果を持つのか（第7章）。中国の台頭によってアジアの経済秩序が大きく変わりつつあるなか、中国が提唱する一帯一路構想と AIIB（アジアインフラ投資銀行）構想をどのように捉えるべきか。「良質のインフラ」を目指して、AIIB と ADB（アジア開発銀行）が協調融資などで協力していく道を探るべきであろう（第8章）。アジア通貨危機後の ASEAN＋3 による通貨・金融協力は、チェンマイ・イニシアティブやアジア債券市場の育成といった取り組みで一定の評価を受けているが、域内の金融機能の強化に向けて残された課題は少なくない（第9章）。ODA だけではアジアのインフラ需要を満たせず、ODA を呼び水にして民間資金を呼び込まねばならない。そうした点で、貧困層や中小企業などを対象にした銀行サービスの提供で発展してきた「貧者の銀行」、カンボジアのアクレダ銀行が存在感を増しているが、メコン地域におけるリーディングバンクへと飛躍する可能性に期待が膨らむ（第10章）。

　第3部は、開発の視点から今後のアジアにおける地域統合について展望している。TPP の登場で、アジア太平洋地域は今やメガ FTA の主戦場となっている。難航する TPP 交渉も、大統領に通商交渉の権限を一任する TPA（貿易促進権限）法案が今夏米議会で成立したことを受けて、ようやく大筋合意にこぎつけた。一方、東アジアでは AEC や日中韓 FTA の交渉も進む中で、RCEP もこれらと

連動しながら交渉が行われているが、紆余曲折が予想される。アジア途上国がアジア太平洋のメガFTAに参加しようとしているのは、それによって自国の開発につながると期待するからである。

ASEANは2015年末までのAECの実現を目指している。AECはASEAN及び東アジアの経済発展に資するとされるが、それはいかなるメカニズムによるものか（第11章）。日中韓FTAについては、中韓FTAの締結が先行したことで、果たしてどのような締結内容になる可能性が高いだろうか（第12章）。インドのモディ政権は、「Make in India」構想によって雇用創出効果の大きい製造業振興策を掲げ、東アジアとの経済連携強化を打ち出しているが、インドのFTA戦略には課題も多い（第13章）。インドを外した先行合意案も浮上するなど、ASEAN＋6によるRCEPも難航している。ASEAN中心性にもとづき、AECと5つの「ASEAN＋1」FTAをベースとしながら、今後どのようにして合意にこぎつけるのか（第14章）。FTAAP（アジア太平洋自由貿易圏）の実現に向けてTPPとRECPをめぐり米中が対立するなか、APEC（アジア太平洋経済協力会議）に新たな役割が期待されている。日本は「アジア太平洋の懸け橋」になれるだろうか（第15章）。

第4部は本書の総括と政策提言である。なぜ今、日本は四本柱型国際協力を目指すべきなのか。地域統合を目指した国際協力がどのようなメカニズムで途上国の開発に有効であるのか。日本は地域統合の実現に向けてどのような取り組みをすべきなのか。3つの視点から、日本が目指すべき新たな国際協力の方向性を明らかにしている。（第16章）。

以上のように、本書では、四本柱型国際協力という新たな視点から、アジアの開発と地域統合の現状と課題、今後の展望を試みた。日本を含むアジア経済の構造変化を考慮に入れ、これまでの三位一体型の国際協力からの転換を明確にし、地域統合を含む四本柱にした国際協力を唱える類書はない。

ところで、「四本柱」は、「しほんばしら」と呼ばれる。これは現在のつり屋根式になる前の、1952年以前の大相撲の土俵の屋根を支える4本の柱のことを意味する（写真参照）。これらの4本の柱は、青、赤、黒、白の柱の4人の検査役が座ることに由来する。三位一体型の国際協力とは、日本政府がアジアのインフラを建設することにより①貿易、②投資、③ODAの3つが一体となって国際協力

大相撲の土俵の屋根を支える四本柱

に貢献することを意味した。この３つに④地域統合を加えた４つは、日本の世界経済への一方的な援助ではなく、相互依存の国際協力の「柱」となる。なお、相撲という競技は、日本古来の国技であると言われるが、2015年に幕内といわれる上位半分近くの力士が外国からであり、すでに国際化を進めている。その意味でも四本柱という相撲の伝統的な概念が、日本の新しい国際協力のあり方を反映すると考える。

　四本柱型国際協力は、地域統合を含めた日本の国際協力のあり方をシンプルに表現し、積極的にアジアの地域統合を推進する。一方で、TPPなどのメガFTAにより地球的な規模での自由貿易協定が、遅々とはしているが着々と進んでいる。そこで、四本柱型国際協力は、同時に地球を１つにすることにつながる。

　本書の共同執筆陣には、（一財）国際貿易投資研究所（ITI）の研究主幹や客員研究員、さらにITIに設置されている国際貿易投資研究会のメンバーを中心に、アジア開発、国際協力、地域統合の研究に関する第一線の専門家14名が参加している。

本書は、アジアの開発や地域統合、国際協力のあり方に関心を持っている産業界、官界、大学、研究所の専門家のみならず、学生など一般の人々への期待に十分応えるものを目指して、出版企画されたものである。そのため、専門研究書でありながら、同時に、大学や大学院で教科書としても使用できるように、できるだけ分かりやすく平易な文体でまとめた。アジアの開発と地域統合が現在どのような課題に直面しているのか、アジアに対する日本の国際協力は今後どうあるべきかなど、読者の方々が考える上で、本書が些かなりとも寄与することになれば幸甚である。

　最後に、本書の刊行を快諾してくださった日本評論社、および編集の労をとっていただいた編集部の道中真紀氏に、執筆者一同心からお礼を申し上げたい。

2015年10月

朽木昭文
馬田啓一
石川幸一

目　次

はしがき　　…iii
執筆者一覧　　…xvii
略語一覧　　…xix

第Ⅰ部：アジアの開発と地域統合の現状

第1章　アジアの開発の現状と課題（朽木昭文）　……………………… 3

1　はじめに　…3
2　アジアの現状と課題　…3
　2.1　世界人口の半分がアジア　…3
　2.2　アジアでの日本の経済の占有率　…4
　2.3　アジアと日本の経済状況の比較　…7
　2.4　グループＡインド、グループＢ中国・インドネシア・タイ、グループＣ韓国の産業構造　…7
　2.5　グループＢ中国とグループＡインドの主要マクロ経済指標　…8
3　労働集約産業はグループＡ　…8
4　転換点を超えた中国　…15
　4.1　中国の転換点　…15
　4.2　中所得国のわなからの脱出へ：中国・広東省の例　…16
5　中国、インド、ASEANで囲まれた地域「アジア成長トライアングル」　…17
　5.1　アジアでの産業クラスターの形成　…18
　5.2　クラスターとクラスターの連携　…19
　5.3　アジア地域統合とクラスター・To・クラスター　…20
6　結び　…21

第2章　ASEANの貿易の現状と課題（高橋俊樹）……… 23

1 はじめに …23
2 ASEANの財別国別輸出の推移と特徴 …24
　2.1 マレーシアの中間財の輸出割合が69.5%まで上昇 …24
　2.2 域内への中間財輸出の割合が高いASEAN …24
　2.3 マレーシアの韓国・台湾向け中間財輸出の割合は8割以上 …27
3 ASEANの財別国別輸入の推移と特徴 …31
　3.1 中間財の輸入割合が高いASEAN …31
　3.2 2013年のタイの輸入でASEANが日本を逆転 …31
　3.3 中間財のサプライチェーンを形成 …34
4 特定の財に偏重するミャンマー・カンボジアの貿易 …36
　4.1 資源や縫製品・履物中心の貿易 …36
　4.2 ミャンマーの最終財輸出の過半は日本向け …38
5 結び：求められる高付加価値で裾野の広い貿易形態 …38

第3章　途上国の経済統合と域内経済格差（吉野文雄）……… 41

1 はじめに …41
2 理論的考察 …42
　2.1 貿易モデル …42
　2.2 ペティ・クラークの法則 …43
3 途上国の経済統合：3つの事例 …44
　3.1 ASEAN …44
　3.2 ECOWAS …45
　3.3 メルコスール …47
4 経済統合と多様性 …48
　4.1 格差と多様性の指標 …48
　4.2 経済統合と産業構造類似性 …50
5 結び …54

第4章　ODAと地域統合
四本柱型国際協力（朽木昭文）……… 57

1 はじめに …57
2 構造調整プログラム（SAP）…59
3 構造調整プログラムからの転換 …60
4 貧困削減戦略文書（PRSP）…60

- 5 ミレニアム開発目標（MDGs） …61
- 6 MDGs から SDGs へ …62
- 7 世界公共財と国家公共財との違い …63
  - 7.1 国連開発計画、世界銀行、IMF …63
  - 7.2 日本政府外務省、国際協力機構 …64
  - 7.3 済産業省、日本貿易振興機構 …64
- 8 政府開発協力大綱 …65
- 9 「三位一体型」国際協力 …66
  - 9.1 三位一体型国際協力の実態 …66
  - 9.2 「民間部門」の視点から見た ODA の役割 …67
- 10 結び …68

第Ⅱ部：分野別に見た国際協力と地域統合

第5章　東アジアの FTA と生産ネットワーク（助川成也）　…………73

- 1 はじめに …73
- 2 東アジアの FTA ネットワークの構築 …74
  - 2.1 東アジアにおける FTA の胎動 …74
  - 2.2 求心力が低下する WTO と ASEAN に接近する中国 …75
  - 2.3 東アジアは5つの ASEAN＋1 FTA 時代へ …77
  - 2.4 5つの ASEAN＋1 FTA の特徴 …81
- 3 ASEAN の FTA を活用する日本企業 …83
  - 3.1 在 ASEAN 日系企業の FTA 利用動向 …83
  - 3.2 FTA を起爆剤に生産ネットワークを変革する在 ASEAN 日系企業 …85
- 4 結び：ASEAN 生産ネットワークの強靭化に向けて …87

第6章　ASEAN の地域統合と産業集積
越境フラグメンテーションの影響（春日尚雄）　…………………91

- 1 はじめに …91
- 2 集積の経済と地域統合 …92
  - 2.1 産業集積の要因 …92
  - 2.2 貿易費用の低下・生産要素移動の自由化 …92
  - 2.3 ASEAN 統合による要因 …93
- 3 ASEAN 連結性と越境交通網整備 …94
  - 3.1 陸上交通：道路・鉄道 …94
  - 3.2 交通円滑化 …95
- 4 ASEAN における産業集積形成・分散の事例 …97
  - 4.1 ASEAN 自動車産業に見られる産業集積 …97

4.2 ASEAN 電機電子産業に見られる集積・集中 …100
    5 ASEAN における越境フラグメンテーションと産業集積 …105
            5.1 タイ・プラス・ワンと生産拠点分散 …105
            5.2 業種別製品と産業集積の距離の関係 …106
    6 結び …109

| 第 7 章 | 大メコン圏における輸送インフラ（藤村学） | 111 |

    1 はじめに …111
    2 経済回廊の輸送インフラ整備の費用対効果試算 …113
    3 地方レベルのパネルデータによる経済回廊効果分析 …118
    4 重力モデルによる輸送インフラ整備の域内貿易効果分析 …121
    5 結び …124

| 第 8 章 | AIIB と中国の対外経済協力（遊川和郎） | 127 |

    1 はじめに …127
    2 中国の対外経済協力 …129
            2.1 被援助国から援助国へ …129
            2.2 中国式援助への批判と反論 …131
            2.3 「一帯一路」構想の提唱 …132
    3 国際開発金融の創設 …134
            3.1 外貨準備の増加と海外投資 …134
            3.2 既存の国際金融機関への不満 …136
            3.3 新銀行の設立提唱 …136
            3.4 AIIB の問題点 …139
    4 結び …140

| 第 9 章 | 東アジアにおける通貨・金融協力（赤羽裕） | 143 |

    1 はじめに …143
    2 ASEAN＋3 による通貨・金融協力の概観 …144
            2.1 チェンマイ・イニシアティブの取り組みと AMRO …144
            2.2 ASEAN＋3 債券市場育成イニシアティブの着実な進展 …145
            2.3 リサーチ・グループにおける中長期の課題への取り組み …147
    3 「国際協力」の視点から観た通貨・金融協力の役割 …148
            3.1 貿易・投資・ODA における通貨・金融分野の役割 …148

      3.2 地域統合の視点から考える通貨・金融協力の展望 …151
  4 日本の視点から考える展望 …153
      4.1 人民元の国際化・AIIB との関係 …153
      4.2 ASEAN 経済共同体との関係 …154
      4.3 アメリカおよび IMF・ADB との関係 …155
  5 結び …156

第10章　カンボジアのアクレダ銀行
リージョナルバンクへの可能性（大木博巳） …159

  1 はじめに：アクレダ銀行について …159
  2 時は金なり …160
  3 NGO から商業銀行への転換 …163
      3.1 開発金融機関の資本参加 …163
      3.2 民間資本の参加 …167
  4 マイクロビジネスローンから中小企業ビジネスローンへ …168
  5 「メコン地域におけるリージョナルバンクへの飛躍 …173
      5.1 ラオス、ミャンマーへの進出 …174
      5.2 ケニアのエクイティ銀行 …176
  6 結び …177

第Ⅲ部：アジアにおける地域統合のあり方

第11章　ASEAN 経済共同体と開発（清水一史） …181

  1 はじめに …181
  2 ASEAN 域内経済協力の展開と AEC …182
      2.1 ASEAN 域内経済協力の過程 …182
      2.2 AEC へ向けての域内経済協力の深化 …183
      2.3 ASEAN 域内経済協力の成果 …185
  3 世界金融危機後の ASEAN と東アジア …187
      3.1 世界金融危機後の ASEAN と東アジア …187
      3.2 2010年からの FTA 構築の加速と ASEAN …188
  4 2015年末の AEC 実現と東アジア …190
      4.1 2015年末に実現を目指す AEC …190
      4.2 統合への遠心力と2015年以降の目標設定 …191
      4.3 AEC が規定する東アジア経済統合 …192
  5 AEC の意義と日本 ASEAN 協力 …193
      5.1 ASEAN 経済共同体と開発 …193
      5.2 AEC 実現へ向けての日本 ASEAN 協力 …195

6　結び　…196

第12章　日中韓 FTA の可能性
中韓 FTA の妥結内容から見た考察（高安雄一）　…199

1　はじめに　…199
2　中韓 FTA による物品貿易の自由化　…200
3　韓国側の自由化除外品目　…202
　3.1　農産物　…202
　3.2　繊維　…203
4　中国側の自由化除外品目　…205
　4.1　鉄鋼　…205
　4.2　化学　…208
5　両国の自由化除外品目　…209
6　中韓 FTA から見た日中韓 FTA の可能性　…209
7　結び　…212

第13章　インドの開発と地域統合（吉竹広次）　…215

1　はじめに　…215
2　インドの開発　…215
　2.1　「ヒンズー的成長」から BRICs へ　…215
　2.2　インド経済の失速とモディ政権誕生　…218
　2.3　「モディノミクス」と2015年度予算　…219
3　インドと南アジアの経済統合：SAARC・SAFTA　…221
4　インド・南アジアと東アジア　…225
5　コネクティビティーとインド・ASEAN の経済統合プロジェクト　…227
　5.1　サプライチェーンとコネクティビティー　…227
　5.2　メコン・インド経済回廊（MIEC）　…230
　5.3　インド北東部開発　…231
　5.4　BIMST-EC　…232
6　結び　…232

第14章　RCEP の新たな課題（石川幸一）　…235

1　はじめに　…235
2　ASEAN が中心となる東アジアの広域 FTA　…236
　2.1　課題となる広域 FTA　…236

		2.2　ASEAN が提案したアジアの東アジアの広域 FTA　…237
		2.3　APEC の FTA が目標の TPP　…237
	3　何を交渉しているのか　…238
		3.1　交渉の経緯と交渉原則　…238
		3.2　交渉状況および交渉分野　…239
		3.3　交渉分野の内容と論点　…240
	4　RCEP の意義とは何か　…242
		4.1　世界で最も成長可能性の高い市場を含む FTA　…242
		4.2　ASEAN が主導する FTA　…243
		4.3　日本企業のサプライチェーンの構築に重要　…245
	5　RCEP の課題　…247
		5.1　質の高い FTA の実現　…247
		5.2　使いやすい統一された原産地規則　…248
	6　結び　…251

第15章　FTAAP への道
APEC の課題（馬田啓一）　…253

1　はじめに　…253
2　APEC 自由化を巡る確執　…254
	2.1　FTAAP で蘇ったクリントン構想　…254
	2.2　APEC 自由化の取り組み：加速と減速　…255
	2.3　自由化推進派の決起：TPP の起源　…256
3　APEC はなぜジレンマに陥ったのか　…257
	3.1　FTAAP 実現への道筋　…257
	3.2　APEC の変質とその限界　…258
	3.3　TPP は APEC の先遣隊　…259
4　APEC の役割は終わらない　…260
	4.1　APEC のボゴール目標達成に向けて　…260
	4.2　次世代貿易・投資の課題を巡る対立　…261
	4.3　APEC の取り組むべき課題と ABAC　…263
5　APEC の新たな争点：FTAAP 構想をめぐる角逐　…266
	5.1　TPP か RCEP か、深まる米中の対立　…266
	5.2　FTAAP ロードマップと中国の思惑　…267
	5.3　FTAAP 交渉の含意：APEC の変質　…269
6　結び：APEC の気になる将来像　…270

第Ⅳ部：総括と政策提言

第16章　アジアの開発と地域統合
新たな国際協力を求めて（朽木昭文・馬田啓一・石川幸一）……275

1　はじめに …275
2　転換期の日本の国際協力：四本柱型国際協力の意義 …276
 2.1　変わる世界経済の勢力図：中国の台頭 …276
 2.2　日本の国際協力を取り巻く環境の激変 …280
 2.3　「三位一体型」国際協力から「四本柱型」国際協力へ …281
3　開発途上国はなぜ地域統合に参加するのか …282
 3.1　FTAの経済効果 …282
 3.2　外国直接投資誘致：AFTA …283
 3.3　生産ネットワークの構築：AEC …284
 3.4　開発途上国への特別待遇と協力 …285
4　21世紀型貿易とメガFTAの潮流 …286
 4.1　サプライチェーンのグローバル化 …286
 4.2　メガFTA時代の日本の役割：アジア太平洋の懸け橋 …287
5　結び …289

索　引　…291

編著者紹介　…297

執筆者一覧（執筆順）

朽木昭文（くちき・あきふみ）【編者】　　　　　第1章、第4章、第16章
日本大学生物資源科学部教授

高橋俊樹（たかはし・としき）　　　　　　　　　第2章
国際貿易投資研究所研究主幹

吉野文雄（よしの・ふみお）　　　　　　　　　　第3章
拓殖大学国際学部教授

助川成也（すけがわ・せいや）　　　　　　　　　第5章
中央大学経済研究所客員研究員
（ジェトロ企画部海外地域戦略班（ASEAN）所属）

春日尚雄（かすが・ひさお）　　　　　　　　　　第6章
福井県立大学地域経済研究所教授

藤村　学（ふじむら・まなぶ）　　　　　　　　　第7章
青山学院大学経済学部教授

遊川和郎（ゆかわ・かずお）　　　　　　　　　　第8章
亜細亜大学アジア研究所教授

赤羽　裕（あかばね・ひろし）　　　　　　　　　第9章
亜細亜大学大学院非常勤講師

大木博巳（おおき・ひろみ）　　　　　　　　　　　　　第10章
国際貿易投資研究所事務局長・研究主幹

清水一史（しみず・かずし）　　　　　　　　　　　　　第11章
九州大学大学院経済学研究院教授

高安雄一（たかやす・ゆういち）　　　　　　　　　　　第12章
大東文化大学経済学部教授

吉竹広次（よしたけ・ひろつぐ）　　　　　　　　　　　第13章
共立女子大学国際学部教授

石川幸一（いしかわ・こういち）【編者】　　　　　第14章、第16章
亜細亜大学アジア研究所教授

馬田啓一（うまだ・けいいち）【編者】　　　　　　第15章、第16章
杏林大学総合政策学部客員教授

略語一覧

ADB	Asian Development Bank（アジア開発銀行）
AEC	ASEAN Economic Community（ASEAN経済共同体）
AFTA	ASEAN Free Trade Area（ASEAN自由貿易地域）
AIIB	Asian Infrastructure Investment Bank（アジアインフラ投資銀行）
APEC	Asia-Pacific Economic Cooperation（アジア太平洋経済協力会議）
ASEAN	Association of South East Asian Nations（東南アジア諸国連合）
BRICS	Brazil, Russia, India, China and South Africa
CEPEA	Comprehensive Economic Partnership in East Asia（東アジア包括的経済連携）
CEPT	Common Effective Preferential Tariff（共通効果特恵関税）
CLMV	Cambodia, Laos, Myanmar and Vietnam
CMI	Chiang Mai Initiative（チェンマイ・イニシアティブ）
DAC	Development Assistance Committee（開発援助委員会）
EAFTA	East Asia Free Trade Area（ASEAN＋3）（東アジア自由貿易地域）
EPA	Economic Partnership Agreement（経済連携協定）
FTA	Free Trade Agreement（自由貿易協定）
FTAAP	Free Trade Area of the Asia-Pacific（アジア太平洋自由貿易圏）
GATT	General Agreement on Tariffs and Trade（関税と貿易に関する一般協定）

GDP	Gross Domestic Product（国内総生産）
IMF	International Monetary Fund（国際通貨基金）
LDC	Least Developed Country（後発開発途上国）
MDGs	Millennium Development Goals（ミレニアム開発目標）
NAFTA	North American Free Trade Agreement（北米自由貿易協定）
NGO	Non-Government Organization（非政府組織）
NTBs	Non-Tariff Barriers to Trade（非関税障壁）
ODA	Official Development Assistance（政府開発援助）
OECD	Organization for Economic Co-operation and Development
RCEP	Regional Comprehensive Economic Partnership（東アジア地域包括的経済連携）
SAARC	South Asian Association for Regional Cooperation（南アジア地域協力連合）
SDGs	Sustainable Development Goals（持続的開発目標）
SDR	Special Drawing Rights（特別引出権）
TPP	Trans-Pacific Strategic Economic Partnership Agreement（環太平洋経済連携協定）
TTIP	Transatlantic Trade and Investment Partnership（環大西洋貿易投資パートナーシップ）
UNDP	United Nations Development Programme（国連開発計画）
WTO	World Trade Organization（世界貿易機関）

I

アジアの開発と地域統合の現状

第1章　アジアの開発の現状と課題
第2章　ASEANの貿易の現状と課題
第3章　途上国の経済統合と域内経済格差
第4章　ODAと地域統合：四本柱型国際協力

第1章
アジアの開発の現状と課題

朽木昭文

1 はじめに

　本章ではアジアの現状を認識する。日本がアジアと国際協力によりアジアの地域統合を推進することは、地域全体にとって望ましいことを理解する。
　また、本章で、アジア経済の現状と課題について明らかにする。特に、中国、インド、インドネシア、韓国の位置づけを行う。次に、アジア経済の転換点を過ぎた国、そして中所得国のわなから脱出の処方箋を示す。その1つが地域統合である。地域統合には、民間企業がアジアで展開するネットワークと、公的な政府部門が進めている地域協定があり、前者が着々と進行していることを説明する。

2 アジアの現状と課題

2.1 世界人口の半分がアジア

　表1-1に基づき、人口について2つのポイントを挙げる。第1に、人口については、中国とインドが約13億人、ASEAN（Association of South East Asian Nations：東南アジア諸国連合）が5億7千万人である。
　第2に、世界全体の人口が70億人を超え、中国、インド、ASEANにパキスタン、バングラデシュ、日本を加えると36億4千万人となり、世界の「半分」がアジアに住んでいる。

第1部　アジアの開発と地域統合の現状

表1-1　世界の人口

順位	国名	総人口（×1000人）[2012年]	世界の占有率
1	**中国**	1,384,770	**19.7**
2	**インド**	1,236,687	**17.6**
3	アメリカ	317,505	4.5
4	**インドネシア**	246,864	**3.5**
5	ブラジル	198,656	2.8
6	パキスタン	179,160	2.5
7	ナイジェリア	168,834	2.4
8	バングラデシュ	154,695	2.2
9	ロシア	143,170	2.0
10	日本	127,250	1.8
	以上のアジア合計	3,331,941	**47.3**
	世界合計	7,044,272	100.0

出所）World Health Organization (2014) *World Health Statistics* に基づき筆者作成。

2.2　アジアでの日本の経済の占有率

　本節では、日本と比較する際に、特に中国、インド、インドネシア、韓国に着目する。この根拠を以下で説明しよう。

　第1に、表1-2に見られるとおり、2013年のGDP（経済の規模）のアジアにおける占有率は、中国が約45％であり、日本が23.1％であり、インド、韓国、インドネシアの合計の19％を加えると、ほとんど「9割」近い86.7％となる。中国と日本のGDPに関しては、中国が日本のそれを抜くのは2009年であり、2014年になると日本の名目GDPは4兆7690億ドルであり、中国のそれが10兆3550億ドルである。日本のGDPは中国のそれの半分以下となった。

　第2に、将来予測として、2030年のGDPに関してアジアが世界に占める占有率は4割を超え、中国が世界に占める占有率は世界全体の「約4分の1」に達する。日本のそれは7％に達しない（内閣府『世界経済の潮流』日本経済新聞2010年5月29日）。この点に日本がアジアと共生していく必要性が示されている。

　第3に、表1-3の1人当たりのGDPでみると、中国が6,959ドル、インドが1,510ドルにすぎない。日本が38,468ドルであるのでアジアの成長はまだまだこれからである。

第1章　アジアの開発の現状と課題

表1-2　アジアの名目GDP（2013）

順位	国名称	単位：10億USドル	アジアでの占有率	世界での占有率
1位（2位）	中国	9,469.12	**44.6**	12.7
2位（3位）	日本	4,898.53	**23.1**	6.6
3位（10位）	インド	1,876.81	**8.8**	2.5
4位（14位）	韓国	1,304.47	**6.1**	1.7
5位（16位）	インドネシア	870.28	**4.1**	1.2
6位（27位）	台湾	489.09	2.3	0.7
7位（30位）	タイ	387.25	1.8	0.5
8位（35位）	マレーシア	313.16	1.5	0.4
9位（36位）	シンガポール	297.94	1.4	0.4
10位（39位）	香港	274.03	1.3	0.4
11位（40位）	フィリピン	272.07	1.3	0.4
12位（44位）	パキスタン	232.76	1.1	0.3
13位（58位）	ベトナム	170.57	0.8	0.2
14位（59位）	バングラデシュ	161.76	0.8	0.2
15位（69位）	スリランカ	66.72	0.3	0.1
16位（75位）	ミャンマー	56.76	0.3	0.1
17位（108位）	ネパール	19.24	0.1	0.0
18位（112位）	ブルネイ	16.11	0.1	0.0
19位（114位）	カンボジア	15.51	0.1	0.0
20位（129位）	モンゴル	11.52	0.1	0.0
21位（132位）	ラオス	10.79	0.1	0.0
22位（148位）	東ティモール	4.94	0.0	0.0
23位（161位）	モルディブ	2.25	0.0	0.0
24位（162位）	ブータン	1.99	0.0	0.0
	アジア合計	21223.65	100.0	28.4
	世界合計	74699.25		

注1）同位の場合は国名称順。
注2）カッコ内は世界の順位。
注3）SNA（国民経済計算マニュアル）のデータに基づき筆者作成。
出所）IMF（2014）10月版。

　そこで、本章は、日本がどう生きていけばよいのかを考える。日本が国内だけを意識する時代は終わった。日本はアジアの1員としてアジア全体のイノベーションに貢献しなければならない。
　中所得とは、1人当たりGDPが2,000ドルから15,000ドルという推計がある（国際通貨基金（International Monetary Fund：IMF）のワーキング・ペーパーのAiyar et al.（2013）による。2005年固定価格PPP）。またGabriel and

表1-3　アジアの1人当たり GDP（2013）

順位	国名称	単位：US ドル	
1位	シンガポール	55,182	グループC
2位（22位）	ブルネイ	39,659	
3位（24位）	日本	38,468	
4位（25位）	香港	37,955	
5位（30位）	韓国	25,975	
6位（39位）	台湾	20,925	
7位（67位）	マレーシア	10,457	中所得国グループB
8位（83位）	**中国**	**6,959**	
9位（84位）	モルディブ	6,686	
10位（93位）	タイ	5,676	
11位（108位）	東ティモール	4,142	
12位（109位）	モンゴル	3,996	
13位（116位）	インドネシア	3,510	
14位（123位）	スリランカ	3,204	
15位（129位）	フィリピン	2,791	
16位（130位）	ブータン	2,633	
17位（136位）	ベトナム	1,902	グループA
18位（142位）	ラオス	1,594	
19位（146位）	**インド**	**1,510**	
20位（152位）	パキスタン	1,275	
21位（156位）	ミャンマー	1,113	
22位（159位）	バングラデシュ	1,033	
23位（160位）	カンボジア	1,028	
24位（169位）	ネパール	692	

注1）同位の場合は国名称順。
注2）SNA（国民経済計算マニュアル）のデータに基づき筆者作成。
出所）IMF（2014）10月。

Rosenblatt（2013）の定義では1人当たりGNIでUS1,005ドル〜12,275ドルである。ただし、厳密な定義は統一されていない。また、「中所得国のわな」とは、低開発国が経済成長を遂げて中程度の所得レベルを達成した後に成長が鈍化し、先進国にはなかなかなれない状態のことを指す。

表1-3からアジアの国を分類すると、

グループA：中所得国のわなまで達していない国は、CLMV（後発ASEANに含まれる、カンボジア、ラオス、ミャンマー、ベトナムの4カ国）とインドを含む南アジアである。

グループB：中所得国のわなの中にある国は、先進ASEAN 5カ国と中国である。

　グループC：中所得国のわなを脱した国・地域は、4タイガーと呼ばれたシンガポール、香港、韓国、台湾の4カ国に、日本、ブルネイを合わせた6カ国である。

　さて、グループBは、中所得国のわなから脱するために産業構造の高度化が必要となる。つまり、投資構造の高度化と消費の質の高度化を必要とする。このためにはアジアの経験から外国資本の活用が有効である。その誘致の誘因（インセンティブ）の1つが、産業クラスター（農・食・観光クラスターの展開など）である。

2.3　アジアと日本の経済状況の比較

　アジア開発銀行の"Asian Development Outlook"などの資料に基づくと、アジア諸国と日本の経済状況として、以下のような特徴が挙げられる。第1に、中国の経済成長率は日本のそれの「16倍」を超える。（つまり、日本の経済成長率は2006～13年の8年間の平均が0.6％であり、中国のそれは同期間で10.1％である。）日本は今後とも4％を超えるような成長は期待できない。韓国に関して、1人当たり所得が2.5万ドルを超え、平均成長率が3.5％と落ちてきた。平均成長率が5％を超える国は、「インド、インドネシア、ベトナム」などである。

　第2に、物価の不安定性から見ると、平均成長率が高い国であるインド、インドネシア、ベトナムのインフレ率が5％を超える。インフレ率に関して、10％から20％の間の対処法が難しい水準であると指摘される。慢性的なインフレは、それにより得をする人と損をする人があり、格差などの問題を引き起こすことがある。上記の3カ国は、慢性的なインフレにならないような注意が必要である。

2.4　グループAインド、グループB中国・インドネシア・タイ、グループC韓国の産業構造

　第1に、中国の工業化は、2010年に59.5％まで進み、2012年には45.3％まで「後退」した。タイの工業化は、2010年に48.7％まで進んだが、2012年に43.6％まで後退した。第2に、インドの工業化は、2012年でも「27.2％」までしか進ん

でいない。インドネシアのそれも46.8％である。第3に、韓国の工業化は、2001年に44％まで進み、2012年に39.1％まで後退した。農業の占有率が2012年に2.6％まで落ちた。今後は、中所得国で、農業の比率が小さくなり、サービス業の比率が大きくなると予測できる。したがって、インドの工業化がこれから始まる。

2.5 グループB中国とグループAインドの主要マクロ経済指標

第1に、中国のマクロ経済は、経済成長が順調であり、物価上昇も安定し、対外経常収支と財政収支とも「安定」している。したがって、問題がない。

第2に、インドのマクロ経済は、全般に大きな問題がなく、経済が「順調に成長」している。外国からの直接投資の環境としてマクロ経済の問題はない。ただし、前述のとおり物価上昇が多少危機水準に近付いている。表1-4が示す通り、この原因として、財政収支が危機水準に近づき、貨幣供給伸び率が高いことが考えられる。財政赤字のGDP比が危険ラインといわれる8％を前後している。この赤字を貨幣供給により賄う場合は、貨幣供給の伸び率が大きくなる。その伸び率の危険な水準の目安が20％といわれることがある。今後もインフラ建設のための財政支出が必要であり、インフレ問題の深刻化は注意が必要である。

第3に、ともあれ日本企業として労働集約型産業はインドへ、消費の質の高度化へ対応できる産業は中国への投資が今後を考えるときに不可欠である。

3　労働集約産業はグループA

アジアでは単純な労働集約型産業の立地条件が、1人当たり所得の上昇により大きく変化している。これは、経済学では「転換点」の通過と捉えられる。経済発展の初期には、人々は生存水準賃金で雇用される。生存水準賃金とは、人が生きていくのに必要なカロリーの食品を買うための賃金である[1]。労働需要が増大し、労働供給に接近し、上回ると賃金は生存水準を上回って上昇を始める。この需給が逆転する点が転換点である。賃金が上昇し、「中所得国のわな」に向かう。

---

1)　生存水準には、生理的な生存水準の他に、社会的な生存水準がある。

第1章 アジアの開発の現状と課題

表1-4 インド・マクロ経済の財政問題

	単位	2000	2001	2002	2003	2004	2005	2006	2007	2008	2009	2010	2011	2012	2013	平均
GDP成長率	%	4.4	5.8	4.0	8.5	7.5	9.5	9.7	9.2	6.7	8	8.6	6.7	4.5	4.9	7
農業成長率	%	-0.1	6.3	-7.0	9.6	0.0	5.2	3.7	4.7	1.6	0.8	8.6	5	1.4	4.6	3.2
工業成長率	%	6.5	3.6	6.6	6.6	10.3	9.3	12.7	9.5	3.9	9.2	7.6	7.8	1	0.7	6.8
物価上昇率	%	7.2	3.6	3.4	5.5	6.4	4.4	5.2	5	8.7	2.1	9.2	8.9	7.4	5.9	5.9
貨幣供給率	%	16.8	14.1	14.7	16.6	12.3	21.1	21.7	21.4	19.3	16.8	16	13.2	13.9	11.7	16.4
輸出伸び率	%	21.1	-1.6	20.3	20.4	28.5	23.4	22.6	28.9	13.7	-3.5	37.3	23.7	-1	4.7	17.0
輸入伸び率	%	4.6	-2.8	14.5	24.4	48.6	32.1	21.4	35.1	19.8	-2.6	26.7	31.1	0.5	-7	17.6
対外経常収支	GDPに占める%	-0.6	0.7	1.2	1.8	-0.4	-1.2	-1.2	-1.4	-2.4	-2.8	-2.7	-4.2	-4.7	-2.2	-1.4
総外貨準備高	米百万ドル	39,554	51,049	71,890	107,448	141,514	145,108	191,924	299,230	251,985	279,057	304,818	294,397	292,647	297,287	197708
対外債務残高	米百万ドル	101,326	98,843	105,353	111,830	132,973	134,002	139,114	172,360	334,500	260,935	317,891	360,719	400,259	400,250	219311
デット・サービス・レシオ	財・サービス輸出に占めるシェア	17.2	13.9	15.1	18.3	6	10.1	4.7	4.8	4.4	5.8	4.3	6	5.9	6.2	8.8
為替レート（対ドル）	インディアンピー	45.7	47.7	48.4	45.9	44.9	44.3	45.2	40.1	46.5	47.4	45.6	48.1	54	61.5	47.5
財政収支	GDPに占める%	-9.6	-10.0	-9.5	-9.4	-7.5	-6.5	-5.3	-4.1	-8.5	-8.9	-6.6	-7.4	-7.2	-6.4	-7.6

出所）"Asian Development Outlook"（Asian Development Bank）（2005），（2004）などに基づき筆者作成。

労働集約型産業のシフトは、チャイナ・プラス・ワン、タイ・プラス・ワン、そしてベトナム・プラス・ワンという言葉に表れている[2]。つまり、労働賃金の上昇が急速で、その水準が工場の経営を圧迫するような国から次の国、地域を模索する動きである（朽木（2015）のベトナム南部のホーチミンを中心とした調査による）。

単純労働集約産業については、台湾と中国沿海部については成立が難しく、撤退または産業構造の高度化が必要である。タイについては現状維持の方向であり、さらにシフトすることは考えにくい。ベトナム南部については、ホーチミン、ホーチミン南部、そしてベトナム中部へのシフトが考えられる。さらなるベトナムプラスワンのシフト先としては、ミャンマーとインドネシアが考えられる。ただし、ミャンマーは現状でも人気があり、インドネシアも同様である。インドネシアの首都ジャワでは投資が多く、ジャワ島内への投資を進めないという意見もある（2014年2月19日インドネシア・ジャカルタ・ジャイカ）。

さて、アジアの最後の労働集約産業の拠点として、南アジアがある。インドは、労働人口も大きく、労働集約産業の吸収が可能である（筆者による2015年1月1～9日ムンバイ、ニューデリー調査）。

広東省政府は、賃金上昇により労働集約型産業の域外へのシフトを促進し、そのシフトを統計的に確認した（2015年3月10日、広東省経済発展中心でのジェトロ・シンポジウム）。三井ハイテックは、人件費の高騰により金型工場のシフトを迫られた。UKCは、ソニー系の企業であり、サムスンディスプレイへの部品を供給する。サムスンは、ベトナム・ハノイへのシフトの動きがある。アシックスは、ベトナム・ホーチミンへシフトする。ユニクロは、将来において繊維産業・労働集約産業を終焉させる。2015年の最低賃金は、広東省・広州市において賃上げ率が中国で一番高い22.3％となり、賃金が1895元（約36,000円）となった（2015年4月4日、日本経済新聞）。

---

[2] チャイナ・プラス・ワンとは、中国の産業集積地で事業展開している日本企業（主に製造業）が、その生産工程の中から労働集約的な部分を、ASEAN諸国を中心とした周辺国に移転するビジネスモデルのこと。同様に、タイ・プラス・ワン、ベトナム・プラス・ワンは、現地で事業展開している日本企業が、周辺のカンボジアやラオス、ミャンマーに移転するビジネスモデルを指す。

第1章　アジアの開発の現状と課題

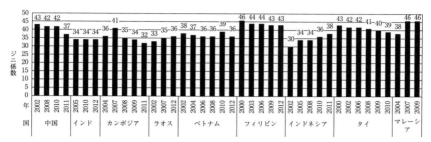

図1-1　ジニ係数

出所）World Bank: Poverty and Inequality Database（2015年3月10日アクセス）。

　中国・広東省は労働集約産業のマザー工場となる可能性がある。新規産業として期待される産業は、たとえば紙おむつなどの衛生用品であり、その企業はユニ・チャーム、P&G、花王などである。消費財産業、農産物などに将来が期待される。また、広東省は、金融自由貿易区を深圳に設立し、香港からシフトのシフトを促すことを意図する。

　そこで、アジアの中国、インド、インドネシアに着目して課題を見てみよう。アジアの課題は、主に5点ある。第1に、所得格差の問題がある。経済政策の目標は、大きく経済成長と公平である。公平に関して「所得格差」の是正が必要となる。所得格差に関しては、アジアのほとんどの国で危険な水準に近い。国内の所得格差が成長するとともに拡大する可能性がある。

　格差指数の1つであるジニ係数は、40以上が社会不安につながるといわれる。これを図1-1に示す。それによれば、中国は、2011年に37に低下した。インドはさらに「低い34」である。マレーシアで46（2009年）、フィリピンで43（2009年）である。また、タイで39（2010年）、インドネシアで38（2011年）、ラオスで37（2008年）、ベトナムで36（2008年）、カンボジアで36（2009年）であり、高水準にある。アジア全般の国が国内の格差問題を抱える。

　これから高度経済成長が続くと、さらなる格差拡大の可能性があり、ASEANで継続する課題である。格差の是正がアジアの地域統合を進めるうえでの条件である。

　第2に、「高齢化」への対応が必要である。これを表1-5に示す。高齢化社会

表1-5　高齢化社会から高齢社会への移行年

	(A)高齢化社会	(B)高齢社会	倍加年数 (B)−(A)
中国	2001	2026	25
インド	2024	2055	31
日本	1970	1995	25
シンガポール	1999	2021	22
タイ	2002	2022	20
ベトナム	2016	2033	17
ブルネイ	2020	2032	12
マレーシア	2021	2045	24
ミャンマー	2022	2046	24
インドネシア	2023	2045	22
カンボジア	2022	2048	26
フィリピン	2035	2070	35
ラオス	2038	2057	19

出所）国連経済社会局人口部（World Population Prospects: the 2012 Revision）中位推計より。

（65歳以上の人口の全体に占める割合が7％以上）から高齢社会（65歳以上の人口の全体に占める割合が14％以上）への移行に要する年数を示した。フィリピンが一番長く、35年である。次がインドの31年である。この両国が労働集約型の産業に適している。

　中国、シンガポール、タイは2002年までに高齢化している。2024年までには、ベトナム、ブルネイ、マレーシア、ミャンマー、インドネシア、カンボジアの国が高齢化社会へ移行する。高齢社会への移行は、シンガポール、タイ、中国、ベトナム、ブルネイで2032年までに起こる。

　高齢化社会は、生産従事人口の減少をもたらす。ただし、富裕層がアジアに多く存在し、この層が大きな消費財の需要を、そして健康産業や医療産業の需要を生む。

　ASEANはこれまでは労働集約産業の成長に依存してきた。労働力がひっ迫してくると、成長戦略の変更が必要となる。労働集約型産業から資本集約型産業や知識集約型産業への転換が必要な国が出てくる。

　第3に、生産構造の高度化が必要である。そのためには研究開発の進展と高等教育の普及が必要である。特に、「グループC」は、イノベーションに向けての

第1章　アジアの開発の現状と課題

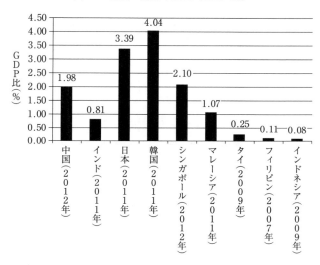

図1-2　研究・開発の支出（GDP比）

出所）World Bank（2015年3月13日アクセス）に基づき著者作成。

投資が必要である。

　図1-2は、GDPに対するR&D（研究と開発）支出の割合である。韓国の突出が目立つ。中国はその半分程度であり、インドが韓国の5分の1程度である。タイ、フィリピン、インドネシアのそれが非常に低い。

　図1-3は、「高等教育」のデータである。それに関して、百万人当たり労働者に対する研究者数は、日本、韓国、シンガポールで5,000人を超える。しかし、ASEANに関して、マレーシアで1,000人を超えるだけである。インドとインドネシアは、それぞれ160人と90人にすぎない。今後の産業構造の高度化を考えると、高等教育の重要性が浮き彫りになる。高等教育は、理系だけではなく文系についても言える。

　第4に、「ハードインフラ」の資金需要が大きい。都市化が進展すると都市でのハードインフラの需要が大きくなる。ASEANでは都市だけではなく、その他の需要も莫大である。アジア開発銀行の試算を図1-4に示す。それでは、2010～20年のエネルギー、交通、通信、上下水のインフラの資金需要は、中国だけで4兆3680億ドルである。インドは約半分の2兆1720億ドルである。両国を合

第 1 部　アジアの開発と地域統合の現状

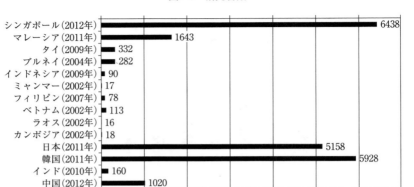

図1-3　研究者数

100万人当たり研究者数（大学院博士課程学生含む）

出所）World Bank（2015年3月13日アクセス）に基づき著者作成。

計すると約 6 兆 5 千億ドルの資金需要がある。

　一方、ASEAN は全体で約 1 兆ドル程度である。インドネシアで4500億ドル、マレーシアで1880億ドル、タイで1730億ドル、フィリピンで1270億ドル、ベトナムで1100億ドルである。

　第 5 に、「ソフトインフラ」に関して、交通・貿易円滑化などのソフトインフラの整備が必要である。これを図1-5に示す。2013年の世界銀行の「ビジネス活動の容易度・ランキング」（事業設立、建設許可取得、電力事情、不動産登記、資金調達、投資家保護、納税、貿易、契約執行、破綻処理という10の規制分 野に基づいて各国をランク付け）では、ランクの高い国としては、シンガポールが 1 位、マレーシアが18位、タイが26位である。

　ランクが低い国としては、インドが142位と非常に低く、インドネシアも114位である。これから外国からの直接投資を導入しなくてはならない国は、外国からの投資を受け入れるためのビジネス環境の改善が必要である。中国が90位である。それ以外の国は、ベトナムが78位であり、フィリピンが95位であり、その他の国は100位以下である（国際協力機構 2014）。

　ASEAN 経済共同体が2015年に成立し、物品の自由化は進んでいるが、制度面

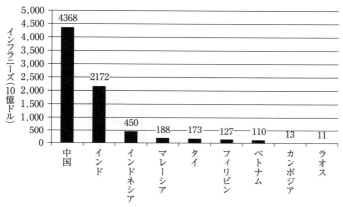

図1-4 インフラニーズ（2010-2020年）

出所）ADBI（2010）に基づき著者作成．（Estimating Demand for Infrastructure in Energy, Transport, Telecommunications, Water and Sanitation in Asia and the Pacific: 2010-2020）．

の自由化があまり進んでいない。ソフトインフラ面での整備がこれから必要な課題である。

4 転換点を超えた中国

4.1 中国の転換点

ところで、中国沿海部の成長は「転換点」を迎えた。第3節でも説明した転換点について、ここで中国の文脈からまた説明しておこう。農村に余った労働があれば、企業は「生存水準賃金」で無限に雇うことができる。中国は13億人の人口があり、この転換点の考え方は説得力があった。しかし、工業部門が発展し、農村からの労働を雇用し、農村の余った労働が払底してきた。こうして生存水準の賃金で雇うことができなくなる。その雇用できなくなる点を転換点と呼ぶ。

より詳しく説明してみよう。中国に工業部門と農業部門を考える。農業部門は労働が余っている。工業が発展すれば、農業の余った労働を雇うことができる。工業は、その余った労働を生存水準で雇うことができる。工業の発展の初期には農業部門の余った労働を無制限に生存水準で雇うことができる。しかし、工業が

第1部 アジアの開発と地域統合の現状

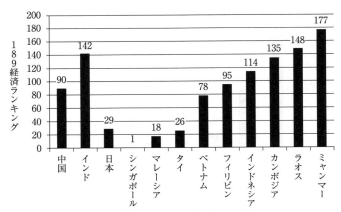

図1-5 ビジネス実施容易度ランキング

出所）World Bank（2015年3月13日アクセス），（Doing Business 2014 Economy Profile）に基づき筆者作成。

さらに発展していくと余った労働がなくなっていく。工業部門は生存水準賃金で無制限に雇うことができなくなり、工業部門が生存水準の賃金より高くでしか雇うことができない。最低賃金がどんどんと上昇に転じる。上昇に転じる点が転換点と呼ばれる。

これまでは内陸部から沿海部へ出稼ぎで来た人は内陸部への送金のための労働が通常であった。2010年の賃上げは、生存水準を超えた消費のための要求があった。中国の1人当たりの平均は、3,000ドルを超えた。つまり、中国は既に転換点を通過したと（より詳しくは朽木（2012）を参照）。

4.2 中所得国のわなからの脱出へ：中国・広東省の例

中国の広東省を例に挙げると、広東省の1人当たりGRP（Gross Regional Product：域内総生産）は2014年に1万ドルを超えた（JETRO（2015）。なお、GRPは国のGDPに相当する省の生産物）。広東省の中所得のわなからの脱出の1つの方向は産業構造の高度化である。珠江デルタを香港の産業構造に転換する。地方政府が観光文化の支援をする。都市型農・食文化クラスターの形成が可能となる。消費産業の質の向上である。そのために政策の方向として、次の点が挙げら

図1-6 アジア成長トライアングル

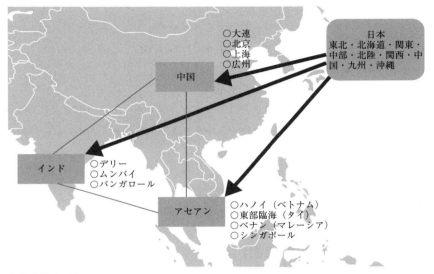

出所）朽木（2007）。

れる。

　広東省の産業高度化に向けて重要な要素は「文化」である。文化関連への経済活動を強化する。文化の構成要素とは、「料理、音楽、歴史、織物、工芸、美術、保養地、酒類」である。近年の文化構成要因の1つはスポーツである。ショッピングモール、健康食品、水族館、レストランなどがある。これらの強化が望ましい（溝辺・朽木（2015）に詳述）。

5　中国、インド、ASEANで囲まれた地域「アジア成長トライアングル」

　「アジア成長トライアングル」を説明しよう。図1-6で示すようにアジアの経済が成長している地域を見渡すと、中国、ASEAN、そしてインド各地域を結ぶ三角形になる。この3地点の陸でつながるトライアングルが21世紀に世界の成長の中心になることを第2節で説明した。日本は、この大陸につながっていないが、

隣接する。アジア成長トライアングル（中国・インド・アセアン）内の産業クラスターと日本国内の産業クラスターとどのように「リンク」するかが日本の地域・産業クラスターの生き残りを左右する。本節では、このトライアングルの中の産業クラスターの形成を描写してみよう（朽木（2012）で詳述）。

5.1 アジアでの産業クラスターの形成

さて、一般的には、クラスターとは、ブドウの房であり、経済用語としては企業がブドウの房のように集まった状態、つまり集積した状態である。ブドウの房はたくさんのブドウの粒からできている。

まん中のブドウの粒がトヨタであるとしよう。そのまわりにトヨタに部品を提供する部品会社がある。例えばアイシンやデンソーである。部品はエンジンなど主要機関部品である12種類からなり、車はこの部品を使って組み立てられる。デンソーがカー・エアコンを作る。カー・エアコンを作るのに必要な部品を提供する会社がデンソーのまわりに位置する。このような部品会社が幾重にも取り巻き、企業城下町が構成される。これが本章で定義する産業クラスターの第1段階の産業集積である。

アジアでは、タイの東部臨海地区を中心に自動車産業クラスターが、マレーシアのペナンなどの都市に電気・電子産業クラスターが、形成された。北部ベトナムでは、キヤノン効果により電気・電子産業クラスターが形成された。キヤノンの生産規模が大きくなり、その後に韓国・サムスンのギャラクシー効果により「北部ベトナム電気・電子産業クラスター」が生まれた。

中国の成長は、北京と天津を中心とした環渤海経済圏、上海を中心とした長江デルタ経済圏、広東省を中心とした珠江デルタ経済圏の3つの経済圏を中心に進んだ。広州市を中心にトヨタ、日産、ホンダなどを中心に「自動車産業クラスター」が形成された。大連と瀋陽を結ぶ東北地域振興計画、西部大開発が成長軌道に乗った。

そして、中国の沿海部は「転換点」を過ぎ、労賃が上がった。賃金の上昇は、2004年前後から始まり、2010年前半には賃上げが急速に進んだ。日系企業は、中国投資のリスクが高まる中で中国だけではなく他の国にも投資しようとした。それが、中国の転換点による「チャイナ・プラス・ワン」である。

その候補となる主な国は、「グループ A」であるベトナム、ラオス、カンボジア、ミャンマー、バングラデシュそしてインドである。ベトナムの成長が急速になるのは2005年からである。投資先を中国だけではなく、次の国も考える。そこでアジアへの投資を考える企業は、隣のベトナムを考えるようになった。

さらに、2004年ごろにはインドの成長が本格的になり、大きな変化がインドで起きている。デリー・ムンバイ産業大動脈とは、インドに形成される工業地帯のことをいう。デリーとムンバイを結ぶ地帯は全長が1,500kmである。対象となる6州は、北のウッタル・プラデシュ州、ハリヤナ州、南のグジャラート州、ラジャスタン州、マハラシュトラ州、マディヤ・プラデシュ州である。2014年に就任したインドのナレンドラ・モディー首相は、経済の規制緩和を行い、鉄道、道路、港湾などのインフラを整備し、投資環境を整備する。

5.2　クラスターとクラスターの連携

次に、東アジア各地のクラスターの点とクラスターの点との連携が始まっていることを明らかにする。アジア各地で産業集積が起こり、その集積点は、国境を越えて結びつき、線となる。この「点」から「線」への動きが、それを支えるインフラの整備とともに具体化している。前に述べたようにアジア各地に産業集積ができた。ここで、その点が線で結ばれ、その結びつきが強くなることを明らかにする。クラスターとクラスターのリンク（連携）が進行している。

拡大メコン地域経済協力プログラムとは、ベトナム、ラオス、カンボジア、タイ、中国、ミャンマーが参加したメコン河流域の国際的な枠組みによる「経済回廊」である。アジア開発銀行（ADB）は、道路を軸として域内の貿易・投資を拡大させた。具体的には東西経済回廊、第2東西経済回廊、南北経済回廊など11のプロジェクトがある。

東西経済回廊は、ベトナム中部の港湾都市ダナン、サバナケット（ラオス）、コンケン（タイ）、モーラミャイン（ミャンマー）をつなぐインドシナ横断道路である。第2東西経済回廊はホーチミン、プノンペン、バンコクをつなぐルートであり、日系企業が該当地域に多数進出した。南北経済回廊は昆明（中国雲南省）からバンコクに至るルートである。

まずインフラと呼ばれる「道路の整備」が必要である。中国の広東省広州市か

ら南に向かい、南寧を経由しベトナム国境までの総延長距離は800キロであり、その高速陸上輸送路が2006年7月に完成した。その国境からハノイまでは180キロである。これにより華南経済圏と北部ベトナムは、高速道路でつながり、産業クラスターと産業クラスターでつながる。

　企業の具体的な例としては、キヤノンも、華南の広東省に、ベトナム・ハノイに、タイ・アユタヤに工場を持つ。キヤノンは、バンコク、ベトナム・ドンハ、ハノイ間のロジスティックスを整備する。この際に、ミャンマーからタイ、ラオス、ベトナムを結ぶ東西経済回廊を利用する。

　トヨタは、バンコク周辺にも工場をもつ。トヨタは、広州に、ハノイに、バンコク周辺に工場を持つ。タイでは東部臨海地域を中心に自動車関連産業が集積した。トヨタ自動車は2007年に部品調達を一本化するためアジア生産統括会社をタイに設立した。タイのイースタンシーボード（東部臨海）工業地帯が1980年代に発展した。日本の自動車部品企業はバンコク周辺に数多く「自動車集積」した。こうして広州、ハノイ、バンコクがつながっていく。

　輸送網の整備は、「ロジスティックス」であり、民間企業により加速される。ロジスティックスとは、単なる物流ではなく、企業のサプライチェーン・マネージメントを最適化することである。日本通運はシンガポールから上海までの路線を稼働させるSS7000というプロジェクトを実施している。ASEAN（東南アジア諸国連合）はシンガポールからタイ、ベトナムなどを経て中国・昆明までの5500キロの鉄道網を連結する。全日空、日本通運、近鉄エクスプレスが航空輸送網と陸上輸送網を組み合わせて、アジアを中心に小口貨物などの取り込みを目指す。鴻池は、2015年にタイ・バンコクとベトナム・ホーチミンとを南部経済回廊を利用することにより結んだ。オランダ系企業のＴＮＴは、シンガポールからベトナムを経由して中国に至るトラック輸送網を完成する。

　こうしてアジア成長トライアングルは、民間企業のビジネスの上では着々と形成されている。これが民間部門の「デファクトスタンダードの地域統合」と呼ばれる。

5.3　アジア地域統合とクラスター・To・クラスター

　さて、アジア・トライアングルの中でクラスターが形成され、これらの交わり

が多くなり、クラスター間のリンクが強化されるためには、民間部門の活動とともに公共部門の「国境の壁」が低くなる必要がある。アジア成長トライアングルの国境を高くする大きな障害の1つが、関税であり、非関税障壁である通関手続きなどである。通関所要時間がタイ、カンボジア、ラオス、ミャンマー、ベトナムに関して1～3日程度かかり、この国境の壁は高い。「自由貿易協定」が締結されれば、この障害が小さくなり、クラスター・To・クラスターのリンクが強固になっていく。自由貿易協定は、地域統合を進める上で不可欠である。アジアの地域統合は日本経済の生き残りにとって不可欠であり、アジアの国が中所得国のわなから脱するためにも有効である。

6　結び

アジアの国を分類すると、

　グループA：中所得国のわなまで達していない国は、CLMV（後発ASEAN）とインドを含む南アジアである。

　グループB：中所得国のわなの中にある国は、先進ASEAN 4カ国と中国である。

　グループC：中所得国のわなを脱した国・地域は、4タイガーと呼ばれたシンガポール、香港、韓国、台湾の4カ国と、日本、ブルネイを合わせた6カ国である。

　それぞれのグループが所得を引き上げるために産業構造の高度化を必要とする。グループAはこれから労働集約型産業の誘致により雇用を増大させることができる。グループBは、中所得国のわなから脱するために生産構造の高度化を、また消費の質の高度化を必要とする。グループCは、イノベーションに向けた研究と開発への投資を必要とする。

　日本の成長戦略はこの方向に合わせることが望ましい。アジアの地域統合を推進することは、日本の成長戦略と整合的であり、アジアの産業構造に合致する。アジアの「地域統合」の推進は、日本の国際協力として目標となる。

参考文献

朽木昭文（2011）「「アジア成長トライアングル」と産業クラスター――東アジア共同体へ向けて」、『東アジアへの視点』、国際東アジア研究センター。

朽木昭文（2012）『日本の再生はアジアから始まる』、農林統計協会。

朽木昭文（2015）「蜘蛛の巣型鉄道主導の6次産業クラスター形成の提言」、丸屋豊二郎編『広東省珠江三角州・東西北地区間の経済格差縮小の政策研究』、日本貿易振興機構。

国際協力機構（2014）『ASEAN2025に係る情報収集・確認調査ファイナルレポート』、国際協力機構。

溝辺哲男・朽木昭文編（2015）『農・食・観光クラスターの展開』、農林統計協会。

JETRO（2015）「広東省の2014年 GRP 成長率は7.8％」、『通商弘報』、2月10日。

Asian Development Bank（2014）*Asian Development Outlook.*

Asian Development Bank Institute（2010）*Estimating Demand for Infrastructure in Energy, Transport, Telecommunications, Water and Sanitation in Asia and the Pacific: 2010-2020.*

Im, Fernando Gabriel and David Rosenblatt（2013）"Middle-Income Traps," Policy Research Working Paper 6594, World Bank.

International Monetary Fund（2014）*World Economic Outlook Databases.*

Shekhar, Aiyar Romain Duval, Damien Puy, Yiqun Wu, and Longmei Zhang（2013）"Growth Slowdowns and the Middle-Income Trap," *IMF Working Paper*, WP/13/71.

United Nations Population Division, Department of Social Affairs（2012）*World Population Prospects: the 2012 Revision.*

World Bank（2015）*http://data.worldbank.org//indicator.*

World Bank（2015）*Poverty and Inequality Database.*

World Bank（2015）*Doing Business 2014 Economy Profile.*

World Health Organization（2014）*World Health Organization.*

第2章

ASEAN の貿易の現状と課題

高橋俊樹

1 はじめに

　ASEAN 主要国（インドネシア、マレーシア、タイ）における貿易構造の特徴は、他の ASEAN や日中韓台との中間財の輸出入の割合が高く、それぞれの貿易において「中間財のサプライチェーン」が形成されていることである。特に、ASEAN 域内における貿易でその傾向が強い。

　また、ASEAN は中国へ素材・中間財を輸出し、中国から中間財（主に加工品）と最終製品を輸入している。ASEAN の中国への輸出に占める素材のシェアは年々高まっているし、ASEAN の中国からの輸入に占める最終製品のシェアが上昇傾向にある。

　ASEAN の貿易自由化では後発のベトナムは、素材の輸出国という面とともに、中間財を輸入して最終財を輸出する加工貿易型という特徴を持っている。実際に、2012年のベトナムの ASEAN からの中間財輸入の割合は74.2％と非常に高い。

　しかし、2012年のベトナムの中間財の世界全体への輸出割合は3割弱にとどまるものの、ASEAN 向けでは48.7％に達している。2005年におけるベトナムの中間財の ASEAN への輸出割合は26.4％であったので、近年のベトナムへの外資参入の影響などにより、中間財の輸出割合が急速に上昇したことになる。したがって、ベトナムは加工品や部品などの中間財における ASEAN 域内のサプライチェーンに組み込まれつつあると考えられる。

　一方、ベトナムと同様に自由化で後発のミャンマーとカンボジアは、輸出において資源や縫製品・履物という単一の業種に対する依存度が高く、他の ASEAN

のような中間財の相互調達を行うサプライチェーンを十分には形成できていない。

今後の両国の課題は、いかにしてモノカルチャー的な貿易形態から中間財などの輸出割合を高めた構造に転換できるかである。また、海外から色々な分野からの投資を呼び込んで産業の裾野を広げ、より付加価値の高い国内産業を育成できるかである。

2　ASEANの財別国別輸出の推移と特徴

2.1　マレーシアの中間財の輸出割合が69.5%まで上昇

図2-1はASEAN 4カ国（インドネシア、マレーシア、タイ、ベトナム）や中国および日米の財別輸出構成比の推移を、1999年〜2013年まで描いたものである。ただし、ベトナムについては、2012年までの動向になる。

ベトナムと中国は最終財の輸出割合が高く、2013年にはともに輸出総額の6割弱に達する。これに対して、インドネシア、マレーシア、タイでは中間財の輸出割合が高い。特に、図2-1のように、マレーシアの中間財の輸出割合は近年上昇傾向にあり、2013年には69.5%という高水準に達しているし、インドネシアとタイは5割近い水準である。中国の中間財の輸出割合は上昇傾向にあるものの、43%とASEAN主要国よりも少し低い。ベトナムの中間財の輸出割合は急上昇しており、2012年には28%であった。

インドネシアの素材の輸出割合は年々上昇しており、2013年には32%であった。これは、インドネシアが産油国でもあり、天然ガスなどの資源を輸出しているためでもある。同様に、石油などの資源国であるベトナムも素材の輸出割合が高く、2012年で15%であった。

2.2　域内への中間財輸出の割合が高いASEAN

表2-1のように、2013年のインドネシアのASEAN向け輸出の割合は22.3%にも上った。次いで日本向けが14.8%であった。中国向け輸出のシェアは12.4%、EU向けは9.2%、米国向けが8.6%であった。インドネシアの韓国向け輸出の割合は高く、米国に次ぐ6.3%であった。

マレーシアの輸出はインドネシア以上にASEANへの輸出の割合が高い。

第 2 章　ASEAN の貿易の現状と課題

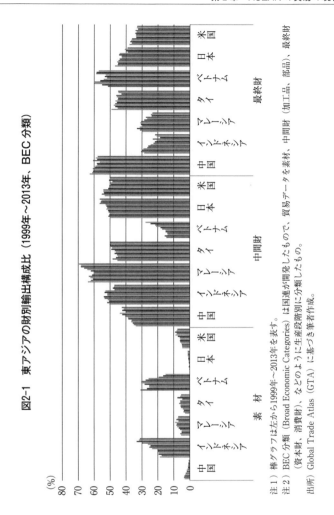

図2-1　東アジアの財別輸出構成比（1999年〜2013年、BEC 分類）

注1) 棒グラフは左から1999年〜2013年を表す。
注2) BEC 分類（Broad Economic Categories）は国連が開発したもので、貿易データを素材、中間財（加工品、部品）、最終財（資本財、消費財）などのように生産段階別に分類したもの。
出所）Global Trade Atlas（GTA）に基づき筆者作成。

　2013年の ASEAN への輸出シェアは28.1%であった。中国向けは13.4%、日本向けは11.1%、EU 向けは9.1%、米国向けは8.1%であった。韓国向けのシェアは3.6%で、インドネシアや中国ほどは高くないものの、一定の割合を占めた。ちなみに、台湾向け輸出のシェアは2.9%と韓国向けに近い割合であった。
　2013年のタイの ASEAN への輸出の割合は25.9%で、他の国・地域向け輸出と比較して最も高かった。中国向けのシェアは11.9%であり、米国向けが10.0%、

表2-1 東アジアの国・地域別輸出構成比（2013年、総額、%）

		輸入側												
	中国	インドネシア	マレーシア	タイ	ベトナム	ASEAN10	日本	韓国	台湾	インド	オーストラリア	ニュージーランド	米国	ドイツ	EU28	世界
中国	-	1.7	2.1	1.5	2.2	11.0	6.8	4.1	1.8	2.2	1.7	0.2	16.7	3.0	15.3	100.0
インドネシア	12.4	-	5.8	3.3	1.3	22.3	14.8	6.3	3.2	7.1	2.4	0.3	8.6	1.6	9.2	100.0
マレーシア	13.4	4.6	-	5.5	1.9	28.1	11.1	3.6	2.9	3.6	4.0	0.6	8.1	2.3	9.1	100.0
タイ	11.9	4.8	5.7	-	3.1	25.9	9.7	2.0	1.5	2.3	4.5	0.5	10.0	1.8	9.8	100.0
ベトナム (2012)	11.2	2.1	3.9	2.5	-	15.2	11.4	4.9	-	1.6	2.8	0.2	17.2	3.6	17.7	100.0
日本	18.1	2.4	2.1	5.0	1.5	15.5	-	7.9	5.8	1.2	2.4	0.3	18.5	2.6	10.0	100.0
米国	7.7	0.6	0.8	0.7	0.3	5.0	4.1	2.6	1.6	1.4	1.7	0.2	-	3.0	16.6	100.0

出所）Global Trade Atlas (GTA) に基づき筆者作成。

EU向けが9.8％、日本向けは9.7％であり、いずれも10％前後の同じような水準となっている。タイの韓国向けのシェアは2.0％であり、インドネシアの韓国向け輸出のシェアの3分の1、中国やマレーシアの韓国向けの約半分の水準であった。

2012年のベトナムの ASEAN 向けの割合は15.2％であった。これは、同年における中国の ASEAN 向けの輸出割合（9.9％）を上回るが、20％を超えるインドネシア・マレーシア・タイの ASEAN 向けの輸出割合よりも低い。その分だけ、ベトナムのEU向けが17.7％、米国向けが17.2％と高くなっている。中国向けは11.2％であり、日本の11.4％とほぼ同じであった。韓国向けは4.9％に達しており、ベトナムにおいても韓国向けの輸出割合はやや高い。

また、表2-2のように、2013年のインドネシア、マレーシア、タイと2012年のベトナムの中間財輸出における国別のシェアを見てみると、他の ASEAN 向けの割合が2割から3割とトップであり、次に多いのは中国と日本で10％台である。米国とEU向けは5％〜10％の間であり、韓国・台湾向けはそれよりも低い。ASEAN 各国の中間財輸出は、規模でみると ASEAN 域内や日中が主体である。

インドネシア、マレーシア、タイの最終財輸出の国別シェアでは、他の ASEAN 向けが19％〜28％の間であった。この3カ国は中間財とともに、最終財の輸出でも ASEAN 域内向けの割合が最も大きい。次にシェアが高いのは米国向けで、そしてEU、日本、中国と続く。この ASEAN 3カ国の最終財の輸出においては、韓国・台湾向けのシェアは低い。

これに対して、ベトナムの最終財輸出の国別割合は、米国とEU向けがともに25％で、ASEAN 向けの9％を上回る。日本向けは8％であった。

2.3　マレーシアの韓国・台湾向け中間財輸出の割合は8割以上

表2-3のように、タイの世界への輸出における素材の割合は2013年には5.4％にすぎなかったが、中間財の割合は50.1％、最終財は45％と高かった。このように、タイの世界全体への輸出に占める素材の割合は低いが、タイの中国向け輸出における素材の割合は18％、韓国向けが21.2％と高かった。

また、2013年のタイの ASEAN 向けと台湾向け、およびインド向けの輸出における中間財の割合は高く、それぞれ6割を超える。タイの中国向けの中間財の

第1部　アジアの開発と地域統合の現状

表2-2　東アジアの国・地域別輸出構成比（2013年、中間財、%）

		中国	インドネシア	マレーシア	タイ	ベトナム	ASEAN10	日本	韓国	台湾	インド	オーストラリア	ニュージーランド	米国	ドイツ	EU28	世界
輸出側	中国	-	2.2	2.4	1.9	3.2	14.1	5.9	5.4	2.9	3.2	1.5	0.2	11.9	2.4	12.1	100.0
	インドネシア	9.9	-	7.8	3.2	1.8	22.9	15.4	7.5	3.3	7.0	2.2	0.3	4.7	1.1	9.5	100.0
	マレーシア	15.6	5.1	-	4.8	1.7	28.9	12.6	4.2	3.6	3.0	2.1	0.3	6.4	2.0	8.4	100.0
	タイ	14.2	6.2	7.5	-	4.1	33.0	9.0	2.2	1.8	3.1	2.9	0.3	6.6	1.5	7.1	100.0
	ベトナム (2012)	13.8	3.5	5.8	3.7	-	26.7	14.5	5.1	-	2.4	1.1	0.1	7.8	1.7	8.1	100.0
	日本	21.3	2.9	2.7	6.7	1.8	19.1	-	10.2	7.0	1.5	1.6	0.1	14.6	2.3	9.4	100.0
	米国	5.3	0.4	1.0	0.9	0.3	5.4	3.2	2.5	1.5	1.6	1.2	0.1	-	2.3	15.3	100.0

出所）Global Trade Atlas (GTA) に基づき筆者作成。

第2章 ASEANの貿易の現状と課題

表2-3 タイの国・地域別輸出の財別構成比（2013年、BEC分類、％）

		中国	インドネシア	マレーシア	タイ	ベトナム	ASEAN10	日本	韓国	台湾	インド	オーストラリア	ニュージーランド	米国	ドイツ	EU28	世界
	総額	100.0	100.0	100.0	―	100.0	100.0	100.0	100.0	100.0	100.0	100.0	100.0	100.0	100.0	100.0	100.0
	素材	18.0	2.3	9.4	―	2.4	3.6	5.5	21.2	6.7	8.0	0.2	0.7	3.3	2.8	3.2	5.4
	食料・飲料（原料、産業用）	0.0	0.0	0.1	―	0.0	0.2	0.0	0.3	0.3	0.0	0.1	0.0	0.1	0.0	0.1	0.1
	産業用資材（原料）	16.3	1.4	9.2	―	2.4	3.1	5.5	15.4	6.3	8.0	0.1	0.7	2.1	2.8	3.1	4.8
	燃料・潤滑剤（原料）	1.6	0.9	0.0	―	0.0	0.4	0.0	5.5	―	0.0	0.0	―	1.1	0.0	0.0	0.5
	中間財	59.4	65.3	66.3	―	65.8	63.7	46.4	54.6	62.0	69.5	32.5	27.7	32.9	42.4	36.2	50.1
	加工品	48.3	42.3	37.5	―	48.8	43.6	26.4	35.0	32.3	47.2	24.5	18.4	11.6	14.9	16.7	31.2
	食料・飲料（加工品、産業用）	0.3	6.1	1.2	―	1.2	2.2	1.9	5.3	1.8	2.9	0.1	0.4	0.1	2.4	1.0	1.2
	産業用資材（加工品）	43.2	34.9	18.9	―	39.4	26.2	23.5	27.5	30.2	44.3	24.2	17.1	11.1	12.6	15.5	24.9
輸出側	燃料・潤滑剤（加工品）	4.9	1.4	16.6	―	8.3	15.2	1.1	2.2	0.3	0.0	0.2	0.9	0.3	0.0	0.3	5.2
タイ	部品	11.1	22.9	28.8	―	17.0	20.1	20.0	19.6	29.7	22.2	8.0	9.3	21.3	27.4	19.5	18.8
	資本財部品（輸送機器用除く）	9.5	5.5	16.2	―	7.3	10.0	11.6	17.5	17.7	7.0	1.9	3.8	13.3	19.7	12.7	11.0
	輸送機器用部品	1.6	17.4	12.6	―	9.6	10.0	8.4	2.1	12.1	15.2	6.1	5.5	8.0	7.7	6.7	7.8
	最終財	22.9	32.5	25.8	―	32.0	33.3	49.0	25.0	31.8	22.7	67.7	72.1	64.5	56.4	61.6	45.0
	資本財（輸送機器除く）	11.9	12.1	12.0	―	11.5	13.6	14.1	10.0	13.6	12.4	31.7	36.1	28.1	20.3	26.3	19.5
	産業用輸送機器	11.9	9.0	9.2	―	8.9	10.1	14.1	9.9	11.3	1.1	6.3	6.6	28.1	18.9	24.5	14.6
	消費財	0.0	3.1	2.8	―	2.6	3.5	0.0	0.1	0.2	1.1	25.4	29.5	3.0	1.4	1.9	4.9
	食料・飲料（原料、家庭用）	12.2	20.5	14.0	―	20.6	19.8	36.2	16.3	20.7	9.9	36.2	36.6	38.6	36.3	38.6	26.6
	食料・飲料（加工品、家庭用）	6.8	0.6	0.5	―	3.2	0.9	2.5	1.7	1.8	0.2	0.6	0.8	2.0	1.2	1.4	2.0
	その他の非産業用輸送機器	2.3	1.7	3.5	―	6.1	6.4	12.9	4.8	6.5	0.6	6.6	8.5	11.5	8.7	12.4	8.8
	耐久消費財	0.1	9.7	2.2	―	6.0	4.0	2.2	0.0	0.0	0.0	14.7	10.2	0.4	1.4	1.1	2.9
	半耐久消費財	0.0	1.6	0.6	―	0.2	0.6	0.7	0.3	0.2	0.1	0.6	0.4	1.0	0.2	2.5	0.7
	非耐久消費財	1.7	3.4	2.4	―	6.4	3.0	7.9	4.0	6.5	6.3	8.3	9.9	11.3	13.6	10.6	6.2
		0.8	0.7	2.1	―	1.1	1.6	3.7	2.7	1.7	1.6	2.1	2.5	7.2	6.9	6.5	3.0
		0.5	2.8	2.7	―	3.4	3.2	6.6	3.0	4.0	1.1	3.5	4.4	5.5	4.5	4.4	3.2

出所）Global Trade Atlas (GTA) に基づき筆者作成。

割合は59.4％であり、日本向けは46.4％であった。タイの米国とEU向けの中間財の割合はそれぞれ32.9％と36.2％と相対的に低いため、その分だけ両国・地域への最終財輸出の割合は6割を超える。

タイのインド向けの輸出における中間財の割合が高い理由の1つとして、タイ・インド間のFTAを活用した貿易の影響が考えられる。自動車の部品などがFTAを利用してタイからインドへと輸出されているようだ。

タイの中国向け輸出における最終財の割合は22.9％、ASEAN向けが33.3％、韓国向け25％、台湾向け31.8％と相対的に低い。これに対して、日本向けが49％であり、オーストラリア、ニュージーランド、米国、EU向けは6割を超える。

2013年のインドネシアの中国向け輸出における素材の割合は56.4％であり、ASEAN向けは29.7％であった。同様に、インドネシアの対日輸出における素材の割合は38.4％であり、韓国向けは34.9％、台湾向けは43.8％であった。

2005年においては、インドネシアの中国向け輸出に占める素材の割合は32.3％であったので、2013年は2005年よりも24％以上も高い。また、ASEAN向け輸出に占める素材の割合は2005年には15％であったので、2013年は15％近くも高い。同様に、2013年のインドネシアの日本向け輸出に占める素材の割合は、2005年よりも12％もシェアが増加した。2013年のインドネシアの世界全体向けにおける素材の輸出割合は2005年から8％増えているので、中国とASEAN、および日本向けは、他の国よりも大きく拡大したことになる。

マレーシアの中国・ASEAN・日本向け輸出における中間財の割合は高く、2013年には7割を超える。さらに、韓国向けの輸出に占める中間財の割合は80.7％、台湾向けに至っては85.2％に達する。マレーシアのASEAN・日本・韓国・台湾向けの中間財の輸出においては、加工品の割合が部品よりも圧倒的に高く、逆に米国、EU向け輸出では部品の割合が加工品よりも高い。

ベトナムは中国と同様に最終財の輸出割合が高く、2012年においては57.1％であった。特に、米国向け輸出に占める最終財の割合は82.8％であり、EU向けは79.9％に達する。ベトナムのオーストラリア向け輸出に占める素材の割合は54.7％と高く、同様にマレーシア向けが34.1％、中国向けが30.2％、日本向けが24.2％、韓国向けが22.8％であった。

ベトナムの世界全体への輸出に占める中間財の割合は前述のように2012年で3

割弱であるが、また、ベトナムの米国やEU向け輸出に占める中間財の割合は1割強にすぎなかった。しかし、ASEAN向けの割合は48.7％に達しているし、日本向けは35.3％であった。

3 ASEANの財別国別輸入の推移と特徴

3.1 中間財の輸入割合が高いASEAN

図2-2のように、1999年以降の中国の中間財の輸入割合は減り続けており、2013年にはインドネシア、マレーシア、タイの中間財の輸入割合の方が中国よりも高くなっている。2013年のタイの中間財の輸入割合は56％、インドネシアは64％、マレーシアは66％に達する。ただし、マレーシアでは中間財の輸入割合はやや低下傾向にあり、その分だけ最終財の割合が高まっている。ベトナムでは、2012年の中間財の輸入シェアは71％で、他のASEANよりも高い。

素材の輸入では、インドネシアの輸入割合が年々減少し2013年には13％であった。同様に、マレーシアが9％であり、タイが20％であった。ベトナムは増加傾向にあるものの、2012年で7％と5カ国の中では最も輸入割合が少ない。最終財においては、インドネシア、マレーシア、タイにおける2010年以降の輸入割合が増加している。

3.2 2013年のタイの輸入でASEANが日本を逆転

2013年のインドネシアのASEAN10からの輸入の割合は、表2-4のように、29.0％にも上った。次いで中国からの輸入シェアは16.0％、日本からが10.3％、EUからは7.3％であった。韓国からは6.2％にも達し、米国の4.9％を上回った。

マレーシアの輸入もインドネシア同様にASEANからの輸入割合が高く、2013年のシェアは26.7％であった。中国からの輸入のシェアは16.4％、EUからは10.9％、日本からは8.7％、米国からは7.8％であった。

マレーシアの韓国からの輸入のシェアは4.7％で、インドネシアや中国ほど韓国に対する輸入の依存度は高くはない。ちなみに、マレーシアの台湾からの輸入のシェアは4.8％と韓国とほぼ同じであった。

タイの2013年の他のASEANからの輸入の割合は17.6％で、タイの輸入相手

第 1 部　アジアの開発と地域統合の現状

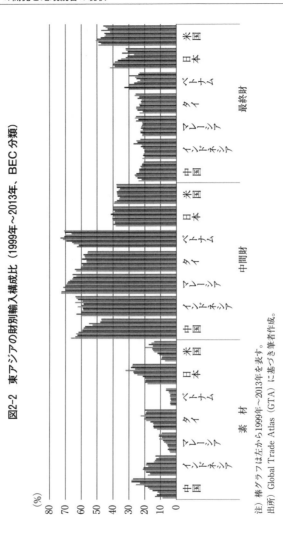

図2-2　東アジアの財別輸入構成比（1999年～2013年、BEC分類）

注）棒グラフは左から1999年～2013年を表す。
出所）Global Trade Atlas (GTA) に基づき筆者作成。

表2-4 東アジアの国・地域別輸入構成比（2013年、総額、％）

		輸　入　側						
		中国	インドネシア	マレーシア	タイ	ベトナム (2012)	5カ国計 (2012年ベトナムを含む)	日本	米国
輸出側	中国	8.0	16.0	16.4	15.1	25.5	10.6	21.7	19.4
	インドネシア	1.6	0.1	4.3	3.2	2.0	1.9	3.5	0.8
	マレーシア	3.1	7.1	0.1	5.3	3.0	3.3	3.6	1.2
	タイ	2.0	5.7	6.0	0.9	5.1	2.6	2.6	1.2
	ベトナム	0.9	1.5	2.9	1.3	—	1.1	1.7	1.1
	ASEAN10	10.2	29.0	26.7	17.6	18.3	13.8	14.1	5.6
	日本	8.3	10.3	8.7	16.4	10.2	9.3	—	6.1
	韓国	9.4	6.2	4.7	3.6	13.7	8.5	4.3	2.8
	台湾	8.0	2.4	4.8	3.0	—	6.6	2.8	1.7
	インド	0.9	2.1	2.5	1.4	1.9	1.2	0.9	1.8
	オーストラリア	4.7	2.7	2.5	2.2	1.6	4.0	6.1	0.4
	ニュージーランド	0.4	0.4	0.4	0.2	0.3	0.4	0.3	0.2
	米国	7.5	4.9	7.8	5.8	4.3	7.0	8.4	—
	ドイツ	4.8	2.4	3.5	2.4	2.1	4.2	2.9	5.0
	EU28	11.3	7.3	10.9	8.8	7.7	10.6	9.4	17.1
	世界	100.0	100.0	100.0	100.0	100.0	100.0	100.0	100.0

出所）Global Trade Atlas（GTA）に基づき筆者作成。

国・地域の中では最も高かった。タイの日本からの輸入の割合は16.4％、中国からは15.1％であった。EUからが8.8％、米国からが5.8％であり、韓国からは3.6％であった。したがって、タイにおける輸入の特徴は、ASEANと日本への輸入依存度が高いということである。

2012年においては、タイの輸入相手先は日本がトップで、次いでASEANであった。2013年はこの順番が逆転している。これは、趨勢的には日本のタイにおける現地生産の拡大の影響が現れているものと思われる。

2012年におけるベトナムの中国からの輸入の割合は25.5％で、ベトナムの輸入相手先の中では最も高い割合であった。次いでASEANからの輸入割合が高く、18.3％を占めた。韓国からの輸入割合が13.7％に達しており、日本の10.2％を上回った。ちなみに、ベトナムの米国からの輸入の割合は、4.3％であった。

3.3 中間財のサプライチェーンを形成

　表2-5のように、2013年におけるタイのASEANからの輸入に占める中間財の割合は51.1％にとどまっており、その割合が7割を超えるインドネシアやマレーシアほど高くはない。タイはむしろ日本や韓国、台湾、インドからの輸入で中間財の割合が高く、いずれも75％を超える。特に、日本からは産業用資材（加工品）とともに輸送機器用部品の輸入割合が高い。

　2013年のタイの日本からの中間財輸入の割合は76.6％であったが、2012年の割合は70.9％であり、2011年の77.5％から6.6％も減少した。これは、主にタイの洪水の影響と考えられる。2013年のタイの日本からの中間財の輸入割合は、2011年水準の近くまで持ち直している。

　しかし、2011年においては、中国・ASEANの中でタイだけが日本からの輸入に占める中間財の割合が韓国を上回っていた。これが、2012年には韓国に逆転され、2013年においても依然として韓国（79.1％）・台湾（77.4％）よりも低いままである。

　ただし、金額でみると、2013年のタイの日本からの中間財の輸入額は314億ドルで、ASEANよりも89億ドル、韓国よりも242億ドル、台湾よりも255億ドルも大きい。2013年におけるタイの日本からの輸入における中間財の割合が韓国・台湾よりも低いとしても、依然として日本からの中間財輸入の絶対的な規模の優位性は失われていないようだ。

　インドネシアの韓国からの輸入に占める中間財の割合は、2013年には80.2％、ASEANと台湾からは77％強、日本からが68％に達している。インドネシアの韓国と台湾、あるいは日本からの中間財の輸入は、主に素材よりも加工度が高い加工品で占められている。

　マレーシアの台湾からの輸入に占める中間財の割合は88.5％、韓国からが79.2％、日本からは70.4％と、いずれも非常に高かった。さらに、マレーシアのASEANからの輸入に占める中間財の割合は68.7％、米国からは66.4％、ドイツからは63.4％であった。マレーシアの中国からの輸入に占める中間財の割合はドイツよりも低い61.5％であったが、その分だけ最終財の割合が38.2％と相対的に高めとなっている。

　マレーシアの台湾、韓国、ASEAN、日本からの中間財輸入の中で、加工品の

第2章　ASEANの貿易の現状と課題

表2-5　タイの国・地域別輸入の財別構成比（2013年、%）

<table>
<tr><th colspan="2"></th><th>中国</th><th>インドネシア</th><th>マレーシア</th><th>タイ</th><th>ベトナム</th><th>ASEAN10</th><th>日本</th><th>韓国</th><th>台湾</th><th>インド</th><th>オーストラリア</th><th>ニュージーランド</th><th>米国</th><th>ドイツ</th><th>EU28</th><th>世界</th></tr>
<tr><td colspan="2">総額</td><td>100.0</td><td>100.0</td><td>100.0</td><td>100.0</td><td>100.0</td><td>100.0</td><td>100.0</td><td>100.0</td><td>100.0</td><td>100.0</td><td>100.0</td><td>100.0</td><td>100.0</td><td>100.0</td><td>100.0</td><td>100.0</td></tr>
<tr><td rowspan="3">素材</td><td></td><td>0.7</td><td>33.3</td><td>15.8</td><td>0.2</td><td>4.5</td><td>22.0</td><td>0.4</td><td>1.7</td><td>0.4</td><td>3.7</td><td>37.7</td><td>10.5</td><td>7.1</td><td>1.1</td><td>2.3</td><td>19.8</td></tr>
<tr><td>食料・飲料(原料、産業用)</td><td>0.1</td><td>0.9</td><td>0.0</td><td>0.0</td><td>0.9</td><td>0.4</td><td>0.0</td><td>0.0</td><td>0.0</td><td>1.3</td><td>2.5</td><td>0.3</td><td>3.2</td><td>0.2</td><td>0.8</td><td>0.8</td></tr>
<tr><td>産業用資材(原料)</td><td>0.5</td><td>0.5</td><td>0.4</td><td>0.2</td><td>1.0</td><td>0.9</td><td>0.4</td><td>0.4</td><td>0.4</td><td>2.4</td><td>7.9</td><td>3.8</td><td>3.6</td><td>0.9</td><td>1.7</td><td>1.3</td></tr>
<tr><td></td><td>燃料・潤滑剤(原料)</td><td>0.0</td><td>31.9</td><td>15.4</td><td>-</td><td>2.5</td><td>20.7</td><td>0.0</td><td>1.2</td><td>0.0</td><td>-</td><td>27.3</td><td>6.4</td><td>0.3</td><td>0.0</td><td>0.3</td><td>17.7</td></tr>
<tr><td rowspan="5">中間財</td><td>加工品</td><td>55.4</td><td>41.6</td><td>59.5</td><td>49.0</td><td>39.5</td><td>51.1</td><td>76.6</td><td>79.1</td><td>77.4</td><td>73.9</td><td>55.7</td><td>32.6</td><td>57.5</td><td>59.6</td><td>54.0</td><td>55.8</td></tr>
<tr><td>食料・飲料(加工品、産業用)</td><td>32.7</td><td>28.0</td><td>29.0</td><td>26.4</td><td>27.5</td><td>28.5</td><td>38.4</td><td>59.4</td><td>39.8</td><td>62.9</td><td>52.0</td><td>30.7</td><td>34.2</td><td>33.3</td><td>33.3</td><td>36.3</td></tr>
<tr><td>産業用資材(加工品)</td><td>0.2</td><td>1.3</td><td>0.8</td><td>0.0</td><td>0.9</td><td>0.0</td><td>0.0</td><td>0.0</td><td>0.0</td><td>0.4</td><td>5.3</td><td>12.2</td><td>0.5</td><td>0.5</td><td>1.2</td><td>0.5</td></tr>
<tr><td>燃料・潤滑剤(加工品)</td><td>32.4</td><td>26.4</td><td>24.4</td><td>26.4</td><td>26.5</td><td>23.2</td><td>38.0</td><td>57.1</td><td>39.6</td><td>61.2</td><td>45.9</td><td>18.4</td><td>33.1</td><td>32.3</td><td>31.3</td><td>32.7</td></tr>
<tr><td>部品</td><td>0.1</td><td>0.4</td><td>3.8</td><td>0.0</td><td>0.0</td><td>4.5</td><td>0.4</td><td>2.3</td><td>0.2</td><td>1.3</td><td>0.8</td><td>0.0</td><td>0.5</td><td>0.8</td><td>0.8</td><td>3.1</td></tr>
<tr><td rowspan="2">輸入側
タイ</td><td>資本財部品(輸送機器用除く)</td><td>22.7</td><td>13.5</td><td>30.6</td><td>22.6</td><td>12.0</td><td>22.7</td><td>38.1</td><td>19.7</td><td>37.6</td><td>11.0</td><td>3.7</td><td>2.0</td><td>23.3</td><td>26.3</td><td>20.7</td><td>19.5</td></tr>
<tr><td>輸送機器用部品</td><td>19.3
3.4</td><td>3.6
10.0</td><td>28.9
1.7</td><td>20.9
1.7</td><td>6.5
5.5</td><td>18.4
4.3</td><td>17.5
20.6</td><td>15.8
3.9</td><td>35.7
1.9</td><td>2.9
8.0</td><td>2.4
1.3</td><td>1.8
0.2</td><td>17.2
6.1</td><td>16.7
9.6</td><td>12.4
8.3</td><td>13.3
6.3</td></tr>
<tr><td rowspan="7">最終財</td><td></td><td>45.3</td><td>25.6</td><td>30.1</td><td>51.9</td><td>56.4</td><td>30.9</td><td>24.3</td><td>19.5</td><td>23.9</td><td>22.7</td><td>6.6</td><td>56.9</td><td>35.7</td><td>40.9</td><td>44.6</td><td>25.7</td></tr>
<tr><td>資本財</td><td>33.8</td><td>9.5</td><td>17.0</td><td>24.9</td><td>38.6</td><td>16.9</td><td>19.8</td><td>14.2</td><td>15.4</td><td>10.4</td><td>1.3</td><td>2.4</td><td>23.9</td><td>27.1</td><td>29.6</td><td>17.0</td></tr>
<tr><td>資本財(輸送機器除く)</td><td>32.0</td><td>8.4</td><td>16.9</td><td>24.6</td><td>38.5</td><td>15.9</td><td>19.0</td><td>13.3</td><td>15.4</td><td>8.7</td><td>1.2</td><td>2.4</td><td>12.1</td><td>25.6</td><td>17.4</td><td>14.5</td></tr>
<tr><td>産業用輸送機器</td><td>1.8</td><td>1.3</td><td>0.1</td><td>0.3</td><td>0.1</td><td>1.0</td><td>0.8</td><td>0.9</td><td>0.0</td><td>1.7</td><td>0.1</td><td>0.0</td><td>11.8</td><td>1.5</td><td>1.5</td><td>2.4</td></tr>
<tr><td>消費財</td><td>12.0</td><td>16.0</td><td>13.2</td><td>29.8</td><td>17.9</td><td>14.2</td><td>4.7</td><td>5.4</td><td>8.9</td><td>12.3</td><td>5.3</td><td>54.5</td><td>11.9</td><td>13.9</td><td>15.1</td><td>8.9</td></tr>
<tr><td>食料・飲料(原料、家庭用)</td><td>1.7</td><td>0.2</td><td>0.1</td><td>0.4</td><td>3.7</td><td>0.8</td><td>0.1</td><td>0.0</td><td>0.0</td><td>4.0</td><td>0.9</td><td>15.3</td><td>0.7</td><td>0.1</td><td>0.2</td><td>0.7</td></tr>
<tr><td>食料・飲料(加工品、家庭用)</td><td>1.3</td><td>4.8</td><td>2.1</td><td>1.6</td><td>4.6</td><td>2.7</td><td>0.6</td><td>2.4</td><td>4.5</td><td>2.4</td><td>2.6</td><td>38.1</td><td>5.5</td><td>0.8</td><td>3.0</td><td>2.1</td></tr>
<tr><td></td><td>乗用車</td><td>0.0</td><td>0.1</td><td>1.2</td><td>0.8</td><td>-</td><td>1.3</td><td>0.7</td><td>0.1</td><td>0.1</td><td>0.0</td><td>0.0</td><td>-</td><td>0.2</td><td>5.3</td><td>2.0</td><td>0.5</td></tr>
<tr><td></td><td>その他の非産業用輸送機器</td><td>0.1</td><td>0.1</td><td>0.0</td><td>0.1</td><td>3.6</td><td>0.3</td><td>0.1</td><td>0.0</td><td>0.1</td><td>0.0</td><td>0.0</td><td>0.1</td><td>0.2</td><td>0.1</td><td>0.2</td><td>0.1</td></tr>
<tr><td></td><td>耐久消費財</td><td>2.1</td><td>2.0</td><td>2.4</td><td>21.4</td><td>0.9</td><td>2.9</td><td>0.7</td><td>0.6</td><td>0.8</td><td>0.6</td><td>0.2</td><td>0.2</td><td>1.2</td><td>1.8</td><td>1.7</td><td>1.4</td></tr>
<tr><td></td><td>半耐久消費財</td><td>4.6</td><td>0.7</td><td>6.0</td><td>5.0</td><td>3.0</td><td>4.5</td><td>1.7</td><td>1.2</td><td>2.5</td><td>1.0</td><td>0.2</td><td>0.6</td><td>1.4</td><td>1.6</td><td>2.4</td><td>2.3</td></tr>
<tr><td></td><td>非耐久消費財</td><td>2.3</td><td>3.3</td><td>1.4</td><td>0.5</td><td>2.2</td><td>1.8</td><td>0.8</td><td>0.9</td><td>0.9</td><td>4.2</td><td>1.3</td><td>0.2</td><td>2.8</td><td>4.1</td><td>5.6</td><td>1.8</td></tr>
</table>

注）タイのタイからの輸入、といった自国からの輸入は、香港・シンガポールなどからの再輸入を指す。
出所）Global Trade Atlas (GTA) に基づき筆者作成。

割合の方が部品よりも高いことが特徴である。さらに加工度を高めてこれらの国・地域などに輸出をしているものと思われる。これに対して、米国やEUからの中間財輸入の多くは部品で占められる。

　タイと同様に、中国、インドネシア、マレーシアでは、いずれも韓国・台湾からの輸入に占める中間財の割合が、日本からの中間財割合よりも大きい。換言すれば、韓国・台湾は中国やASEANに対する中間財供給のサプライチェーンを強固に築いていると見込まれる。

　このように、インドネシアやマレーシア、タイでは、中間財の輸出と輸入の割合が相対的に高く、ASEAN域内や日中韓台との相互の中間財のサプライチェーン網の中に組み込まれていることが窺える。

　2012年のベトナムの輸入においては、中国、ASEAN、日本、韓国からの輸入に占める中間財の割合が高く、世界全体では7割を超える。中間財を輸入し、加工して最終財として輸出するという「加工組立拠点」としての特徴が顕著に現れている。

　ベトナムの世界全体からの輸入に占める中間財の割合は高いが、輸出ではその半分以下にとどまる。しかしながら、2012年のベトナムのASEAN向け輸出に占める中間財の割合は48.7%に達している。2005年では26.4%であったので、近年のベトナムへの外資参入等の影響により、中間財の輸出割合が急速に上昇したことになる。これは、マレーシア、タイほどではないものの、ベトナムは加工品や部品などの中間財におけるASEAN域内のサプライチェーン網に組み込まれつつあることを示唆している。

4　特定の財に偏重するミャンマー・カンボジアの貿易

4.1　資源や縫製品・履物中心の貿易

　ミャンマーの主要輸出品目は、天然ガス、翡翠（ヒスイ）、豆類、縫製品、チーク、コメ、ゴマ、魚類である。カンボジアの主な輸出品目は、縫製品、天然ゴム、木材、魚加工品、等である。両国の貿易動向はこうした主要品目別に説明されることが多く、共通の分類でもって伸び率やシェアの動きを概観することができないため、両国の貿易構造の特徴を比較しながら明らかにすることが難しかっ

図2-3　ミャンマー・カンボジアの財別輸出入の構成比（2013年）

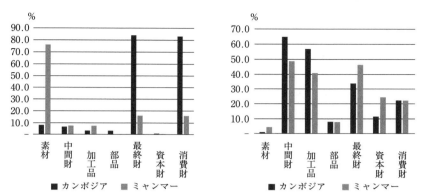

注）ミャンマー・カンボジアの8ヵ国（中国、インドネシア、マレーシア、タイ、ベトナム、日本、米国、ドイツ）との輸出入額（相手国側からの逆推計で計算）の構成比。ただし、ベトナムは2012年の値。加工品と部品は中間財、資本財と消費財は最終財に含まれる。
出所）Global Trade Atlas（GTA）に基づき筆者作成。

た。そこで、素材、中間財、最終財という共通の財分類（BEC分類）で両国の輸出入額を計算した。貿易額の作成にあたっては、ミャンマー・カンボジアの主要な貿易相手である8カ国（中国、インドネシア、マレーシア、タイ、ベトナム、日本、米国、ドイツ）を選び、相手国側からの逆推計でもって算出した。

　ミャンマーの輸出構造は、図2-3のように、豊富な天然ガス資源などを背景にした素材輸出の割合が4分の3というモノカルチャー的なところに加え、「食料・飲料」や「縫製品・履物」に代表される最終財輸出の割合が16％にとどまるのが特徴である。また、カンボジアは経済特区などを利用した縫製品・履物から成る最終財の輸出割合が84％に達しており、モノカルチャー的な輸出構造ではミャンマー以上に強い特性を持つ。

　また、ミャンマーとカンボジアは主に中国・ASEANから中間財を輸入している。ミャンマーの輸入に占める中間財の割合は49％、カンボジアは65％であった。これに対して、両国の輸出に占める中間財の割合は7％前後にすぎなく、中間財のASEAN域内相互のサプライチェーンに十分には組込まれてはいない。

4.2　ミャンマーの最終財輸出の過半は日本向け

　ミャンマー・カンボジアの財別輸出入を国別に見てみると、ミャンマーの素材輸出の97％、中間財輸出の86％はタイと中国で占められる。また、ミャンマーの最終財輸出では、日本向けが53％と半分以上を占め、次いで中国向けが21％、マレーシア・タイ向けがともに7％であった。

　ミャンマーの日本向け輸出全体に占める最終財の割合は91％となり、そのほとんどが消費財である。つまり、ミャンマーの対日輸出主要品目は、ワイシャツ・ジャケット・コートなどの衣類、履物、魚介類であった。

　ミャンマーの中間財輸入の50％は中国、30％はタイからもたらされる。ミャンマーの最終財輸入では、中国からの割合が53％、タイからが26％、日本からが14％であった。ミャンマーの日本からの輸入では、輸送機器・部品の割合が75％にも達しており、主な中身は中古車である。中国からの最終財の輸入では資本財（輸送機器を除く）の割合が高い。タイからの最終財輸入では食料・飲料（加工品、家庭用）の割合が高かった。ミャンマーのスーパーやコンビニでは、タイ産の飲料やお菓子をよく見かけるが、それが輸入実績にも反映されている。

　カンボジアの素材輸出では、ベトナム向けが41％、中国向けが28％の割合を占めた。中間財の輸出ではタイ向けの割合が多く45％、次にベトナムが15％を占めた。カンボジアの最終財の輸出先では、米国向けの割合が57％、ドイツ向けが18％、日本向けが11％であった。これらの国への最終財輸出のほとんどが繊維製品・履物である。

　また、カンボジアの中間財の主要な輸入相手国は中国、タイ、ベトナムであり、それぞれ30％強のシェアを占める。カンボジアの最終財輸入では、タイからの割合が42％、中国からが26％、ベトナムからが15％であった。カンボジアの中国からの最終財の輸入では、資本財の割合が高い。カンボジアのタイとベトナムからの最終財の輸入では、ミャンマー同様に食料・飲料（加工品、家庭用）の割合が高かった。

5　結び：求められる高付加価値で裾野の広い貿易形態

　ミャンマーとカンボジアの貿易構造が高付加価値型に進化するためには、縫製

品・履物などの委託加工貿易に見られるようなモノカルチャー的な貿易形態から、多くの品目を取り扱う貿易構造に転換しなければならない。それには、多方面からの製造・サービス投資をさらに呼び込む必要があるし、特にミャンマーの外資の誘致にはインフラと法の整備、規制緩和などが不可欠である。同時に、川上から川下までの国内産業の裾野を広げ、付加価値を高める体質を作り上げ、競争力を向上させなければならない。

現在のミャンマーにおける素材中心、カンボジアの最終財中心の輸出から、もう少し中間財のシェアを高めた貿易構造に転換することが望ましく、いわゆる「タイ＋1（タイ・プラス・ワン）」のように、一部の労働集約的工程をタイなどから両国に移管していくことも1つの方策である。

投資や「タイ＋1（タイ・プラス・ワン）」が考えられる分野としては、縫製品・履物を始めとして、飲料・加工食品、小売り、建設資材、木製品・家具、電子部品、二輪車・自動車の部品などを挙げることができる。日本には、中小企業支援・人材育成を含めたその後押しを進める産業協力が求められる。

ミャンマーやカンボジアのFTA利用率は、国境貿易の割合が高いこと、委託加工貿易において輸入では関税が免除され輸出では相手国の特恵関税を利用できること、資源やIT製品の輸出では関税が0％か低率であること、などの理由から低いのが現状である。

しかしながら、もしも両国の中間財の輸出が拡大し、多くの品目を扱う貿易構造への転換が進むならば、現時点では5％以下であるミャンマーの中国への輸出におけるFTA利用率は徐々に高まると見込まれる。また、ミャンマー・カンボジアは、2015年～2018年にかけて、中国や他のASEANに対する関税を引き下げる予定である。さらに、ミャンマーの改定された外国投資法の通達では、小売り・卸売り・フランチャイズ事業は規制対象リストから削除されており、今後はこのような規制緩和に伴ってFTA活用の可能性が増していくと思われる。

参考文献

石川幸一・馬田啓一・木村福成・渡邊頼純編（2013）『TPPと日本の決断』、文眞堂。
石川幸一・馬田啓一・渡邊頼純編（2014）『TPP交渉の論点と日本——国益をめぐる攻防』、文眞堂。

石川幸一・馬田啓一・国際貿易投資研究会編（2015）『FTA戦略の潮流――課題と展望』、勁草書房。
国際貿易投資研究所（2014）『平成25年度 ASEAN 中国 FTA（ACFTA）の分野別の平均関税削減率と関税節約額調査事業結果　報告書』、国際貿易投資研究所。
国際貿易投資研究所（2015）『平成26年度 ASEAN 中国 FTA（ACFTA）及び ASEAN 日本 EPA（AJCEP）の品目別の関税削減効果調査事業結果　報告書』、国際貿易投資研究所。
高橋俊樹（2012）「ASEAN 中国 FTA（ACFTA）の運用実態と活用方法」、国際貿易投資研究所、季刊『国際貿易と投資』、第89号。
高橋俊樹（2013a）「中国と ASEAN の FTA における関税削減効果を探る」、国際貿易投資研究所、季刊『国際貿易と投資』、第92号。
高橋俊樹（2013b）「ACFTA（ASEAN 中国 FTA）の域内貿易への影響と運用実態」、国際貿易投資研究所、季刊『国際貿易と投資』、第93号。
高橋俊樹（2013c）「東アジアの貿易における FTA 効果とサプライチェーンへの影響」、国際貿易投資研究所、季刊『国際貿易と投資』、第94号。
高橋俊樹（2014）「メガ FTA 活用の支援体制を急げ」、国際貿易投資研究所『コラム』、23。
高橋俊樹（2014）「FTA はどのような機械機器部品や農産物に効果的か」、国際貿易投資研究所、季刊『国際貿易と投資』、第96号。
日本国際フォーラム編（2014）『経済連携協定（EPA）を検証するについての調査研究報告書』、日本国際フォーラム。
山澤逸平・馬田啓一・国際貿易投資研究会編（2013）『アジア太平洋の新通商秩序――TPP と東アジアの経済連携』、勁草書房。

第3章
途上国の経済統合と域内経済格差

吉野文雄

1 はじめに

　地域経済統合が進むとともに、表面化してきたのが域内経済格差の問題である。経済統合の多くは自由貿易協定（Free Trade Agreement: FTA）の形態をとっているが、その協定の中で、また協定と並ぶ形で、域内経済格差是正を目的とした経済協力が進められることがある。統合される国々の間に存する経済格差は経済統合の障害となると考えられているのである。一方で、経済構造が異質であればあるほど、経済統合の効果が大きいと考えられる。経済構造は経済格差の裏付けとなる所得や生産性をもとに構成されるものである。経済格差もまた経済統合の利益の源泉である。

　経済統合が域内国間の経済格差を拡大するのかどうか、何らかの条件が満たされるとそうなるのか、経済統合に取り組む諸国にとって重大な関心事であるが、この問題には一意的な回答を用意することは難しいであろう。また、経済的な多様性が経済統合の推進要因となるのか阻害要因となるのか、どのような条件の下でそうなるのかも関連する興味深い問題である。

　本章では、自由貿易地域を基礎として、2015年末に経済共同体を形成する東南アジア諸国連合（ASEAN）、もとより経済共同体を名のり、2015年に共通通貨導入をめざす西アフリカ諸国経済共同体（Economic Community of West African States: ECOWAS）、関税同盟を基礎として共同市場形成を目指すメルコスール（Mercade Común del Sur: MERCOSUR）の3つを事例として取り上げる。

2 理論的考察

2.1 貿易モデル

　通常の貿易モデルを考えよう。ヘクシャー・オリーンモデルにおいては、1次同次の新古典派の生産関数が仮定される。貿易を行う2つの国をA国とB国とする。それぞれの国は、第1財と第2財のみを生産する。第1財の生産関数は両国において同一であり、第2財についてもそうである。このような2つの国が貿易を行うとき、相対的に豊富に賦存する生産要素を集約的に投入する産業に特化するというのが、ヘクシャー・オリーンモデルの第1の定理である。

　このような2つの国が統合されても、両国が自由貿易を行う以上の実質的な利益はない。そもそも完全雇用が前提とされた議論なので、第1財と第2財の相対価格と労働と資本の相対報酬率が変わるだけで、実質的に生産量が増えるわけではない。ここで、統合を両国間の要素移動の自由化（いわゆる共同市場の形成）を意味するものとしても、要素価格均等化定理によってもわかるように、要素移動と財・サービス貿易は代替的であるので、統合の利益は自由貿易の利益と同一である。

　2つの国の要素賦存状況（理論的に正確に言うと、要素賦存比率）がまったく同一であれば、両国は貿易も行わないであろうし、統合しても利益を得られない[1]。ヘクシャー・オリーンモデルにおける貿易の利益は、要素賦存比率が異なるという異質性に依存している。この議論は統合に敷衍できる。まったく要素賦存構造が等しい経済に統合の利益はない。より現実的な言い方をすれば、労働豊富国は資本豊富国との統合を進めるのであって、3国以上の世界で労働豊富国どうしの統合は利益が少ない。

　しかし、2つの産業のうちの少なくとも1つが規模に関する収穫が逓増する産業であれば、話は変わってくる。第1産業で規模に関する収穫が逓増するものとしよう。そうであれば、第1財をA国とB国の双方が生産するのは世界全体からみると不利益が生じる。一方の国に生産を集中させることで生産性を高めるこ

---

[1]　ここでは簡単化のために触れないが、2つの国の消費者の選好も、生産関数同様、同一であると仮定されている。消費についても、新古典派の仮定が置かれる。

第 3 章　途上国の経済統合と域内経済格差

とができよう。経済統合の誘因の 1 つとして、規模の経済が挙げられることが多い。電力や道路のようなネットワークの利益も同列に論じられる。送電網や高速道路網を国単位で張り巡らせるよりも、国境を越えた効率を考えて張り巡らすことによって、全体の効率を図れるのである。

2.2　ペティ・クラークの法則

　そもそも途上国の経済的な特徴とは何か。経済発展論における基本的な法則にペティ・クラークの法則がある。この法則の実証研究の成果によれば、経済発展にともなって、国民所得に占める第 1 次産業の付加価値のシェアは低下し、第 3 次産業のシェアは上昇する。第 2 次産業については、ある一定の段階までは上昇するが、そこでピークを迎えると漸減する。付加価値のシェアのみならず、その派生需要としてそれぞれの産業に従事する労働力についても同様の傾向が見出せる。

　ペティ・クラークの法則を世界全体で横断的に捉えると、先進国では第 3 次産業のシェアが高く、途上国では第 1 次産業のシェアが高いことになる。実際、本章で取り上げる途上国の中で、ボリビアの国民所得に占める第 1 次産業の付加価値のシェアは13.0％、ブルキナ・ファソは35.3％、カンボジアは35.6％である[2]。反対に、この値の低いのはシンガポールで、0.0％である。

　付加価値から考えると、途上国は第 1 次産業に比較優位を有すると類推される。第 1 次産業の製品は、需要の所得弾力性が低く、第 2 次産業の製品と比較すると価格も低位安定しがちである。したがって、世界経済が発展してもその需要の拡大を見込めず、第 2 次産業の製品に対する第 1 次産業の製品の相対価格は低下傾向を示している。

　貿易モデルとペティ・クラークの法則で特徴づけられた途上国が経済統合を進める誘因は何か。域内貿易自由化による貿易転換、貿易創出の効果を求めるのは、先進国と同じである。また、動学的にも規模の経済性の実現もある。特に、人口

---

[2]　本章で用いるデータは、特に記さない限り、World Bank, *World Development Indicators 2014* の2012年の値である。世界銀行のデータでは、第 1 次産業は農業、第 2 次産業は工業、第 3 次産業はサービス業その他となっている。以下、それぞれの産業を、農業、工業、サービス業と略す。

が数百万人にとどまるような小国の場合、規模の経済性の実現は切実である。

3 途上国の経済統合：3つの事例

本章で取り上げる3つの途上国の経済統合体の概要を、特に域内経済格差に注目してまとめよう。

3.1 ASEAN

ASEANは、1967年にインドネシア、マレーシア、フィリピン、シンガポール、タイの5カ国によって地域協力機構として創設された。当初は毎年開催される外相会議が主たる行事であり、本格的に経済協力に取り組んだのは1976年に開催された第1回首脳会議からであった。経済的な取り組みは経済協力の域を出なかったが、2003年にASEAN第2協和宣言が署名されてからは、経済統合に向けて舵を切った。現在の加盟国は、創設メンバーにブルネイ（1984年加盟、以下同）、カンボジア（1999年）、ラオス（1997年）、ミャンマー（1997年）、ベトナム（1995年）を加えて10カ国となっている。

ASEANのモットーは、多様性の中の統一であり、それを裏付けるように、経済的にも多様な趣を見せている。経済発展の指標として1人当たりGDPを取り上げると、シンガポールが51,709米ドルであるのに対して、カンボジアは944米ドルにすぎない。実に55倍の開きがある。図3-1は、加盟各国の1人当たり所得の変動係数を示した図である。変動係数は統計値のばらつきの尺度であり、それが大きいほどばらつきが大きい[3]。統計値の制約のため、いくつか大きな変動が観察される。1つ目は1973年と1974年の間の格差だが、これは1973年以前にはブルネイの統計値が入手できなかったために生じた。2つ目は1983年と1984年の間の格差だが、これは1983年以前にはラオスとベトナムの統計値が入手できなかっ

---

[3] 統計学的には、理論的にはある特定の値をとるはずだが、実験によって得られた値がどの程度そのまわりにばらついているかというような場合に用いられるべき尺度である。科学実験などの場合、変動係数が100を上回ることは異常である。ここでは、あくまで経済的多様性を定数的に表すための一次接近として用いたので、尺度として限界があることに留意されたい。

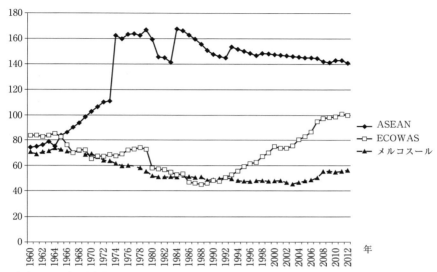

図3-1　1人当たり所得の変動係数

注）各国の2005年不変価格表示米ドル建て1人当たりGDPを用いた。
出所）World Bank, *World Development Indicators 2014* に基づき筆者推計。

たために生じた。10カ国体制が確立されてからのASEAN加盟国の経済発展水準はわずかながらも収束に向かっていると言ってよい。

　ASEANは、統合を進めるに際して、域内格差の存在が障害になると考えている。それを解消するためにASEAN統合構想（Initiative for ASEAN Integration: IAI）であり、人的資本育成セミナーなどをシンガポールが供与者となり、主としてカンボジア、ラオス、ミャンマー、ベトナムのCLMV諸国に対して実施している。

3.2　ECOWAS

　アフリカには、ECOWAS以外にも、1970年に創設された南部アフリカ関税同盟（South African Customs Union: SACU）やフランス語圏諸国によって1994年に創設された西アフリカ経済通貨同盟（Union Economique et Monétaire Ouest-Africaine: UEMOA）、1996年に中部アフリカ関税経済同盟を引き継いだ

中部アフリカ経済通貨共同体（Communauté Economique et Monétaire de l'Afrique Centrale: CEMAC）などの経済統合体が形成されている。

アフリカの経済統合の最大の特徴は、植民地時代の遺産を継承し、旧宗主国との連携を生かしていることである。UEMOAとCEMACは、かつてのフランスの植民地が独立後に統合をめざしたものである。さらに、域外共通関税を設定し関税同盟を形成したり、共通通貨を発行し通貨同盟を形成したりするなど、統合度が高いことが特徴として挙げられる。

ECOWASは2015年に域外共通関税を設定して関税同盟を目指しているから経済統合体であることは確かだが、その経済的な効果は限定的であると評価されている。むしろ、1991年のリベリア内乱を機に結成された平和維持軍であるECOWAS待機軍（ECOWAS Standby Forces）の活動によって評価されている[4]。図3-1を見ると、ECOWASが平和維持活動に踏み出した1990年前後が1人当たり所得が最も収れんした時期であった。その後、経済発展水準のばらつきが拡大しているのは、経済統合に積極的に取り組んでこなかったことを反映しているものとも考えられる。

ECOWASは、1975年に15カ国によって創設された。その後1977年にカーボベルデが加盟し、2000年にモーリタニアが脱退した。2012年の人口は15カ国合計で3億1850万人、GDP合計は3960億米ドル、1人当たりGDPは1,243米ドルである。加盟国の中で最も所得水準の高いのは人口50万人の島国カーボベルデで、2012年には3,695米ドルであった。主要な産業は、GDPの20％近くを生み出す観光業である。とくに旧宗主国のポルトガルやスペインなどからの観光客が多い。カーボベルデは、ユーロにペッグした独自の通貨カーボベルデ・エスクードを発行している[5]。加盟国の中で最も経済規模の大きいのはナイジェリアである。2012年のGDPは2626億米ドルで、ECOWAS全体のGDPのほぼ3分の2を占めている[6]。ナイジェリアも独自通貨ナイラを発行している。

ECOWAS加盟国の中の、ベナン、ブルキナ・ファソ、コートジボアール、ギニアビサウ、マリ、ニジェール、セネガル、トーゴの8カ国はUEMOAに加盟

---

[4] ECOWAS待機軍は、停戦監視団であったECOMOG（ECOWAS Monitoring Group）を基礎として1999年に結成された。

[5] ユーロが発行されるまでは、ポルトガルのエスクードにペッグしていた。

しており、共通通貨 CFA フランを使用している[7]。2015年末までには、UEMOA に加盟していない ECOWAS 加盟 7 カ国が共通通貨エコ（eco）を導入し、2020年までに UEMOA 加盟国も CFA フランからエコに転換することになっている。

UEMOA 加盟国の人口合計は 1 億人強で、GDP 合計は788億米ドルにすぎない。これらの小国が共通通貨を使用することは、金融政策を失ったとしても合理的であろう。しかし、それが ECOWAS 共通通貨に変わると、人口 1 億7000万人、GDP が全体の 3 分の 2 のナイジェリアに主導されることになる。CFA フランはユーロへのペッグを通じて EU 経済にリンクしているが、それがナイジェリアを仲介して EU 経済にリンクすることになる。経済構造に補完性がない ECOWAS に属する小国の得失を一意的に論じることはできない。

3.3 メルコスール

中南米には、中米共同市場（Central American Common Market: CACM）、アンデス共同市場（Andean Community: ANCOM）、カリブ共同市場（Caribbean Community: CARICOM）などの経済統合体がある。これらは、いずれも共同市場をめざすものであり、バラッサの経済統合の 5 段階論によると、関税同盟よりさらに規律の高い統合形態を目指している。

メルコスールも同様で、日本語では南米南部共同市場と訳される。メルコスールは、1991年に締結されたアスンシオン条約に基づいて創設された。この条約では、メルコスールの目的を 4 つ掲げている。第 1 は、域内貿易障壁撤廃と域内生産要素移動自由化である。第 2 は、対外共通関税設定である。第 3 は、競争政策、マクロ経済政策における協調である。第 4 は、統合促進のための法制度の整備である。

---

6) 世界銀行の統計に依拠しているが、国際通貨基金の『世界経済見通し』によると4671億米ドルとなっている。これほど大きい統計値の相違が推計方法の違いに起因するとは考えにくい。

7) CEMAC も CFA フランを使用している。ユーロに同じレートでペッグされているが、異なる通貨である。区別するためには、UEMOA の通貨を「西アフリカ CFA フラン」、CEMAC の通貨を「中部アフリカ CFA フラン」と呼ぶ。

アルゼンチン、ブラジル、ウルグアイ、パラグアイの4カ国が創設した時点では、アルゼンチンとブラジルの経済規模が大きく、ウルグアイ、パラグアイは人口においてもGDPにおいても、合計して10％に満たなかった。現在では、ボリビアとベネズエラが加わり、ブラジルが最大の規模を維持し、アルゼンチンとベネズエラが中位規模、残る3国が小国という位置付けになっている[8]。1人当たり所得を見ると、ボリビアが2000米ドル台、パラグアイが3000米ドル台で、他の4カ国が1万〜1万5000米ドルである。

メルコスールの最大の特徴は、共同市場という高い目標である。このような目標が設定された背景には、2005年にアメリカが米州自由貿易圏を創設しようとしていたことがあった。北米自由貿易協定（North American Free Trade Agreement: NAFTA）加盟国とメルコスールを含む中南米の経済統合体が結ばれ、一大自由貿易圏が形成されるはずであった。そこで競争力を高めるに、自由化度の高い経済統合体の形成をめざしたのである。しかし、政治状況の変化などもあって、この構想は実を結ばなかった。

メルコスールのもう1つの特徴は、加盟国の経済発展水準の近似性が高いことである。図3-1から分かるように、ASEANはもとより多様性を示し、ECOWASは経済よりも安全保障に力を注いだ結果経済発展水準のばらつきが大きくなった。メルコスールには、同程度の経済発展水準の国が集まっている。

4　経済統合と多様性

4.1　格差と多様性の指標

経済統合と域内経済格差に関しては、2つの関心事があろう。第1は、経済格差は経済統合を阻害するのか、経済統合の利益を減じるのかという問題である。ASEANはこの問題には経済格差が経済統合の深化を妨げると考えて、IAIのもとで後発4カ国の経済の底上げに取り組んでいる。ECOWASは通貨統合をめざしているが、経済格差がそれを阻害するという議論はないようである。メルコス

---

8) ボリビアは2012年に加盟議定書に署名したが、他の加盟国の批准を待っている状態である。チリ、コロンビア、エクアドル、ガイアナ、ペルー、スリナムの6カ国が準加盟国となっている。

ールにおいても、先発のアルゼンチンやベネズエラがボリビアやパラグアイを支援する、IAIのような取り組みはないようである。

第2は、経済統合の進展が格差を拡大するのか縮小するのかという問題である。1人当たり所得のばらつきの程度を表した図3-1によると、ASEANはもとより域内所得格差が大きかったが、統合を目指すようになった前後からわずかながら格差は縮小している。ECOWASは経済統合よりも安全保障に熱心であったためか、図3-1からは、域内所得格差が拡大しつつある。メルコスールはもともと域内所得格差が小さく、わずかながら格差は拡大しているが、他の2つに比較するとはるかにばらつきが小さい。

1人当たり所得に代表される経済発展水準は、経済構造の多様性の1要素である。第1節で理論的にまとめたように、仮に経済構造が同一な国があったとしたら、それらの国々が経済統合を進める誘因は小さく、経済が統合されたとしてもその利益は小さい[9]。たとえば、輸出財の品目構成や輸入財の品目構成が異なる国々、またそれらの基礎となる資本労働比率が異なる国々が統合することで、それぞれの国は補完的な役割を果たすことができる。経済発展水準から考えると、先進国と途上国の組み合わせが補完性を実現できる。

ASEANは域内にシンガポールとブルネイという高所得国が存在する。ECOWASの1人当たり所得が最大の国はカーボベルデで、最小の国はニジェールで、その格差は9倍程度である。メルコスールに至っては、それが最大のウルグアイと最小のボリビアの格差は6倍程度にすぎない。これだけのデータに基づくと、統合の利益はASEANにおいて最も大きいものと考えられる。

経済構造の多様性を図る尺度として、産業構造類似指数を考案した[10]。第i国

---

9) 日本が初めて締結した経済連携協定の相手国はシンガポールであった。シンガポールが選ばれた理由の1つとして、シンガポールには農業が実質的に存在しないことが挙げられた。日本においても農業は比較劣位産業であり、その開放を求められることがないという計算が働いたのである。本節の文脈では、経済構造の類似した国々による経済統合ということになるが、日本は自国の経済構造変化よりも交渉上の利益を追求したのである。

10) これは、吉野（2005）で「産業構造の相違指数」という名称で用いたものである。他の指標としては、より細かい産業分類や貿易品目についての順位相関も経済構造の類似性、多様性を示す指標として用いることが可能であろう。

と第 j 国の産業構造類似指数（σ）は以下のように定式化される。

$$\sigma_{ij} = [(a_i-a_j)^2 + (i_i-i_j)^2 + (s_i-s_j)^2]/2$$

ここで、a_k は第 k 国の国民所得に占める農業のシェア、i_k は同じく工業のシェア、s_k は同じくサービス業のシェアである（$k=i,j$）。産業構造がまったく等しい国々どうしであれば、（　）内のシェアが等しいから、$\sigma_{ij}=0$ となる。σ_{ij} の最大値は1である。それは、第 i 国がある1つの産業に完全に特化して生産しており、第 j 国も、第 i 国とは異なる1つの産業に完全に特化して生産している状態である。したがって、この指数が小さければ小さいほど、産業構造が類似していることになる。

4.2　経済統合と産業構造類似性

　ここでの問題意識は、経済統合によって、加盟国の産業構造が収束していくのか発散していくのかである。保護貿易体制から貿易を自由化するようなケースを考えると、各国が比較優位にある財の生産を増やすことによって補完性を高め、産業構造は多様化する。しかし、域外との関係まで考えると、経済統合によって規模の経済が実現すれば、1つの経済統合体として産業構造が類似化する可能性がある。

　図3-2は、タイの産業構造を基準にして、他のASEAN諸国との産業構造の類似性の変化を見るためのものである。基準としてタイを選んだ理由は、マレーシア、フィリピンなどとの比較に意味が大きいのではないかと考えたことと、ASEAN内後発国であるCLMV諸国との経済的関係が深いので、マレーシアとフィリピンを基準にするよりは大きな変化が出るのではないかと期待したことである。また、インドネシアを基準とするには、インドネシアはここに挙げた3カ国と比較すると経済規模が大きすぎる。

　図3-2では、破線で示されたグラフがCLMV諸国のもので、実線がASEAN内先発国のものである。マレーシアとフィリピンは、ASEAN創設以来50年近くにわたって、この指数が0.02を超えていない。インドネシアについても、1972年以降40年にわたって、やはり0.02を超えたことがない。インドネシア、マレーシ

図3-2　ASEAN諸国のタイとの産業構造類似指数

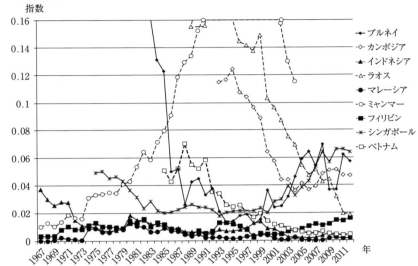

出所）World Bank, *World Development Indicators 2014* に基づき筆者推計。

ア、フィリピン、タイの4カ国の産業構造が長期にわたって類似している。これは、これら4カ国が、域内での分業というよりは、域外国によって類似した役割を与えられてきたためと考えられる。

　農業がきわめて小さいシンガポールとブルネイとは、ASEANが経済協力から経済統合へと舵を切った2003年頃より進む道を異にしたようである。グラフはこの時期右上がりになっている。

　カンボジア、ラオス、ミャンマーについては、ペティ・クラークの法則に従って、急激に農業部門が縮小していることから、産業構造がタイと類似してきている。ベトナムについては、ASEANに加盟した1995年頃からマレーシア、フィリピンなどと並んでいる。やはり、域外国から与えられた位置付けがこれらの国々と同じためであろう。

　図3-3は、ナイジェリアを基準としたECOWAS諸国との産業構造類似指数の推移を示している。ナイジェリアを基準として採用したのは、何よりも域内最大

図3-3　ECOWAS諸国のナイジェリアとの産業構造類似指数

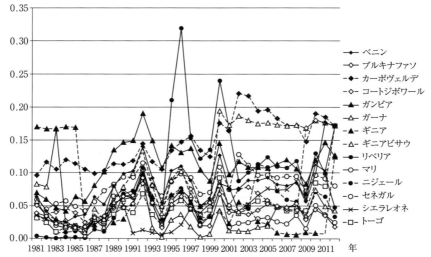

出所）World Bank, *World Development Indicators 2014* に基づき筆者推計。

の経済規模を誇るためである。

　ECOWASは1975年に創設されたが、図3-3のデータは1981年以降になっている。1980年代の産業構造は、比較的ナイジェリアと類似性が高い。1992年に一時的にナイジェリアと他の加盟国との間の類似性が低下しているが、他の加盟国は同じように動いているように見える。すなわち、この年はナイジェリアだけが異質であり、他の加盟国については類似性を保っている可能性が高い。これは、ECOWAS加盟国の経済的な相互依存の度合いが高いというのではなく、旧宗主国をはじめとする欧州によって同じような役割を与えられているためであろう。

　21世紀に入ってからは、むしろ産業構造の類似性は低下したように見える。この間、ECOWASはこれといった経済統合を進めず、2015年の共通通貨導入と域外共通関税設定を待っている状態であった。産業構造類似性の低下は経済統合を進展させたために生じたのではない。創設から40年を経ても、経済共同体とは名ばかりで、実質的な効果は出ていないと言ってよい。ただ、EUに対して小国が

図3-4 メルコスール諸国のアルゼンチンとの産業構造類似指数

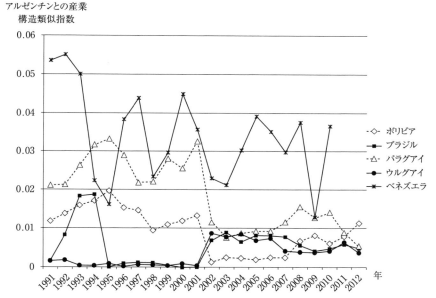

出所）World Bank, *World Development Indicators 2014* に基づき筆者推計。

口を出しにくいことに対して、経済統合体というチャネルがあるのは交渉力を保持する上で好ましい。

　図3-4は、アルゼンチンを基準としてメルコスール諸国の産業構造類似指数を求めたものである。アルゼンチンを基準にした理由は、経済規模が域内最大のブラジルを基準とすると小国の比較が不適切なためであり、アルゼンチンとベネズエラは経済規模が類似しており、比較するのに適していると考えられるためである。

　しかし、アルゼンチンと産業構造が最も異質なのがベネズエラであり、他の4カ国は比較的類似している。2012年のアルゼンチンの産業構造は、第1次産業が9.1％、第2次産業が30.5％、第3次産業が60.4％であった。これに対してベネズエラは第2次産業が52.2％に達しており、工業の比重が大きくなっている。

　図3-2から図3-4までを展望すると、経済統合の結果、途上国の産業構造が域内

で補完的になるのは、ASEAN におけるシンガポールとタイのように、もとより経済発展水準に差がある場合であることがわかる。しかし、アルゼンチンとボリビア、アルゼンチンとパラグアイのように、経済発展水準に大きな差があっても産業構造が類似性を高めるケースもある。

　ASEAN におけるタイ、インドネシア、マレーシア、フィリピンとメルコスールにおけるアルゼンチン、ブラジル、ウルグアイのような国々は、そもそも産業構造が類似しているから経済統合に応じたのであろう。経済統合過程において、産業に補完関係が生じないということは、域内分業が進んでいないことの傍証となる。そうであれば、経済統合の利益は域外との関係において生じている可能性が高い。産業構造がむしろ多様化した ECOWAS においても、実質的な統合の効果がまだ出ていないが、旧宗主国の存する EU へのチャネルとしての機能がある。ASEAN については、中国や日本に対する際のチャネルとして、メルコスールにおいては、当初企図された FTAA におけるサブグルーピングとしての意義があった。

5　結び

　先進国は需要の所得弾力性の高い財の生産に特化し、有利な交易条件でそれらを輸出している。途上国は農産品に代表される需要の所得弾力性の低い財を生産し、不利な交易条件でそれらを輸出し、工業製品を先進国から輸入している。途上国が規模の経済などの利益を求めて経済統合をするとき、域内の所得分配はどのように変化するのか、また、経済構造はどのように変化するのか。

　このような問題意識を持って、ASEAN、ECOWAS、メルコスールの3つの事例を取り上げた。1 人当たり所得の変動係数は、3 つの事例でそれぞれ異なる動きを示した。もともと域内所得格差が大きい ASEAN は、その格差を政策的に埋めようと IAI を実行に移しているが、その効果は数字には表れていない。

　産業構造の類似性が経済統合によってどのように変わるのかも 3 つの事例に即して分析した。結果は三者三様であるが、域内分業を通じた補完性よりも、経済統合による規模の経済を生かした域外との補完性が強く表れている可能性が示唆された。ASEAN においては、中国や日本といった域外国との貿易や投資を求め

た、インドネシア、マレーシア、フィリピン、タイの競合が域内分業よりも強く表れているようである。ECOWAS は、ASEAN に比べると実質的な統合努力が希薄であり、産業構造は多様性を示しているが、それは域内分業のためではなく、EU といった域外国との補完関係に起因するものと考えられる。メルコスールは、経済統合によって、所得水準の低いボリビアとパラグアイの産業構造がアルゼンチン、ブラジル、ウルグアイなどの類似してきた。域内分業が進展せず、FTAA を提唱していたアメリカを中心とする域外国との分業関係によって産業構造が変化することが示唆される。

　本章では、貿易や投資のデータを用いなかったため、確定的な結論を得るには、分業関係のさらに包括的な分析が必要である。また、経済統合体と一口でまとめても、本章で取り上げた3つの事例の統合施策はまったく異なったものであるから、制度的にも分析を深める必要がある。ここで示した結論はあくまで暫定的な結論であり、今後の研究の基礎とすべきものである。

参考文献

梅津和郎・奥田孝晴・中津孝司編（1999）『途上国の経済統合――アフタとメルコスール』、日本評論社。

大野幸一編（1994）『経済統合と発展途上国――EC・NAFTA・東アジア』、アジア経済研究所。

吉野文雄（1999）「発展途上国の経済発展と地域統合」、青木健・馬田啓一編『地域統合の経済学』、勁草書房。

吉野文雄（2005）「ASEAN の経済協力：域内・域外経済関係」、黒柳米司編著『アジア地域秩序と ASEAN の挑戦――「東アジア共同体」をめざして』、明石書店。

Corden, W. Max（1972）"Economies of Scale and Customs Union Theory," *Journal of Political Economy*, Vol. 80.

第4章

ODAと地域統合
四本柱型国際協力

朽木昭文

1 はじめに

　日本の1人当たりGDP所得は、1991年に世界で第2位であったが2014年に26位までに落ちた。日本経済が変化し、アジア経済も労働集約型の産業が成熟化し、アジアの経済構造は産業の高度を迫られている。こうして日本の国際協力のあり方も変更を迫られている。

　そこで、本章は、日本政府の国際協力のあり方として三位一体型国際協力から転換し、「四本柱型国際協力」が必要となったことを示す。

　以下、第2節において構造調整プログラム（SAP）を説明する。第3節において構造調整プログラムからの転換、第4節において貧困削減戦略文書（PRSP）を説明する。第5節がミレニアム開発目標（MDGs）の説明である。第6節において持続的開発目標（SDGs）への変化を説明する。第7節は、世界公共財と国家公共財との違いを説明し、国際機関と日本政府の開発援助との相違点を明らかにする。第8節は政府の「開発協力大綱」を説明する。第9節が「三位一体型」国際協力から「四本柱型」国際協力へ変化する必要性を明らかにする。第10節が結びである。

　さて、開発の考え方は、「構造主義アプローチ」、「新古典派アプローチ」、「改良主義」、「構造調整プログラム」、「貧困削減戦略文書（PRSP）」の順に変わってきた（外務省 1998）。その期間は4つである。OECD（Organization for Economic Co-operation and Development：経済協力開発機構）のDAC（Development Assistance Committee：開発援助委員会）報告書は、「極端な貧困」の基準

として世界銀行による1人当たり370ドルの年間所得（すなわちほぼ1日1ドル）を設定した。

　第1期は、1940年代後半～1960年代前半：構造主義アプローチ
　第2期は、1960年代後半～1980年：「新古典派アプローチ」と「改良主義」、
　第3期は、1980年～1995年：成長：「構造調整プログラム」（SAP）、
　第4期は、1995年～2015年：貧困削減：「貧困削減戦略文書」（PRSP）、「ミレニアム開発目標」（MDGs）
　第5期は、2015年～：「持続的開発目標」（SDGs）
に大きく分けられる。

　さて、第1期の1940年代後半～1960年代前半までは経済成長を重視した。この時期に開発経済学では「構造主義アプローチ」と一括される共通認識がみられる（外務省（2000）による）。それによれば、途上国では価格制度による貧困問題に市場メカニズムが働かなく、価格が資源配分の歪みを調整することができない。「プレビッシュ・シンガー」は、途上国の交易条件が悪化するという命題を導いた。また、ルイスの伝統部門と近代部門からなる「二重経済モデル」に基づいてガーシェンクロンなどが「ビッグ・プッシュ」による工業化を主張した。

　第2期は、1960年代後半から1980年までであり、価格競争によって市場が機能するという「新古典派アプローチ」が有効であると主張された。それと共に構造主義アプローチも取り入れた「改良主義」は、競争を促進する部門と構造調整をする部門の必要性を主張し、世界銀行総裁時代（1968～81年）のチーフ・エコノミストであるH.チェネリーに依存した。

　第3期は、1980年から1995年までであり、再び成長に重点が戻った。経済成長のために経済の「効率」を良くすることが必要である。効率を良くするには「競争」が必要である。競争を促すためには価格を民間が自由に決めるようにする。それを行うための「構造調整プログラム（Structural Adjustment Program: SAP）」が実施された。

　第4期になると、成長による格差が生まれ、再び貧困の問題が大きく取り上げられて「貧困削減戦略文書」（PRSP）が生まれた。世界銀行の援助政策は、貧困削減戦略文書（PRSP）とつながることになる。ここから制度の構築（capacity development）、コミュニティーの形成（community driven）、人間開発（human development index：人間開発指数）へと大きく舵を取る。ここに保健と教育の重要性が強調された。これらが次のMDGsにまとめられた。

2015年に「ミレニアム開発目標」（MDGs）の見直しの時期に至ると、環境を考慮に入れた持続的成長が大きな課題となる。今後は、空間と時間を考察に入れたエコ・システムの中での開発が必要となる。これが「持続的開発目標」（Sustainable Development Goals：SDGs）の考え方である。

そこで、空間的な地域統合を考察する際に、空間経済学は有効な手段である。地域統合を目標に入れた開発が必要となる。持続的成長におけるエコ・システムにおいては、生物学の生態における人が組織をつくり、その組織が環境を守りつつクラスターを形成するという「階層性」が有効な手段となる。ここに、アジア地域産業集積とクラスターの形成を考慮した国際協力のあり方の検討が必要となる。

2 構造調整プログラム（SAP）

構造調整プログラムは、1980年代から多くの途上国で実施され、世界銀行は構造調整融資を始めた。この融資は、構造調整プログラムを実行することを条件として貸し付けられた。この条件は、コンディショナリティーと呼ばれ、構造調整プログラムを実施するための原動力となった。これは構造調整融資によるプログラム（SAP）と呼ばれた。

これが、マニュアル化され、どの国に対しても共通した政策が適応された。これは新古典派アプローチであり、原則として経済の自由化政策である。自由化政策は、経済を自由化し、価格を需要と供給の市場で決まるようにし、競争を促し、経済の効率を高めることを目指した。この自由化は、価格競争の導入あるいは規制緩和であり、それを実施する手段は大きく分けて3つからなる。

『SAP』（構造調整プログラム）は第1に、為替レートの自由化である。第2の自由化は、統制価格の撤廃、つまり政府が決めていた財やサービスの価格を自由化することである。第3に、金利の自由化である。これらの政策を含む貿易自由化や財政改革などのパッケージは、1980年代を通して行われた。

3 構造調整プログラムからの転換

　日本は、1986年から2002年までに、総額9767億円の構造調整借款を承諾している。年度別の傾向をみると、案件数、承諾額ともに1988年にピークを迎えた。その後、1992年から減少を続けた。1997年頃から再び承諾額が増加し、1999年にピークを迎えた（田中（2006）による）。

　UNICEFは、IMF・世界銀行の構造調整プログラムに批判的な立場を明らかにし、1987年に「人間の顔をした調整」を提起し、改良主義的な変更の必要性を主張した。世界銀行の活動は、従来の構造調整プログラムから貧困削減政策にその軸足を移した。民間出身のウォルフェンソン世界銀行総裁は、クリントン政権下の1995年に就任し、「貧困削減」を世界銀行の目標の核とした。

　民間部門の活性化は、構造調整プログラムの中心的な課題であった。民間部門を活性化させる手段は、二つある。第1に、民間市場を育成する。第2に、インフラ、保健、教育に関する状況を改善することによって貧困削減に役立つ基本サービスを提供することを支援する。この2番目が構造調整プログラムの時にはなかった新しい手段である。そこで、世界銀行の活動は、貧困削減を目的とし、民間部門の活性化も保健や教育という社会セクターの改善を重点とした。

4 貧困削減戦略文書（PRSP）

　貧困削減戦略文書とは、英語でPoverty Reduction Strategy Papers（PRSP）である。これは、1999年9月のIMF・世界銀行合同開発委員会の総意で策定されることが求められた。PRSPの特徴は、参加型プロセス、社会セクター、予算措置、優先順位付けの4つの点である。PRSPは、経済成長を進めると共に貧困削減を目的として途上国自身がマクロ経済政策、構造政策、社会政策等を記述するものである。これは、貧困削減のために社会セクターを重視する。ジェンダーとは、女性、子供、高齢者、少数民族などの社会的に弱い立場の人々を重視する考え方である。社会的な弱者を主な対象とする。

　『PRSP』（貧困削減戦略文書）は、「オーナーシップ」、「包括的」、「パートナーシップ」、「結果重視」、「長期政策」の5つの点である。第1に、途上国のオー

第4章 ODAと地域統合：四本柱型国際協力

ナーシップを高める。つまり、援助を受ける「当事国が作成する」ことである。第2に、包括的であることである。マクロ経済の安定化、構造調整プログラム、セクターの改革は、相互に関連して貧困の削減につながらなければならない。第3に、「パートナーシップ」である。PRSPは、国際機関、援助国、NGO（非政府団体）、研究所、研究者、民間部門の協力・参加の下に作成される。第4が経過ではなく「結果重視」である。第5に、「長期政策」である。1980年代からの構造調整策は、短期間の通常3年単位で実施された（以上は朽木（2011）に詳述）。

この戦略文書が世界に浸透する契機となったのが「2001年9月11日」に起きたアメリカでの事件であった。資本主義は所得格差を生むので貧困削減が必要であるという論理が展開された。援助の本来の目的は貧困削減であるという考え方が世界に浸透した。21世紀に入ると各国政府や援助機関は貧困削減戦略を援助政策の柱に据えた（朽木（2004）、朽木（2011）参照）。この論理は、2015年にイスラム国の存在が大きくなった時点でも変わらない。

5 ミレニアム開発目標（MDGs）

PRSPは、「ミレニアム開発目標」（Millennium Development Goals：MDGs）を実現するために実施される。2000年9月に国連ミレニアム・サミットに参加した189の国連加盟国代表がおいて「国連ミレニアム宣言」を採択した。この宣言と1990年代に開催された主要な国際開発目標を統合して1つの共通枠組みとして纏められたのが、MDGsである。

世界の途上国に対する開発政策は、2015年まで「ミレニアム開発目標」を達成するために実施された。例えば、その目標とは、極貧と飢餓の削減について1日1ドル以下の所得の人口比率を1990年比率につき2015年までにその比率を半減することである。また、飢餓に苦しむ人口比率を半減する。採択された貧困削減、保健・教育の改善、環境保護などに関する2015年までに達成すべき目標はつぎの8つである。つまり、『MDGs』（ミレニアム開発目標）は、①1日1ドル未満で暮らす人口比率の半減である。いわゆる極貧削減である。②初等教育の完全普及である。③ジェンダーの平等は、社会的な弱者を救済する。④乳幼児の死亡率削

減、⑤妊産婦の健康改善、⑥エイズやマラリアなどの疾病の蔓延防止は、保健に属する。⑦持続可能な環境作りとして環境問題は地球的な課題である。⑧グローバルな開発パートナーシップの構築があげられている。

日本政府は、アフリカにおける民間部門活性化の特別基金を設置するためにアフリカ開発銀行に融資した。このように ODA は MDGs を中心に実施された（下村（2012）参照）。

柳原（2014）によれば、被援助国政府が MDGs に高い優先順位を置かなかった。高橋（2015）によれば、日本も同様であり、JICA は、「人間の安全保障」を中心とし、インフラの整備を支援した。

6　MDGs から SDGs へ

2012年にリオデジャネイロで国連により持続可能な開発のための会議があり、MDGs から2015年の終了に向けて様々な動きがあり、Open Working Group（OWG）が2013年3月に始動し、2015年に17の目標が設定された。2011年の東日本大震災は、原子力発電の問題を改めて露呈した。また、二酸化炭素による地球温暖化は、自然を利用したエネルギーの供給を促した。しかし、エネルギー問題が未解決の地球的な課題であることが明らかになった。それは、持続可能である世界の構築である。

「SDGs」は、①貧困、飢餓、②「保健、教育」、③ジェンダー、④水・衛生、⑤エネルギー、⑥包括的かつ「持続可能な経済成長」、⑦レジリエントな（復元力のある）インフラ構築と工業化・イノベーション、⑧格差、包括的で安全かつレジリエントで持続可能な都市建設、⑨持続可能な消費・生産形態、⑩気候変動、海洋、エコ・システム、⑪平和で包括的な社会の促進と説明責任のある「制度の構築」、⑫グローバル・パートナーシップの活性化である。

例えば、2030年までの第1の貧困に対する目標を設定している。第1に、極貧困の撲滅である。第2に、各国の貧困を少なくとも半減する。第3に、適切な社会的保護システムと手段を実施する。第4に、経済資源に対するすべての人の権利を保証する。第5に、貧困層のレジリエンス（復元力）を構築する。

第2の飢餓の終焉、食糧安保の達成、持続的農業の推進について5つを推進す

る。第1に、飢餓を終焉させる。第2に、栄養不良を終焉させる。第3に、農業生産性と中小食糧生産者の所得を倍増する。第4に、持続的な食糧生産システムを確保し、復元力のある農業実践を実施する。第5に、これだけは2020年までの目標として種子・植物、動物、関連種の遺伝的多様性を維持する。

7 世界公共財と国家公共財との違い

　ところで、国際機関と日本政府の国際協力のあり方はすべての点で同じではない。両者は、公共財を提供する点で同じである。公共財とは、提供する財・サービスがすべての人の効用関数に独立変数となり、同じ量でインプットされる。しかし、その効用関数へ入る範囲が日本国内に限られる場合と世界全体まで拡大できる場合で異なる。たとえば、日本の自衛隊は、日本国民の安全を守るためのサービスである。インターポール（国際警察）は、世界の安全を守るためのサービスである。したがって、国際協力においても、国連の国際機関と日本政府が提供する財・サービスに関して、同じ財・サービスと異なる財・サービスの2種類がある。国際機関の役割は、世界公共財の提供であり、日本政府の役割は国家公共財の提供である。両者は、共通する部分があり、異なる部分がある。環境問題などでは利害が対立する場合がある。

　また、国際機関がすべてMDGsに1つになって取り組んでいるわけではない。日本国内においても外務省、経済産業省は重複する役割と同時に、分担している役割がある。これは、国際協力機構と日本貿易振興機構でも同じである。この点に誤解がある。この点を次に見ていこう。

7.1　国連開発計画、世界銀行、IMF

　国際機関に関して、国連開発計画（United Nations Development Programme：UNDP）は、MDGsの達成や課題の解決に取り組んでいる。日本のUNDPは、日本政府および日本のNGO、学会、民間企業などとのパートナーシップを推進し、取り組んでいる。世界銀行の目標は、大きく2つあり、「一世代の間に極度の貧困をなくし、繁栄を共有する」ことである（世界銀行東京事務所）。IMF（国際通貨基金）の目標は、国際金融の安定と金融に関する協力の推進であ

る。そして、国際貿易の促進、高い雇用水準と持続的経済成長の促進、そして貧困削減の実現に向けて尽力する。

7.2 日本政府外務省、国際協力機構

　日本政府外務省の外交政策は、その他の分野を含めて6つあり、日本の安全保障と国際社会の平和と安定、ODAの地球規模の課題、経済外交、広報文化外交、国民と共にある外交である。1番目の「日本の安全保障と国際社会の平和と安定」に日本の安全法相政策や平和構築など9つの項目がある。2番目の「ODAの地球規模の課題」に、ODA、人間の安全保障、保健・医療、地球環境、気候変動などと共にMDGsが含まれる。3番目の「経済外交」は、その他を含めて4つあり、経済上の国益の確保・増進がある。ここに、「自由貿易協定（FTA）/経済連携協定（EPA）、環太平洋パートナーシップ（TPP）協定、日本企業支援、インフラ海外展開の推進、対日投資」などが含まれる。

　国際協力機構の事業展開の方向性は、5つあり、新興国・途上国と日本が共に成長する支援、人間の安全保障と平和構築の推進、国際連携の推進と国際援助潮流への取り組み、民間連携・国内連携の強化、途上国における女性の地位向上と社会進出支援である。「新興国・途上国と日本が共に成長する支援」では、経済インフラ、現地民間企業支援、法制度整備、人材育成など新興国・開発途上国の経済成長を支援する。また、日本の「インフラ輸出戦略」においてインフラ分野の進出を支援する。

　「国際連携の推進と国際援助潮流への取り組み」にMDGsが含まれる。「民間連携・国内連携の強化」では、中小企業などの海外展開支援、海外投融資、PPPインフラ支援、民間技術普及促進事業、民間連携ボランティアなど、民間企業の活動を直接的に支援する。

7.3 経済産業省、日本貿易振興機構

　経済産業省の政策は、大きく4つあり、経済産業、対外経済、ものづくり/情報/流通・サービス、中小企業・地域経済産業である。ものづくり/情報/流通・サービスに「クールジャパン」という日本ブランドの輸出が含まれる。経済産業に日本の「成長戦略」が含まれる。2014年6月24日に「日本経済再生本部」を設

置することが閣議決定された。

　2015年１月29日に「成長戦略進化のための今後の検討方針」が発表された。それは３つ方針からなる。日本の潜在力の強化、未来社会を見据えた変革、改革のモメンタムである。日本の潜在力の強化の市場として、「ヘルスケア、農林水産産業、観光、PFI/PPP」である。海外市場として、「インフラシステム輸出、クールジャパン、経済連携（TPP）」がある。未来社会を見据えた変革のキー・ワードはイノベーションである。改革のモメンタムとして、「クールジャパン、訪日観光客拡大、対日投資拡大」がある。

　日本貿易振興機構の役割は、大きく３つからなり、日本企業の海外展開支援、対日投資の促進、通商政策の貢献である。改訂された「日本再興戦略」（2014年６月24日）では３つの具体策が掲げられた。「2020年にタイの投資残高を倍増する（35兆円）。2010年に農林水産物・食品の輸出額を現状から倍増する（１兆円）。今後の５年間で新たに１万社の海外展開を実現する。」を担う。ここに、農林水産物の輸出、クールジャパンなどの役割を日本貿易振興機構が担う。

8　政府開発協力大綱

　和喜多（2015）によれば、日本のODAは、アジア諸国へ貿易、投資、経済協力という「三位一体」による経済協力を進めてきた。そして、ODAが拡大した1980年代以降もアジアを中心に国際的な要請へ対応した。1992年に「政府開発援助大綱」が閣議決定された。援助の基本理念は、人道配慮、相互依存関係の認識、環境の保全、開発途上国の離陸に向けた自助努力支援の４つであった。2003年の大綱は、重点課題の１つに「平和の構築」を挙げた。こうしてMDGsの達成と平和構築の支援が中心となった。

　そして、ODA大綱見直し（2014）は、戦略性を高めることを明確にする。これは、国家安全保障戦略と日本再興戦略である。その基本方針は、４つであり、非軍事的手段による平和の希求、自助努力支援と対話・協働による共創、人間の安全保障と基本的人権の推進による人間中心のアプローチ、日本の経験と知見の共有である。重点課題が２つあり、「質の高い成長」とそれを通じた貧困撲滅と「地域別方針・アプローチ」である。

政府開発援助大綱は、1992年に閣議決定され、2003年に改訂された日本のODA政策の根幹をなす。2015年12月17日にこの援助大綱が改定され「政府開発協力大綱」が閣議決定された。その基本方針は、3つであり、非軍事的協力による平和と繁栄への貢献、人間の安全保障の推進、自助努力支援と日本の経験と知見を踏まえた対話・協働による自律的発展に向けた協力である。

『政府開発協力大綱』は、重点政策が2つからなり、①重点課題と②「地域別重点方針」である。①重点課題は、3つであり、「質の高い成長」とそれを通じた貧困撲滅、普遍的な価値の共有、平和で安全な社会の実現、地球規模課題への取り組みを通じた持続可能で強靭な国際社会の構築である。②「地域別重点方針」では、地域共同体構築を始めとする地域共同体構築を始めとする地域統合の動きなどなどの協力を行う。また、第1章で説明した「中所得国のわな」といった持続的経済成長を妨げる課題などに対して、必要な協力を行う。

アジア地域については、特にASEAN地域ついて、インフラ整備支援、格差是正を柱として、共同体構築およびASEAN全体の持続的な発展を支援する。「中所得国のわな」に陥ることのないような人材育成を支援する。また、ASEANと日本の連携を推進する。南アジアについて、インフラ整備を含む貿易・投資環境の整備、基礎生活分野の支援などを行う。

「アジアやアフリカなどで認められる地域共同体構築をはじめとする国境を越える動きは開発、経済成長の観点のみならず政治的、戦略的意義を有する。こうした動きに対してODAを通じた支援、協力を一層積極的に実施していく。」とある（「政府開発協力大綱」）。

9 「三位一体型」国際協力

9.1 三位一体型国際協力の実態

日本のODAは基本的に「要請主義」といわれる。それとは被援助国の要請に基づく援助である。国際協力のあり方を検討する際に、日本の置かれた状況の把握、世界経済の状況の把握する必要がある。以上から理解できるように日本の置かれた状況から出発し、どのような国際協力を実施すべきかを検討されていない。和喜多（2015）では、オール・ジャパンの取り組みを課題としている。

三位一体の国際協力とは、援助、直接投資、日本への輸入が一体となった協力である。通商産業省（1988）で使用された。それと日本の復興成長戦略においては、日本貿易振興機構の役割を把握しておく必要がある。経済産業省（2015）では、政府の「日本再興戦略」（2013年6月閣議決定）での日本貿易振興機構の3つの役割は、対内直接投資の活性化、農林水産物・食品の輸出促進、中堅・中小企業などの海外展開支援などである。ここで特に国際協力と関係するのは、農林水産物・食品の輸出促進について、オール・ジャパンで取り組む。また、日本食の普及や日本食のブランド化に向けた取り組みを経済産業省が推進する「クールジャパン」と連携する。また、中堅・中小企業などの海外展開支援において、サービス、健康・長寿、環境・エネルギー、インフラシステム、知的財産の活用、クールジャパンの推進などの支援を行う。さらに海外展開に意欲のある自治体や地方の商工団体などに対し、海外のクラスター・産業とのビジネス連携を積極的に提案する。

　そして、通商政策への貢献として、「メガFTAなどの世界規模での経済連携の動きが広がる中、我が国の経済連携の推進に向けた政策提言や相手国政府関係者との対話などの活動を強化する。」という例を挙げる。このように「地域統合」に向けた国際協力への日本貿易振興機構の役割が示されている。

　中小企業と共に「大企業」との連携も含める。また、開発援助は、国単位に考えることではなく、産業クラスター間の「線」を繋ぐ、そしてその線から「面」にする「地域統合」から逆算した国際協力を実施する。

9.2 「民間部門」の視点から見たODAの役割

　世界経済が民間の外国直接投資（FDI）により成長してきた。公的なODAの役割は相対的に小さい。（日本の民間のFDIは1,350億ドル（国際収支ベース2013年、財務省）に対して日本のODAは187億ドル（13.9%）である（支出純額、『ODA白書』、2012年、外務省）。近年ではODAは民間の活力のサポートである。ODAは、インフラや制度整備などにより民間に協力することが望ましい。その際に、表4-1に示すように「経済インフラ」に対する割合は40.6%である。白井（2005）がこの点を指摘している。また、表4-2に示すように日本のODAに「アジア」に対する割合は56.2%であり、依然として高い。

第 1 部　アジアの開発と地域統合の現状

表4-1　日本の経済インフラ（2011年）

分　野	日　本	米　国	英　国	フランス	ドイツ	イタリア	カナダ	DAC平均
経済インフラ （輸送，通信，電力等）	40.6	6.3	9.0	11.4	24.3	1.4	8.2	15.0
社会インフラ （教育，保健，上下水道等）	24.0	52.6	50.1	28.1	39.8	13.7	44.3	40.3
農業分野 （農業，林業，漁業等）	4.1	5.2	2.6	3.3	4.2	1.9	6.5	4.9
工業等その他生産分野 （鉱業，環境等）	16.6	8.3	13.9	20.3	19.1	2.2	10.7	13.2
緊急援助 （人道支援，食糧援助等）	5.6	13.8	8.0	0.9	3.3	4.3	12.0	8.4
プログラム援助等 （債務救済，行政経費等）	9.0	14.0	16.5	36.0	9.2	76.5	18.3	18.2
合　計	100.0	100.0	100.0	100.0	100.0	100.0	100.0	100.0

出所）『外務省 ODA 白書』（2013）に基づき筆者作成。

　以上の 2 点を踏まえて、ODA の役割は政府の役割を中心とした考え方から「民間企業」活性化のためのサポートへの意識を明確にする。

10　結び

　本章は、世界の援助思想について説明し、日本の援助の考え方である三位一体型の国際協力を説明した。ここから次の日本の国際協力のあり方は、変わる必要が出てくる。以上の視点を考慮に入れ、現状と課題を把握し、検証した。仮説として、ODA の考え方の転換として、貿易、投資、ODA、日本の経済成長の四本柱型協力である。つまり、開発効果の発揮のための「地域統合」促進、そして日本成長戦略への裨益である。「四本柱」型協力とは、三位一体型（貿易・投資・ODA）＋地域統合の 4 本の柱である。三位一体型の国際協力とは、日本政府がアジアのインフラを建設することにより①貿易、②投資、③ ODA の 3 つが一体となって国際協力に貢献することを意味した。この 3 つに④地域統合を加えた 4 つは、日本の世界経済への一方的な援助ではなく、相互依存の国際協力の「柱」となる。相撲という競技は、すでに国際化を進めている。その意味でも四本柱とい

表4-2 ODAの地域別実績（2012年）

（単位：百万ドル）

	合計支出総額ベース	構成比(%)
アジア	8156.9	56.2
中東・北アフリカ	2240.4	15.4
サブサハラ・アフリカ	1843.9	12.7
中南米	474.9	3.3
大洋州	152.4	1.1
欧州	93.9	0.6
	45.7	0.3
複数地域にまたがる援助等	1552.5	10.7
合　計	14515.0	100

出所）表4-1に同じ。

う相撲の伝統的な概念が、日本の新しい国際協力のあり方を反映すると考える。

参考文献

外務省（2000）『経済協力評価報告書』、外務省。
外務省（2014）『ODA大綱見直しに関する有識者懇談会報告書』、外務省。
朽木昭文（2004）『貧困削減と世界銀行』、ジェトロ・アジア経済研究所。
朽木昭文（2011）「貧困削減戦略文書のアプローチ」、西川潤・下村恭民・高橋基樹・野田真里編『開発を問い直す』、日本評論社。
経済産業省（2015）『日本貿易振興機構の中期目標期間終了時における組織・業務全般の見直しについて』、経済産業省。
下村恭民（2012）「中国の対外援助の台頭と日本の活路」、『中国の対外援助』、日本国際問題研究所。
白井早由里（2005）『マクロ開発経済学』、有斐閣。
政府閣議決定（2015）『開発協力大綱』、外務省。
高橋清貴（2015）「日本のODAにおけるMDGsの位置取り」、国際開発学研究、第23巻2号。
田中弥生（2006）「構造調整借款20年間のレビューからみる日本政府の政策と判断」『日本評価研究』、第6巻第1号。
通商産業省（1988）『経済協力の現状と問題点（1987年版総論）』、外務省。
柳原透（2014）「「開発援助レジーム」の形成と挫折」、坂井秀吉・柳原透・朽木昭文編『現代の開発経済学』、ミネルヴァ書房。

和喜多裕一（2015）「開発協力大綱の意義と課題」、『立法と調査』、参議院事務局企画調整室、第361号。
United Nations (2015) Open Working Group Proposal for Sustainable Development Goals, https//sustainabledevelopment.un.org/sdgsproposal, 6 March.

分野別に見た
国際協力と地域統合

第5章 東アジアのFTAと生産ネットワーク
第6章 ASEANの地域統合と産業集積
第7章 大メコン圏における輸送インフラ
第8章 AIIBと中国の対外経済協力
第9章 東アジアにおける通貨・金融協力
第10章 カンボジアのアクレダ銀行:リージョナルバンクへの可能性

第5章
東アジアのFTAと生産ネットワーク

助川成也

1　はじめに

　東アジアのFTA構築の動きは、1993年に始まったASEAN自由貿易地域（ASEAN Free Trade Area：AFTA）に端を発するが、2000年以降、ASEANを巡る地域貿易協定締結の動きは東アジアに拡がった。中国を先頭に、日本、韓国、インド、豪州・ニュージーランドへと拡大、まさにFTAの「ドミノ現象」が起きた。これらASEANを巡る東アジアのFTA構築は、自由化水準や原産地規則等がFTAごとに異なるなど「スパゲッティ・ボウル現象」[1]が懸念されるものの、ASEANに対し「製造・輸出拠点」としてのさらなる魅力を付加した。

　ASEANのFTAは、日本企業に対し集中生産と相互融通の可能性に道を開いた。日本企業はASEAN域内で、①企業グループ内で生産品目を調整、操業継続を前提に相互供給を拠点間で図るタイプ、次に、②企業グループ内で生産拠点の統廃合を通じて、規模の利益獲得・拠点全体の経営効率化を図り、限られた経営資源の有効活用を目指すタイプ、とに分かれ生産体制の再構築を促した。概して前者は自動車産業が、後者は電気産業が、それぞれ選択した。

　本章では、ASEANを巡りこれまで東アジアで繰り広げられたFTA構築競争を振り返るとともに、日本企業が構築してきたASEANの生産ネットワークがどのような変化を遂げようとしているのか概観する。

---

1)　二国間FTAが増えると様々な内容の貿易ルールが乱立して、皿のなかで絡み合ったスパゲッティのようになってしまい、かえって企業に弊害をもたらす恐れがある。アジアでは「ヌードル（麺）・ボウル現象」とも呼ばれる。

2 東アジアのFTAネットワークの構築

2.1 東アジアにおけるFTAの胎動

東アジアでFTAの動きが顕在化したのは1990年頃に遡る。当時、欧米では地域経済圏の構築に歩を進めようとしていた。一方、中国は改革開放路線に大きく舵を切ろうとしていた。欧州では1991年に欧州連合条約に合意、翌92年に調印され、欧州連合（EU）が誕生した。また、アメリカ大陸では米国、カナダ、メキシコ3カ国による北米自由貿易協定（NAFTA）が1992年に署名された。一方、中国では1992年初め、最高指導者鄧小平は改革開放路線を押し進めるべく南巡講話で「社会主義市場経済」を提唱したことを受けて、外資導入の本格化や市場経済の加速化に世界の注目が集まった。

これら欧米、そして中国の動きに刺激を受ける形でASEANも、独自の自由貿易地域創設に動いた。ASEANにとって「外国投資」は、自らの経済成長の原動力である。外国直接投資が矮小なASEAN各国から統合市場となるNAFTAやEUへの参加国、そして改革開放路線を打ち出した中国に、それぞれシフトすることを懸念した。

国ごとでは市場規模が小さいASEANは、加盟各国が将来的に「1つの統合市場」を目指すことを示すことで、外国投資を惹きつけようと腐心した。当時、ASEAN各国は輸出指向型工業化政策を掲げていた一方、ASEAN域内市場は高関税で分断されていた。1990年時点でASEAN各国の単純平均最恵国待遇（Most Favored Nation Treatment：MFN）税率は、1桁であったのはシンガポール（0.4%）のみで、マレーシアは10%台後半（16.9%）であった他、インドネシア、フィリピンは20%台（各々20.6%、27.8%）、タイに至っては約40%（39.8%）もの関税が課されていた。

ASEANは1992年、アジアで最初のFTAであるASEAN自由貿易地域（AFTA）設立が明記された「ASEAN経済協力の実施に関する枠組み協定」を採択した。関税の引き下げや非関税障壁の撤廃に関する具体的な措置については、「AFTAのための共通効果特恵関税（Common Effective Preference Tariff：CEPT）協定」によって定められている。

ASEANはAFTA-CEPT協定に従い、1993年から関税削減を開始し、2008年

までの15年をかけてAFTA関税0〜5％化を目指した。しかし、ASEANはAFTAを必要に応じて加速化・深化させることで、その魅力の維持に努めた。94年9月に開催された経済閣僚で構成される第5回AFTA評議会では、AFTA関税0〜5％化の実現目標を2003年へと、5年間に前倒しすることを決めた。

　AFTA実施から4年目の1997年7月、タイを震源としASEAN全体に伝播・多大な影響を及ぼしたアジア通貨危機が発生した。ASEANは「海外投資のASEAN離れ」に対する強い危機感から、AFTAの加速化・深化を決断した。1998年の第12回AFTA評議会は、AFTAの最終目標を「IL（Inclusion List：関税削減対象品目）の0〜5％化」を「0％化」へと深掘りすることや、これまで関税削減対象外とされていた品目にも関税削減対象を広げること等を決断、合意した。しかし、1998年12月に開催された首脳会議では、更なる前倒しを決断した。ここでは「大胆な措置（Bold measure）」と銘打ち、先発加盟国はAFTAの実現目標を2003年から1年前倒しし2002年にするとともに、品目数および域内貿易額で90％にあたる品目を2000年までに0〜5％化することを決めた。

　翌1999年の第13回AFTA評議会では、当初、CEPTの目標関税をこれまでの「0〜5％」から「関税撤廃」にし、その上でILにつき先発加盟国は2015年までに、また、後発加盟国は2018年までに、それぞれ撤廃することで合意した。しかし、2カ月後にフィリピンで開催された第3回非公式ASEAN首脳会議では、再び自由化に向かってアクセルを踏み込んだ。先発加盟国、後発加盟国の関税撤廃時期を、それぞれ2010年、2015年に前倒しするなど、現在、運用されているスケジュールとなった。

　アジア通貨危機の影響が残る中、ASEAN各国の貿易自由化に対する国内産業への影響を鑑みると、「関税削減スケジュールの遅延も止むなし」との風潮があった中で、逆に自由化の加速化を打ち出したことは、国際社会から驚きと称賛をもって迎えられた。

2.2　求心力が低下するWTOとASEANに接近する中国

　1993年にAFTAの形成が始まって以降、東アジアでは目立ったFTA構築の動きは見られなかった。これは当時進められていたGATT（General Agreement on Tariff and Trade：関税と貿易に関する一般協定）の多角的貿易交渉ウ

ルグアイ・ラウンドが1994年に決着、1995年にはGATTを改組する形で世界貿易機関（World Trade Organization：WTO）が誕生、同機関に対する自由貿易のルール作りへの期待が高まったことがあげられる。

しかし、ウルグアイ・ラウンドに続くWTO新ラウンド立ち上げを巡り、交渉が暗礁に乗り上げる場面が何度も続いたことから、東アジア各国のWTOへの期待は次第にしぼんでいった。1999年11月の第3回WTO閣僚会合（シアトル会議）において、ウルグアイ・ラウンドに次ぐ新ラウンド立ち上げを目指したものの、先進国と途上国との対立や、途上国側のWTOにおける意思決定の透明性への懸念から、新ラウンド立ち上げに失敗した。2001年11月の第4回閣僚会合で漸くドーハ開発アジェンダ（ドーハ・ラウンド）が立ちあがったものの、米国と中国やブラジル等新興国の対立により交渉は遅々として進まなかった。東アジア各国は、このままでは欧米などFTAを既に締結している国々と比べ、輸出機会を逸するとして経済的損失の拡大を懸念した。

日本は当時、WTO支持を国是とする雰囲気が強かったものの、その一方でWTOを通じた自由貿易実現に向けた期待はしぼみつつあった。その一方で、農業問題を抱える日本は、地域貿易協定にも踏み出せずにいた。その状況を大きく変えることになる一石を投じたのは、これまで自由貿易推進により恩恵を受けてきたシンガポールである。1999年12月、日本を訪問したシンガポールのゴー・チョクトン首相は、2国間でのFTA締結の可能性などを検討する共同研究の開始を日本側に提案した。日本は共同研究でもあり、農業分野の対日輸出がほとんどないシンガポールが相手であれば、国内産業からの反発も小さく、いいテストケースになると考え、恐る恐る共同研究に合意した。

この動きに敏感に感応したのは中国である。中国は、日本がシンガポールと二国間FTAを締結した後、ASEAN全体とのFTA締結に乗り出す、日本による「ASEAN市場囲い込み戦略」だと深読みした（深沢・助川 2014）。中国・朱鎔基首相は2000年11月にシンガポールで開催されたASEAN中国首脳会議で、ASEAN側に自由貿易圏構想に向けた作業部会を設置するよう提案した。その結果、翌2001年11月にブルネイで開催されたASEAN首脳会議で、中国とASEANとが10年以内のFTA設置に合意し、日本など域外国に衝撃を与えた。

翌2002年11月の首脳会議では農産品の早期関税撤廃（EH：アーリーハーベス

第5章 東アジアのFTAと生産ネットワーク

ト）措置が盛り込まれたASEAN・中国自由貿易地域（ASEAN China Free Trade Area：ACFTA）の「中国・ASEAN包括的経済協力枠組み協定」を締結した。枠組み協定の中には、モノの貿易以外にも、サービス貿易、投資、経済協力などについても盛り込まれていた。さらには、ASEAN各国と中国とが5つの優先分野、具体的には①農業、②情報通信技術（ICT）、③人的資源開発、④投資、⑤メコン川流域開発、で協力することが明記されるなど、ASEAN側を惹きつける魅力的な事項が散りばめられていた。また、枠組み協定第9章では、ラオス、ベトナム等ASEANのWTO非加盟国に対して、中国は最恵国待遇の付与を約束した。中国はASEAN先発加盟国には中国市場へのアクセス権を、また後発加盟国にはそれらアクセス権に加えて経済協力や最恵国待遇などを与え、巧みにFTAに誘い込んだ。その結果、2年後の2004年11月のASEAN中国首脳会議でついに「中国・ASEAN包括的経済協力枠組み協定における物品貿易協定」を正式に締結、2005年7月に発効した。

ACFTAの下での一般的な関税削減・撤廃スケジュールについて、ASEAN先発加盟6カ国と中国は2010年までに、また後発加盟国は2015年までに、それぞれ関税を撤廃するとした。これまでASEAN進出の魅力の1つは、ASEAN域内市場にAFTA特恵税率で輸出できることであったが、さらに中国への有利なアクセス権の獲得は、製造・輸出拠点としてのASEANの魅力を増大させた。

2.3 東アジアは5つのASEAN＋1FTA時代へ

中国のASEANへのアプローチは、東アジアにおいてFTAの「ドミノ現象」を引き起こした。ASEAN・中国との貿易自由化による貿易コストの減少は、中国を除く東アジア各国のASEAN向け輸出における競争力劣位化、いわゆる「貿易転換効果」の懸念から、ASEANを巡り東アジア各国をFTA構築競争に駆り立てた。実際にACFTAを機に、雪崩をうったようにインド、韓国、日本、豪州・ニュージーランドが、次々とASEANとのFTA締結に乗り出した。ここでは前述のACFTAに加え、日本とASEANとのEPAである日ASEAN包括的経済連携協定（ASEAN Japan Comprehensive Economic Partnership Agreement：AJCEP）を除くASEAN＋1FTA構築の動きを振り返る。

インドは2002年11月に初めてのASEAN・インド首脳会議を開催、その場で10

表5-1　ASEANを巡る東アジア各国のFTA締結に向けた動き

	中国	日本	韓国	インド	豪州・NZ
2000年	・朱鎔基首相がASEAN中国首脳会議でFTAを念頭にした共同研究を提案（11月）				
2001年	・共同研究で早期関税撤廃（EH）措置を提案。 ・10年以内に自由貿易地域（ACFTA）を完成させることで首脳合意（11月）				
2002年	・ASEANとACFTA「枠組み協定」を締結（11月）。ASEANへの経済技術援助拡大を表明。 ・朱鎔基首相が日中韓首脳会議で日中韓FTAを提案（同）	・ASEANとFTAを提案するため、交渉開始に時間がかかるとして拒否（9月の経済相会議、11月の首脳会議）	・ASEANからFTAを提案する、交渉開始に時間がかかるとして拒否（9月の経済相会議、11月の首脳会議）	・初のASEANとの首脳会議でFTA締結に合意（11月）	
2003年	・ACFTA「枠組み協定」発効（7月）（「枠組み」に署名）。主要6カ国とは2012年までの完成を目指す（10月） ・ASEANと「平和と安定のための戦略的パートナーシップ」に関する共同宣言（同）	・ASEANとFTA交渉開始に合意（「枠組み」に署名）。主要6カ国とは2012年までの完成を目指す（10月） ・FTAのローマップ策定、大規模な農業対策も発表 ・東京で特別首脳会議を開催。TACに署名（12月）	・ASEANとFTA締結に乗り出す方針を表明（10月） ・FTAのロードマップ策定、大規模な農業対策も発表	・ASEANと包括的経済協力枠組み協定に署名（10月）、 ・TACに署名（同）	
2004年	・EH措置による農産物を中心とした関税削減開始（1月）		・ASEAN韓国包括的経済的連携にかかる共同宣言発出（11月）	・本交渉入り（3月）	・首脳会議で「2005年の早期にFTA交渉を開始し、2年以内に終了させる」ことに合意（11月） ・本交渉入り（同）
2005年	・ACFTA物品貿易協定発効（7月）	・日ASEAN包括的経済連携協定（AJCEP）本交渉入り（4月）	・AKFTA本交渉入り（2月） ・AKFTA枠組み協定署名（12月）		
ASEANとのFTA発効時期など、その後の動き	・サービス貿易協定署名（2007年1月） ・投資協定署名（2009年8月） ・物品貿易協定第2修正議定書署名（2010年10月）	・AJCEP発効（2008年12月）	・物品貿易協定発効（2007年6月） ・サービス貿易協定署名（2007年11月） ・投資協定署名（2009年6月） ・物品貿易協定第2修正議定書署名（2011年11月）	・アーリーハーベスト実施を断念（3月） ・物品貿易協定発効（2010年1月） ・サービス貿易・投資協定署名（2014年8月）	・2010年1月発効 ・第1修正議定書署名（2014年8月）

出所）深沢（2014）をもとに筆者加筆。

年以内にインド・ASEAN 間の経済連携強化および FTA 締結の可能性に向けて検討を進めていくことが決まった。翌2003年には、「インド・ASEAN 包括的経済協力枠組み協定」を締結している。ASEAN インド FTA（ASEAN India Free Trade Area：AIFTA）は当初、2005年 6 月までに交渉を終了させ、2006年 1 月の発効を目指していたが、原産地規則や関税削減・撤廃の品目選定を巡り交渉が難航、発効は2010年 1 月へと大幅にずれ込んだ。AIFTA は、品目数の80％および貿易額の75％をノーマルトラックに指定、品目によって2013年末または2016年末までに関税を撤廃する。また、総品目数の 1 割を占めるセンシティブ品目について、同 4 ％にあたる品目を2019年末に関税を撤廃する。

一方、韓国は、アジアで FTA の潮流が拡大し始めた2000年当時、FTA 自体全くなく、中国や日本に比べてもその取り組みは遅れていた。ASEAN との FTA 構想で中国と日本にこれ以上引き離されれば、ASEAN 市場で韓国企業の競争力に深刻な影響を及ぼしかねないとの懸念から、2003年 9 月、今後の FTA 構築の進め方や原則となる「ロードマップ」を策定し、ASEAN とも FTA 締結を目指す方針を打ち出した。

これを受けて盧武鉉大統領は、2003年10月にインドネシア・バリ島で開催された ASEAN 韓国首脳会議で、ASEAN との間で経済連携を推進することを表明、FTA 締結を前提に、FTA を含む包括的な経済関係の構築を検討する専門家グループを設置することで合意した。翌2004年 3 月には共同研究が開始され、その共同研究結果を踏まえ、2004年11月には「ASEAN 韓国包括的協力連携にかかる共同宣言」が発出された。

最も交渉開始が遅れた韓国は、その遅れを一刻も早く取り戻すべく、ASEAN 韓国 FTA（ASEAN Korea Free Trade Area：AKFTA）の完成（関税撤廃）を中国と同じ「2010年」とするよう主張したものの、ASEAN は先に期限を設定した他の対話国との関係から難色を示し、とりあえずの目標を2004年11月の共同宣言の中で「2009年までに少なくとも全品目の80％の関税撤廃」を目指すとした。

韓国と ASEAN とは2005年 2 月から正式に FTA 締結交渉を開始した。それから僅か10カ月、AKFTA 枠組み協定に署名、翌2006年 5 月にタイを除く ASEAN 9 カ国との間で AKFTA 物品貿易協定の署名に至り、2007年 6 月に発効した。AKFTA では、全品目の90％を占め関税引き下げ対象となる「ノーマルトラッ

表5-2 ASEANのFTAの発効と関税削減完了年

FTA	国名	発効	関税削減完了		
			先行加盟国	後発加盟国	その他
AFTA	ASEAN域内	1993年	2010年	2015年（18年）	
ACFTA	中国・ASEAN	2005年	2012年	2018年	
AKFTA	韓国・ASEAN	2007年	2012年	2020年	越のみ18年
AJCEP	日本・ASEAN	2008年	発効から10〜15年	2026年	
AIFTA	インド・ASEAN	2010年	2017年	2022年	比のみ20年
AANZFTA	豪NZ・ASEAN	2010年	2020年	2025年	越のみ22年

出所）各種資料に基づき著者作成。

ク」について、韓国はFTA発効と同時に70％の品目の関税を撤廃し、2008年までには関税撤廃率を95％に、そして2010年に完全撤廃する。一方、ASEAN側では、先行加盟6カ国はFTA発効に伴い関税の引き下げを開始し、2007年1月1日までに同トラック全体の50％の関税を5％以下に引き下げる。2009年にはその比率を90％に、そして2010年には原則としてすべて撤廃する。ただし品目数の5％分に関しては、関税撤廃を2012年まで猶予している。

　豪州・NZのASEANとのFTA（ASEAN Australia New Zealand Free Trade Area：AANZFTA）は、韓国からもさらに遅れて開始された。2004年11月のASEANと豪州・NZを意味するCER（Australia New Zealand Closer Economic Relations）との首脳会議で、「2005年の早期にFTA交渉を開始し、2年以内に交渉を終了させる」ことに合意した旨の共同宣言を行い、翌年2月に交渉が開始された。

　これまでASEANが東アジア各国と締結してきたFTAの特徴は、まず「物品貿易協定」を締結し、その後にサービス貿易協定、投資協定へと進むことである。一方、豪州・NZとASEANとのFTAでは、物品貿易のみならず、サービス貿易、投資、さらにはEコマース、人の移動、知的財産、競争政策、経済協力など、これまでASEANがFTAの要素としてこなかった分野をも含んだ包括的なものであり、交渉は一括受諾方式（シングル・アンダーテイキング）で行われた。2008年8月に開催されたASEAN・CER経済相会議で合意し、翌2009年2月に調印、2010年1月1日に、AIFTAと並んで発効した。AANZFTAでは、発効時点で豪州とNZはそれぞれ96.4％、84.7％の品目を無税化した。続いて2013年

に ASEAN 先発加盟国が9割前後の品目を無税化する。後発加盟国は2020年以降に約9割の品目を無税化する。

2.4　5つの ASEAN＋1FTA の特徴

　ASEAN において1990年代前半、および2000年から始まった東アジアにおける FTA 網の構築作業は、1993年の AFTA、そして2005年に中国との FTA が発効して以降、2010年までに合計6つの FTA ができ上がった。さらに ASEAN は香港、EU との FTA 構築作業を行っている。現在、それら FTA を企業が貿易インフラとして「利用する時代」に入っている。

　これら6つの FTA を原産地規則に着目して比較する。ASEAN の枠組みで締結している FTA では、農水産品（動植物、魚介類等）や鉱物資源等協定締約国内で原材料レベルから全て生産・育成・採取された産品で適用される「完全生産品」（Wholly Obtained criteria：WO）と、品目全体を通して適用される原産地規則「一般規則」、一部品目ごとに適用される「品目別規則」とがある。ASEAN が多くの FTA で採用している一般規則は、AFTA で採用している「地域累積付加価値基準（Regional Value Content：RVC）40％以上」と「関税番号変更基準（Change in Tariff Classification：CTC）4桁」のいずれかを満たしたものを「ASEAN 原産品」とする規則である。

　それに対し、ACFTA では「RVC40％以上」を、AIFTA では「CTC 6桁」および「RVC35％以上」の両方を、それぞれ満たしたものが関税減免対象である。ASEAN では FTA 網の拡大に伴い、同一品目にも関わらず関税率や原産地規則の内容が異なる協定が複数存在することにより、企業の管理や手続コストが上昇、地域大の最適なビジネス展開を阻害することに繋がる「スパゲッティ・ボウル現象」が生じている。

　ASEAN＋1FTA の中の原産地規則では、AKFTA が最も自由度が高いと評価されている。AKFTA は「CTC 4桁」もしくは「RVC40％以上」の選択制を一般規則とし、さらにその一般規則は総品目の76.4％に適用されている。一方、ACFTA では全体の89.6％が「RVC40％以上」が適用されており、RVC 以外の規則はあまり適用されていない。そして AIFTA の「RVC35％」と「CTC 6桁」双方を満たす原産地規則は、全ての品目に適用されているなど厳しい内容となっ

表5-3　ASEAN の FTA 別原産地規則概要

FTA	国名	完全生産品	一般規則			品目別規則（PSRs）		
		WO	CTC	RVC	総品目数に占める割合	CTC	RVC	加工工程
AFTA	ASEAN 域内	○	CTH	≥40%	53.3%	○	≥40%	○
AJCEP	日本・ASEAN	○	CTH	≥40%	57.9%	○	≥40%	○
AANZFTA	豪 NZ・ASEAN	○	CTH	≥40%	40.2%	○	≥40%	○
AKFTA	韓国・ASEAN	○	CTH	≥40%	76.4%	○	≥40-60%	○
ACFTA	中国・ASEAN	○	×	≥40%	89.6%	○	≥40%	○
AIFTA	インド・ASEAN	○	CTSH&	≥35%	100%	×	×	×

注 1 ）RVC は地域累積付加価値基準、CTC は関税番号変更基準（CTH は 4 桁変更、CTSH は 6 桁変更）を指す。
注 2 ）AFTA で一般規則の総品目数に占める割合は、Medalla（2011）。
出所）タイ商務省外国貿易局資料、ASEAN 事務局資料に基づき筆者作成。

ている。これが、企業が AIFTA 利用に躊躇する最大の理由とみられる。

　また、FTA の水準を計る上で自由化率が 1 つの目安となる。WTO では、MFN 原則の例外となる FTA を締結する場合、GATT24条で条件を規定している。その条件は「実質的に全ての貿易」の自由化を行うこと、そして、自由化は「10年以内に行うこと」、である。ただし、開発途上国の地域貿易協定の場合、授権条項によってこれら条件の例外と解釈される。

　「実質的に全ての貿易」について WTO 上の基準はないが、少なくとも貿易の 9 割（貿易量または品目数）を指すとの解釈が一般的である。総品目数に占める関税撤廃品目の割合を「自由化率」と呼ぶが、5 つの ASEAN +1FTA の自由化率を見ると、最も自由化率が高いのが AANZFTA である。ASEAN10カ国平均で93.5％、対話国の豪州・NZ については完全に自由化（100％）する。これに ACFTA が各々92.5％、94.6％で続く。一方、自由化率が最も低いのが AIFTA である。ASEAN10カ国平均および対話国側であるインドについても自由化率は 8 割にも満たない。

　AIFTA の自由化率の低さは、そのモダリティーに要因がある。モダリティーとは、FTA のもと貿易自由化を進めていく上で、各国に共通に適用されるルールや自由化の方式・水準である。関税削減スケジュールは、①ノーマルトラック（Normal Track：NT）、②センシティブトラック（Sensitive Track：ST）、③高度センシティブ品目、④特殊品目、⑤除外品目、とに分けられる。例えば、先発

第5章　東アジアのFTAと生産ネットワーク

表5-4　ASEANが締結するFTAの自由化水準

	AFTA	ACFTA	AIFTA	AJCEP	AKFTA	AANZFTA
ASEAN10カ国（平均）	96.0	92.5	77.0	89.8	89.8	93.5
先発加盟国平均	99.2	93.2	77.8	95.2	94.4	96.9
後発加盟国平均	90.8	91.4	76.0	83.0	83.0	88.4
対話国	-	94.6	74.2	91.9	92.1	100.0

注1）AFTAは2015年2月時点。
注2）インドネシアはAJCEP未発効のため平均値には含まれていない。
出所）ASEAN事務局資料に基づき筆者作成。

加盟6カ国およびインドは、最終的に関税が撤廃されるNTについて、少なくとも「品目数の80％および貿易額の75％」を対象にすることが求められている。基本的にNTとSTの一部（4％分）が自由化率に反映されることになる。一方、センシティブトラック、高度センシティブ品目は、関税は削減されるものの、一部を除き最終的に残存する。また、「最大489品目以内で且つ貿易額の5％以内」を関税削減・撤廃を求めない「除外品目」に指定できる。

3　ASEANのFTAを活用する日本企業

3.1　在ASEAN日系企業のFTA利用動向

　もともとASEANを第三国向け輸出拠点と位置付けている日本企業も多く、その場合、投資誘致機関から資本財や原材料・部材の免税措置を取得しているケースや、フィリピンに代表されるように、最終生産品は輸出向けを前提にしているため、輸出入に関税が課されない輸出加工区（Export Processing Zone：EPZ）に立地している企業も多い。しかし、ASEAN自体が毎年高い経済成長を続けた結果、徐々に市場として見做されるようになってきたこと、ASEAN域内で継続的にAFTA特恵関税が削減されてきたこと、ASEANのFTAネットワークが東アジアに拡大していること、等と相俟ってFTAが活用されるようになってきた。

　在ASEAN日系企業のFTA利用状況について、2006年時点での利用率は輸出入とも2割以下にとどまっていた。以降、輸出は2010年で4割、輸入は2013年で4割を超え、2014年は輸出で42.6％、輸入で42.4％となった。

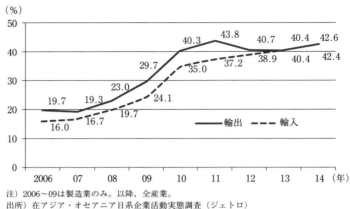

図5-1　在ASEAN日系企業のFTA・EPA利用率

注）2006〜09は製造業のみ。以降、全産業。
出所）在アジア・オセアニア日系企業活動実態調査（ジェトロ）

　その中で、ASEANがFTAを締結している国・地域と貿易取引を行っている在ASAEN日系企業に対し、FTAごとに利用の有無を確認した。まず輸出について、在ASEAN日系企業の中で実際にASEAN域内向けに輸出している企業のうち、AFTAを利用している企業は46.0％にのぼる。AFTAは在ASEAN日系企業の中でも認知度が高く、既に利用段階に入っている。特に業種別で、輸送機械器具が63.6％に達し、電気機械器具（39.8％）、一般機械器具（39.3％）を利用率で大きく引き離している。非製造業では卸売・小売が47.6％（80社／168社）で利用率が高い。2015年1月にはAFTAの下で、ベトナムを筆頭とする後発加盟4カ国が総品目数の7％とセンシティブ・高度センシティブ品目を除き関税を撤廃したことから、今後、利用企業割合の高まりが期待できる。
　一方、ASEAN域内からの輸入がある企業のうちAFTAを利用して調達している企業の割合は46.1％であり、ほぼ輸出と同水準である。ここでも輸送用機械器具の利用割合が63.6％に達するなど、同分野がAFTA利用を牽引している。非製造業では卸売・小売が56.7％（85社／150社）であった
　なお、中国についてもACFTAの利用企業割合は高まっている。中国向けに輸出をしている企業のうち、ACFTAを利用している企業は40.6％、輸入で38.1％にのぼる。ただし、回答企業数20社以上の業種を抜き出し比較すると、

表5-5 在ASEAN日系企業の東アジア域内輸出入におけるFTA利用の現状

(単位:社・%)

FTA	輸出					輸入				
	輸出企業数	利用中		利用を検討中	利用せず	輸入企業数	利用中		利用を検討中	利用せず
			利用率					利用率		
AFTA	770	354	46.0	94	322	657	303	46.1	73	281
ACFTA	320	130	40.6	31	159	522	199	38.1	55	268
対日FTA	802	257	32.0	86	459	1100	403	36.6	142	555
AKFTA	146	67	45.9	10	69	174	68	39.1	11	95
対インドFTA	233	97	41.6	24	112	85	34	40.0	8	43
対豪FTA	150	59	39.3	14	77	49	17	34.7	5	27
対NZFTA	78	19	24.4	13	46	25	7	28.0	2	16

注)輸出入企業数は、FTA当事国と輸出入している企業のうち本設問に回答した企業。
出所)在アジア・オセアニア日系企業活動実態調査(2014年/ジェトロ)。

AFTAとは異なる特徴がある。前述の通りAFTA利用を牽引していたのは自動車および自動車部品に代表される輸送用機械器具分野であるが、ACFTAの場合、同分野は50%(17社/34社)であったのに対して、化学・医療が70.7%(29社/41社)と大きく上回る。輸入では、非製造業の卸売・小売が51.5%(68社/132社)が最も高く、これに輸送用機械器具(48.1%、25社/52社)、化学・医療(40.4%、21社/52社)が続く。

3.2 FTAを起爆剤に生産ネットワークを変革する在ASEAN日系企業

FTAに期待される効果の1つとして、関税撤廃などの自由化が「外圧」となり、国内で保護されてきた産業・企業の構造改革を促すことが挙げられる。AFTAが導入され本格的に利用されるより前、ASEANは高関税で市場が分断されていたこともあり、企業はASEAN各国市場に参入するに際し、工場をASEAN各国に設置するなど域内で重複投資を決断した企業も多い。

しかし、各国国内市場向け工場は概して小規模であり、少量生産のため単位当たりの生産コストはおのずと高くなる。さらに、日本企業が特定のASEAN加盟国に乱立、小さな市場を複数の企業で争う過当競争状態に陥った。そのようなASEANの産業構造に、AFTAは「変革」をもたらした。ASEAN域内に複数の拠点設置を余儀なくされてきた企業の多くが、関税低減化が進んだAFTAを

活用して、より効率的な生産・供給体制構築を図った。

　企業の ASEAN での生産体制変革は大きく2つに分けられる。まず、①企業グループ内で生産品目を調整、操業継続を前提に相互供給を拠点間で図るタイプ、次に、②企業グループ内で生産拠点の統廃合を通じて、規模の利益獲得・拠点全体の経営効率化を図り、限られた経営資源の有効活用を目指すタイプ、である。

　例えば、前者の代表例として自動車産業があげられる。AFTA 関税削減により、日系企業は自動車部品の集中生産・相互供給に動き出した。例えばトヨタは、タイではディーゼルエンジン、ステアリングコラム、ボディパネルを、マレーシアではステアリングリンク、ラジエター、ワイパーアーム、フィリピンではトランスミッション、等速ジョイント、メーター、インドネシアではガソリンエンジン、ドアロック・フレーム、クラッチなどをそれぞれ集中生産、相互に補完するようになった。

　自動車本体でも売れ筋の一部モデルではノックダウン（Knock-down assembly：KD）形式での最終組立を継続するなど生産拠点の統廃合にまでは踏み込めていない。広い裾野産業を抱える最終組立企業の撤退を伴う拠点の統廃合は社会全体に影響を及ぼす懸念があることも拠点維持の大きな理由の1つである。

　比較的生産移管しやすいと言われる家電や AV 等の電気機器分野は、生産拠点の統廃合を通じて、規模の利益獲得・拠点全体の経営効率化を指向した。ASEAN において日系が圧倒的な強さを発揮する自動車分野と異なり、電気機器分野は韓国企業との激しい競争に晒され、拠点再編による競争力強化は待ったなしの状態であった。また、拠点の統廃合における特徴は、概して「投資が集まる国」と「企業の撤退が進む国」とが明確に分かれ、FTA の負の側面が出たことである。製品や企業によって異なるが、2002～03年前後、タイ、マレーシアの生産拠点に集約化が進み、逆にフィリピンや一部インドネシアの拠点が整理されるケースが目立った。具体例として、フィリピン家電協会によると、2002年に12社あったフィリピンのテレビ工場は次々と閉鎖され、2年後の2004年9月にはわずか2社に減少したという。同様に洗濯機は5社から2社に、また冷蔵庫も4社から2社へと、それぞれ減少した。この理由として、タイ、マレーシアでは生産に必要な部材を比較的現地で調達し易く、相対的に生産コストが安く抑えられることに加え、円高以降に設置された輸出用の大型工場がタイやマレーシアに比較的

集まっていたこともあり、各国の内需向けの小型工場が大型工場に統合されたことが指摘できる。

4　結び：ASEAN 生産ネットワークの強靭化に向けて

　日本企業はこれまで30年以上の長きに亘って、貴重な資本を ASEAN に投下し、ASEAN 大に拡がる生産ネットワークを１つ１つ構築してきた。これら ASEAN に向かった投資が、AFTA を契機に、有機的に相互に繋がることで ASEAN 地域全体に拡がる生産ネットワークが構築された。また、5 つの ASEAN +1FTA はこれら企業に新たな市場を提供している。この生産ネットワークは、今や日本企業の競争力の源泉になっている。海外事業活動基本調査（2013年度／経済産業省）によれば、ASEAN に進出した製造企業の経常利益は、海外現地法人全体の30.8%にのぼる。これは米国（同14.2%）や EU（同4.1%）のみならず、「世界の工場」と言われてきた中国（同30.3%）をも上回るなど、今や ASEAN は、生産ネットワークを土台に、「収益センター」と見做されている。

　しかし、日本が ASEAN で構築してきた生産ネットワークは、自然災害と隣り合わせにあることを忘れてはならない。2011年のタイ大洪水による在タイ日系企業450社以上の被災は、国内のみならず、ASEAN、世界の様々な国で、生産に影響を及ぼした。2013年９月に再保険会社スイス・リーが５つの自然災害について世界616都市を対象とした「自然災害リスクの高い都市ランキング」を発表した。総合で第１位が東京・横浜であるが、これに第２位でマニラ（地震：第３位、台風:第３位）が続いた。他に ASEAN の主要都市では、第５位にジャカルタ（地震：第２位、洪水：第４位）がトップ10に名を連ねた。また、サプライチェーンの寸断リスクは自然災害にとどまらない。インドネシアで頻発する労働争議・デモ、鳥インフルエンザなどの感染症、治安の悪化、政情の急変等、数多くある。

　ASEAN 生産ネットワークに組み込まれている企業の生産停止は、取引先を通じて広範囲に影響が拡散する。そのため、他の拠点で代替生産ができるよう予めリスク回避策を検討する企業が増えている。2014年に実施したジェトロ調査で、

表5-6 在ASEAN・中国日系企業の国内外での代替生産・供給体制の有無

(単位：％)

	あり	社数	第1位	第2位	第3位	有効回答社数
ASEAN	55.9	730	日本 (73.2)	中国 (35.8)	タイ (22.3)	1,305
カンボジア	63.2	12	中国 (50.0)	ベトナム (33.3)	タイ (16.7)	19
インドネシア	48.6	140	日本 (76.4)	タイ (42.1)	中国 (34.3)	288
ラオス	33.3	2	タイ (100.0)	-	-	6
マレーシア	61.2	112	日本 (70.5)	中国 (33.9)	タイ (33.0)	183
ミャンマー	66.7	6	タイ (50.0)	ベトナム (33.3)	日本／中国 (16.7)	9
フィリピン	52.7	48	日本 (70.8)	中国 (27.1)	タイ (22.9)	91
シンガポール	49.1	27	日本 (63.0)	中国 (25.9)	タイ (14.8)	55
タイ	58.5	217	日本 (83.9)	中国 (38.2)	インドネシア (20.3)	371
ベトナム	58.7	166	日本 (67.5)	中国 (39.2)	タイ (27.1)	283
中国	52.5	318	日本 (75.8)	タイ (30.8)	ベトナム (19.5)	606

資料) 在アジア・オセアニア日系企業実態調査（ジェトロ／2014年）

国内外での代替生産・供給できる体制の構築について、在ASEAN日系製造業1,305社のうち代替生産ができる体制をとっている企業の割合は55.9％を占める730社であった。20社以上から回答があった国でみると、マレーシアが最も高く61.2％である。これにベトナム、タイが続く。

在ASEAN日系製造業が代替生産地として最も期待しているのが「日本」であり、その比率は7割を超える（73.2％）。ASEANでの生産品目のほとんどが過去に日本でも生産していたものであり、生産ノウハウや関連するラインが、依然として日本に残っている場合が多いことがその理由とみられる。割合では大きく下がるが、中国（35.8％）、タイ（22.3％）が続く。中国拠点は主に国内内需向けの供給を、ASEAN拠点は第三国向け供給を、それぞれ担ってきた。これら2つの拠点が有機的に繋がることで、サプライチェーン維持に対する信頼性が向上する。

ASEANは「有望な生産拠点」であっても「リスク・フリーの生産拠点」ではない。今や日本企業の競争力や収益の源泉であるFTAの活用を前提とした「ASEAN生産ネットワーク」の弛まないメンテナンスと更なる機能向上、そしてリスク管理がより重要になっている。

参考文献

石川幸一・清水一史・助川成也（2013）『ASEAN 経済共同体と日本』、文眞堂。
経済産業省（2015）「第44回　海外事業活動基本調査」（2013年度実績）。
ジェトロ（2014）『アジア・オセアニアの日系企業活動実態調査』。
助川成也（2013）「RCEP と ASEAN の課題」、山澤逸平・馬田啓一・国際貿易投資研究会編『アジア太平洋の新通商秩序』、勁草書房。
深沢淳一・助川成也（2014）『ASEAN 大市場統合と日本』、文眞堂。
山澤逸平・馬田啓一・国際貿易投資研究会編（2012）『通商政策の潮流と日本』、勁草書房。
Medalla, Erlinda M.（2011）*Taking Stock of the ROOs in the ASEAN + 1 FTAs: Toward Deepening East Asian Integration*, Philippine Institute for Development Studies.

第6章

ASEANの地域統合と産業集積
越境フラグメンテーションの影響

春日尚雄

1 はじめに

　ASEAN各国における高い経済成長は、主に先発ASEAN加盟国（ASEAN6）[1]への継続的な外国直接投資（Foreign Direct Investment：FDI）と、各国の「集団的外資依存輸出指向型工業化戦略」[2]の経緯の中から実現されてきた。電機・電子、機械、自動車などの製造業に代表される、外資系企業を中核とした産業集積が形成され輸出主導の経済成長を達成したASEAN6が牽引する一方、内乱などでASEAN加盟が遅れFDI導入が滞ったCLMV（カンボジア、ラオス、ミャンマー、ベトナム）との間では当然のように経済発展段階の違いが生じた。その後1990年代からのAFTA（ASEAN自由貿易地域）の進展と交通分野におけるインフラの改善は、外資企業にとって関税の削減とサプライチェーンが確保されるという相乗効果をもたらし、このASEAN内の2つのグループ間の経済格差であるASEANディバイド是正への期待が高まりつつある。

　本章では、産業集積のメカニズムについて述べた後、地域統合によってもたらされる効果を考える。ここでは2015年のAEC（ASEAN Economic Community：ASEAN経済共同体）形成に見られるASEAN地域統合のさらなる深化、ASEAN連結性による交通運輸の質的改善などが、ASEAN域内で拡大しつつある産業集積に影響を与えることが予測されることを論じたい。その際、個別の産

---

[1] タイ、インドネシア、マレーシア、フィリピン、シンガポール、ブルネイの6カ国。
[2] 清水一史（2009）「世界経済の構造変化とASEAN経済統合」石川幸一・清水一史・助川成也編（2009）p.3。

業のもつ特性や製品の特徴によって形成される集積の性質や、分散、フラグメンテーション（工程間分業）の要素は、従来あまり論じられてこなかったが、そうした視点においても問題意識をもつことにする。

2　集積の経済と地域統合

2.1　産業集積の要因

　従来、産業集積の形成と産業の地理的集中に関する研究は、マーシャルによる比較優位の理論、企業立地論としてはVernon（1966）のプロダクト・サイクル理論と核－周辺（Core-Periphery）論などがあり、現在でも一定の適用性をもつと言える。「規模に関する収穫逓増」が国際貿易理論に組み込まれるようになったのは、Krugman（1991）、Fujita, Krugman, and Venables（1999）などの研究以降で、集積（アグロメレーション）の利益は、ある地理的境界内に経済活動が集中するほど生産コストは低下するというものである。この理論では「距離」が極めて重要な要素になっている。Krugmanらは集積力と分散力に関する主な要素を整理し、その要素のうち前方連関効果と後方連関効果の相互作用によって企業と消費者（＝労働者）が都市に集まり、強力な集積力が現れるというプロセスが示されている。ここでの前方連関効果とは、消費者（労働者）が財の種類が豊富で安価な立地を好む傾向（多様性選好）のことを言い、後方連関効果とは、企業が需要の大きい地域に立地することを説明している。これによって循環的因果関係（ポジティブ・フィードバック・メカニズム）が形成され、企業レベルでの生産の規模の経済が発生し、都市全体の収穫逓増に転換し、集積力が生まれるとされる。また同様のロジックで、産業連関効果として上流の企業と下流の企業においても循環的因果関係があることから、補完関係が発生し産業集積が形成するとしている。

2.2　貿易費用の低下・生産要素移動の自由化

　国際貿易に生じる様々な費用は、「広義の輸送費」あるいはフラグメンテーション理論では「サービス・リンク・コスト」といった表現をされている。この中には、一般的な輸送費用に加えて関税（あるいは非関税障壁）などさまざまなコ

ストが含まれる。EUの経済統合に見られる域内関税撤廃、越境インフラ整備と円滑化、および共通通貨の採用、などは貿易費用の低減に寄与していることは明かである。

同時に、資本、労働力などの生産要素のより自由な移動が経済統合の柱でもあり、投資の自由化によって企業は国境を越えてこれらを移動させることが（段階的に）可能となる。黒岩（2014）が整理しているように、貿易費用の低下は生産面の優位性の重要性を高めるが、少数の国に生産が集約化される集積、地理的集中をもたらす可能性のある一方、メリットがあれば賃金など生産要素価格の低い地域への分散を促すことになり、また投資の自由化、投資障壁の撤廃は企業の目的に応じて、高度な生産要素のある地域への集積もしくは低廉な要素価格を求めた分散に分かれる[3]。ここで黒岩の言う「集積を伴う分散」は、一度集積した産業が再分散と集積を繰り返すことであることを指摘しており、赤松・小島の東アジアにおける雁行形態型の経済発展論はこのようなプロセスでもあったとしている[4]。

2.3 ASEAN統合による要因

ASEAN統合は地域経済統合が中核となっており、2015年末に創設されるAECとして統合への行動計画が進められている[5]。2007年11月採択のブループリントは、ASEAN自由貿易地域（AFTA）から物品、サービス、投資、熟練労働者の自由な移動、資本のより自由な移動が行われる地域に統合が深化し、「単一の市場と生産基地」となり、ダイナミックで競争力のある地域になるとともに発展の格差の是正に取り組むことが明示されている。そしてASEAN経済共同体の4つの特徴として、①単一の市場と生産基地、②競争力のある地域、③公平な経済発展、④グローバルな経済への統合、をあげている。

この4つの特徴は別の表現をすれば、①市場統合、②共通政策、③格差是正、

---

3) 黒岩郁雄（2014）「産業立地」黒岩編（2014）pp. 286-288。
4) 前掲 pp. 276-278。
5) ASEAN第二協和宣言（バリ・コンコードⅡ）（2003年9月、第9回ASEAN首脳会議にて署名）において、ASEAN共同体の柱は① ASEAN安全保障共同体（ASC）、② ASEAN経済共同体（AEC）、③ ASEAN社会文化共同体（ASCC）、の3つとされた。

④域外とのFTA、と言い換えることができる。単線的な地域統合とも言われるEUの例では、関税同盟から共同市場に発展させ、あるいは共通通貨ユーロを導入し、一部の主権委譲まで踏み込んでいる。このEUの地域経済統合に比較すると、AECは経済連携協定（EPA）に類似した経済統合の水準であると言える[6]。

　AEC実現のために打ち出された諸施策のうち、2010年10月のASEAN首脳会議ではASEAN連結性マスタープラン（MPAC）で陸・海・空に関する15の優先プロジェクト・課題が合意された。ASEAN域内の交通協力に絞った、①陸上輸送、②航空、③海上輸送、④交通円滑化、の4つのセクターに分けられ推進がされている。交通・運輸分野の改善がASEANの連結性を強化し、これがAECひいてはASEAN共同体を成功させるための鍵であるとも言われている。企業の立地、産業集積の形成については、後述する業種によって異なる傾向があるものの、全般として交通・運輸のハード、ソフト両面の改善がプラスに働くことを詳述してゆきたい。

3　ASEAN連結性と越境交通網整備

3.1　陸上交通：道路・鉄道

　ASEAN連結性について、ここでは主要なインフラである陸上交通のうち主たる道路・鉄道の整備について触れることにする。越境道路網建設については、国連アジア太平洋経済社会委員会（United Nations Economic and Social Commission for Asia and the Pacific：ESCAP）が推進してきたアジア・ハイウェイが下敷きとなっており、さらにはGMSプログラムで整備が進められた経済回廊の多くのルートとも重複している。AECブループリントでは、域内の主要越境道路を「指定された越境交通路」（designated Transit Transport Routes：TTRs）と呼んでいる。

　ASEANハイウェイ・ネットワーク（AHN）は23ルート、38,400kmが決まっている。TTRsとしてのASEANハイウェイは、2020年までに全区間がクラス

---

6)　石川幸一（2013）「ASEAN経済共同体はできるのか」石川・清水・助川編（2013）pp. 24–25。

Ⅰ、すなわち道路の仕様として4車線以上、設計速度50-100km/h に整備されることを目指している。ASEAN の中でも整備の進んでいるメコン地域の輸送インフラについては別章で詳述されるが、越境については GMS プログラムにおける越境交通協定（CBTA）のような協定が存在し、アジア・ハイウェイにおける国境通過に関する取り決めは条約ベースとなっている。ASEAN 諸国による交通円滑化に関する協定化は進められているが、後述するように合意に至っていない部分も多い。

　ASEAN の陸上交通整備では、道路が優先されたことから鉄道の整備は遅れている。シンガポール・昆明間鉄道リンク計画（SKRL）は1995年に、ASEAN メコン川流域開発協力（AMBDC）の事業として始められたが、現時点ではっきりとした方向性が出ていない。SKRL のルートは主要なものでも数案あり、今後のイニシアティブがどうなるかは不透明である。メコン地域においては、鉄道路線の途切れた部分（ミッシング・リンク）の回復を中心に進められているのが現状である。一方、野心的な高速鉄道計画が浮上し、中国主導による昆明－ビエンチャン－バンコクのルートで中国－ASEAN 間の高速鉄道計画が策定されるなど流動的でもある。

3.2　交通円滑化
ASEAN の交通円滑化協定

　陸上交通に関しては、ハードインフラ整備に比べてソフトインフラが遅れていると言われる。越境道路網を整備した際、国境における通関、トランジット手続きなどや貨物の積み替えの必要など、円滑な越境交通を阻害する課題がある。ASEAN では、「通過貨物円滑化に関する枠組み協定（AFAFGIT）」が1998年に署名され、2000年10月には全加盟国で批准され発効している。但し越境交通路の指定など、その実施に必要な事項の詳細は9つの附属議定書（Protcol）において定めることとされている。AFAFGIT は署名・発効からかなり時間が経過しているが、9つの附属議定書のうち、国境交易所・事務所と、トランジット通関の2つはまだ合意文書が署名されていない状況であり、その最終化が待たれている。

シングルストップ、シングルウィンドウ

　これに類似した協定としては GMS のサブリージョナルな枠組みにおいて、1999年11月にタイ・ラオス・ベトナム3カ国で結ばれた越境交通協定（CBTA）がベースとなり、その後参加国すべての多国間合意まで拡大されている。CBTA 実現における課題の1つである越境手続きの簡素化の取り組みについて、出国時・入国時と2回必要であった手続きを2カ国が共同で検査を行うことで入国側での1回の手続き、すなわちシングルストップで通過することができる。さらに出入国・税関・検疫（CIQ）の手続きを複数の窓口から1つの窓口に集約するシングルウィンドウ化も進められている。

　ASEAN の枠組みによる ASEAN シングルウィンドウ（ASW）は、ASEAN 各国で実施するナショナル・シングルウィンドウ（NSW）を接続することにより、通関手続を含む貿易関係書類の標準化・共通化、電子化を推進することで、域内の貿易円滑化、迅速化を目指している。輸出入の際に、複数の行政機関にまたがる申請や許認可を1つの電子申告フォームで提出、一括して承認を受けることで、輸出入通関のための提出データ、データ処理、判断の一元化を実現することができる。先行加盟6カ国の NSW 完成後 CLMV への展開を目指しており、各国の進捗状況に格差があり当初の完成予定より大幅に遅れているが、CLM 3カ国を除く ASEAN 7カ国による ASW 接続のパイロット・テストが成功している段階であるとされる[7]。

マルチモード輸送とトランジット

　また MPAC において戦略の1つとしてあげられているのがマルチモードの輸送システムである。道路、鉄道、海運などを組み合わせた、インターモーダル輸送、あるいは複合一貫輸送などとも呼ばれている。交通協定としては2005年11月にビエンチャンで署名された「マルチモード輸送に関する枠組み協定（AFAMT）」がある。AFAMT は業者や委託者の責任範囲を定め、締結国は国際マルチモード輸送に関する国内法を整備することが求められるが、全ての国において準備ができているわけではない。AFAMT は発効しており、2カ国目の

7）　ASEAN 事務局 HP より。

批准書の寄託の30日後に発効することとされているが、効力は批准国間のみとなっている。現在の批准国は、タイ、カンボジア、フィリピン、ベトナムの4カ国にとどまっている模様である[8]。

さらに AFAFGIT が最終化されていない段階ではあるが、2009年12月に「国際輸送円滑化に関する枠組み協定（AFAFIST）」が署名された。登録された運送事業者に、国家間運送を行うことを認める、すなわち自国での運送を受け入れることを義務付けるものであり、2カ国目の批准文書の寄託後30日で発効することとされている。効力は批准国間のみで、現時点の批准国はタイ、ラオス、ベトナムの3カ国にとどまっている[9]。AFAFIST は AFAGIT と付属文書を共有している協定であり、国境で貨物の積み替えを必要とされなくなることから、前述のように台数制限の厳しい複数国にまたがるトランジット輸送を大幅に緩和することが期待されている[10]。

4　ASEANにおける産業集積形成・分散の事例

4.1　ASEAN自動車産業に見られる産業集積

ASEAN自動車産業の状況

主要自動車メーカーの進出により、ASEAN 域内の日系自動車産業は現地生産、現地販売、第三国への輸出を伸ばしてきた。生産、販売は2009年が金融危機により大きく落ち込んだが、2010年以降においては拡大傾向にある。2014年の ASEAN における総自動車生産台数は約400万台で、そのうち約2分の1をタイにおける生産が占める。近年ではこれまで生産が集中してきたタイに加えて、インドネシアにおける完成車生産の計画が各社で強まっている。従来圧倒的であった日本メーカーのプレゼンスであるが、非日系メーカーによる ASEAN への進出も活発になりつつあることから、長期的には日本メーカーのシェアの低下は避けられないであろう。

タイにおける自動車産業は、1997年アジア金融危機後の2000年には自国の産業

---

[8]　国土交通省（2012）p.55など。
[9]　前掲 p.55。
[10]　梅崎（2012）p.65。

表6-1 タイにおける自動車主要各社の生産概要

メーカー	主な工場名	近年の主な動向	年間完成車生産能力
トヨタ	Samron, Gateway, Ban Pho 工場	400億円を投資し，2015年よりディーゼルエンジン生産強化．	76万台
三菱自動車	Laemchabang（第1～第3工場）	日産との生産提携により生産能力を強化．	51万台
いすゞ	Samron, Gateway 工場	100億円を投資しピックアップトラックの生産能力を強化．	40万台
ホンダ	Ayutthaya（第1,2工場）	450億円を投資し，2016年より年12万台能力の新工場を稼働．	30万台
日産	Bangna Trad 工場	350億円を投資し，2014年より年15万台能力の第2工場を稼働．	22万台+15万台
Ford／マツダ	Rayong（第1,2工場）	260億円を投資し，2015年より新トランスミッション工場を稼働．	28万台
GM	Rayong 工場	ディーゼルエンジン生産能力（年10万基）を強化．	16万台
BMW	Rayong 工場		1万台
Daimler／現代	Samutprakarn（第1,2工場）		2万台
Tata Motors	Samutprakarn 工場		3.5万台

注）生産能力台数は2013-14年見込。
出所）Fourin（2011）『アジア自動車産業2011』、Fourin（2012）『アジア自動車部品産業』、各社HP、各種報道など。

保護政策を大幅に緩めた、自動車産業の外資自由化という決断をしたことがきっかけとなった。日系自動車メーカーと裾野産業の集中的な進出と増産がおこなわれ、タイにおける自動車産業の集積が一気に形成された。末廣（2000）はASEANで工業化に先行した国と同様に、当時のタイのような後発開発国がキャッチアップ工業化をはかるためには圧縮された工業化、政府の介入、輸入技術、多国籍企業の役割が大きいことを強調している。タイの自動車産業の2000年以降の状況は、末廣の指摘通りとなっている。

第6章 ASEAN の地域統合と産業集積：越境フラグメンテーションの影響

図6-1 タイ・バンコク周辺における自動車産業集積の状況

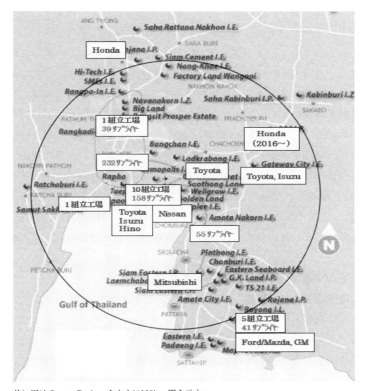

注）円は Samut Prakan を中心に100km 圏を示す。
出所）ERIA 資料地図に筆者加筆。サプライヤー数は Thailand Automobile Institute 資料から。
完成車プラント位置は Fourin 各年度版および各種報道から。

日系企業による産業集積の形成

　この結果2013年にタイは246万台を生産し、世界で第9位の自動車生産国となった。ASEAN における自動車生産のうち、タイが最大規模でありタイ政府が目指していた「東アジアのデトロイト」が現実になっている。タイ国内で完成車組立をおこなっているのは12社であるが、日系企業による生産台数は実に90％以上と圧倒的なシェアを占めており、日系自動車完成車および自動車部品メーカーによる一大産業集積が形成されている。

バンコク周辺における完成車メーカーの立地は、①バンコク北方面・アユタヤ：ホンダ、②バンコク東方面・チャチェンサオ：トヨタ、いすゞ、③バンコク南東方面・サムットプラカーン、レムチャバン：日産、三菱自、④バンコク南東方面・ラヨーン：マツダ／Ford、GM、BMW、などとなっている。これに連なる自動車部品産業はTier1、Tier2（一次下請け、二次下請け）と続くが、概ねバンコクの南東部の工業団地から東部臨海工業地帯を中心とした地域に集中している。自動車産業の場合、日本国内同様、時間納入形態を取り始めており、完成車工場から100〜150km圏内[11]、時間にして2〜2.5時間の輸送時間を前提に立地されており、自動車産業がバンコク圏に集積を形成している大きな理由である。バンコク圏のサプライヤー総数については、日系を含む外資系、タイ系合わせて約3,000社と推計されている。このうちTier1，Tier2に相当するのが、①外資資本：299社、②タイ系合弁：190社、③タイ100％資本：146社あり、Tier3（lower Tier）は地場産業、外資資本も合わせて1,700社以上とされている[12]。

4.2 ASEAN電機電子産業に見られる集積・集中
ASEAN電機電子産業の特徴

　自動車産業は資本集約的要素が強く、サプライヤーとの強固なヒエラルキーが形成されており集積密度も高い。それに対して、電機電子産業の生産拠点の立地は比較的自由であり、かつ生産拠点の移動についても自動車産業ほどの制約は少ない。ASEANの中でもタイ、マレーシア、ベトナムなどには、グローバル企業から単独で進出した中堅企業、大手企業の下請けとして追随した零細企業までの幅広い電機電子産業が進出している。資本集約的裾野産業の集積をあまり必要とせず、環境の変化によって機動的に立地を変えることが比較的容易であることが自動車産業との大きな違いである。また自動車の製品サイクルは5年程度であるのに対して、電機電子産業では3カ月（半導体系）から12カ月（家電系）と短い。さらには市場への新規参入者も多いことから過当競争になりやすい業界である。

---

11) Machikita T., Ueki Y.（2010）."Spatial Architecture of the Production Networks in Southeast Asia.", ERIA Discussion Paper Series, p. 28 参照。全業種サプライヤーの45.3％が100km圏内となっている。

12) Thailand Automobile Institute 資料などより。

第 6 章　ASEAN の地域統合と産業集積：越境フラグメンテーションの影響

表6-2　主なエレクロニクス製品の世界生産台数と ASEAN 生産国

製品名	世界生産台数2014年見込)	2011年-2014年の増減率	中国生産比率	主な ASEAN 生産国
LCD-TV	22,700万台	+4.6%	51.0%	マレーシア840万台 タイ390万台
コンパクトデジカメ	4,300万台	-65.3%	66.0%	インドネシア400万台 ベトナム215万台
デジタル一眼レフ	1,800万台	+17.6%	15.0%	タイ520万台
ルームエアコン	13,500万台	+13.4%	77.1%	タイ1,100万台 マレーシア350万台
冷蔵庫	11,300万台	+7.6%	57.2%	タイ630万台 インドネシア525万台
洗濯機	10,200万台	+7.0%	48.5%	タイ270万台 インドネシア55万台
スマートフォン	128,600万台	+166.0%	71.7%	ベトナム1,220万台 マレーシア430万台
デスクトップ PC	13,400万台	-0.6%	66.1%	
ノート PC	16,600万台	-22.8%	87.0%	
タブレット PC	32,500万台	+345.8%	82.5%	
白色 LED	1,483億個	+142.6%	43.1%	マレーシア15億個

注）中国生産比率と ASEAN 生産台数は2013年実績。
出所）富士キメラ総研『ワールドエレクロニクス市場調査』各年度版に基づき筆者作成。

　極めて多様性に富んだ電機電子産業の品目の中から、ここでは主な消費財を中心にその概要を見る。中間財にあたる電気、電子部品や、産業用、インフラ関連の機器などは除きたい。これらの品目の分類、カテゴリー分けも何通りか考えられる。デジタル機器と非デジタル製品、あるいは（白物）家電、情報機器、AV機器などと言った用途別の分類もできる。また近年実用化、低価格化されている、照明に用いられる白色 LED は主要品目に加える必要があるだろう。

ASEAN 電機電子産業の状況

　電機電子産業に関して、ASEAN の中では1970年代の家電を中心とした輸入代替期を経て、比較的早い時期に輸出を主目的とした企業が進出し始めた。特に

1980-90年代のシンガポール、マレーシアにおいては日系家電製品メーカーが集積した。しかし両国の人件費の高騰、AFTAの実効化、投資恩典の変化、インフラの改善などの影響下で、中国、タイなどへの生産拠点の移動が進み[13]、一方マレーシアでは非日系の半導体系企業の進出、また白物家電からIT・AV機器などへの日系企業内も生産品目のシフトが見られた。その結果、白物家電の中でも代表格であるエアコンで見た場合、タイの輸出額が45.1億ドル、マレーシアの輸出額が11億8千万ドル（いずれも2013年）[14]となっているように、現在ではタイがASEANにおける日系企業の白物家電製品の輸出の中核基地となっている。一方、巨大な国内市場を背景とした中国地場企業の急速な成長があり、中国のエアコン輸出額は132億4千万ドル（2013年）に達するなど、中国はグローバル的にも圧倒的な生産シェアを占めるようになった。

その反動とも言える、地政学的な中国のリスクに対する「チャイナ・プラス・ワン」が言われ始めたことから、ASEANとタイの周辺国特にベトナムが注目されてきた。しかし現時点でその筆頭と目されているベトナムの主要工業製品輸出額の規模は、携帯電話（スマートフォン）など特定品目を除きその多様性においてもタイを大きく下回っている。ベトナムへの積極的な外国投資が続いているが、タイと比較すると裾野産業を含めた集積の規模と質の差は歴然としている。これは自動車産業のように集積規模が大きく、またロックイン効果（凍結効果）[15]の大きい業種がすでにタイに一大集積を形成していることは、ASEANにおける電機・電子産業の現在の状況と無関係ではないであろう。

また主要品目の動向と生産国の比較において、ASEAN各国は汎用演算処理をおこなうPC・デジタル系の製品（デスクトップ、ノート、タブレット）について、PC主要部品であるHDD（ハードディスクドライブ）などは、タイが主要生産国でありながらPCは主な最終生産地となっていない。これは特に台湾系を

---

13) 松下電器（現パナソニック）などの電機電子日系企業のマレーシア撤退に詳しいのは、国際協力銀行（2004）「マレーシアにおける日系／欧米系電機・電子メーカーの投資環境評価の調査・分析」『開発金融研究所報』2004年2月号、pp. 77-107。これによるとマレーシアにおける日系企業数は1998年をピークに減少に転じている。
14) UNCOMTRADEよりHS8415（エアコン）の輸出額から。
15) 空間経済学で言うロックイン効果（凍結効果）とは、産業集積がより強い集積力を持つほど、関連した企業、技能労働力などはその集積に引き寄せられることを示す。

中心とした EMS（電子機器受託生産企業）、ODM（設計も含めた受託生産）が大規模な組立工程産業の集積を形成したのに対して、日系電機メーカーがクローズドな規格に固執したことで対応できず、さらには製品が短期間でコモディティ化したことが対照的な状況を招いた。一方、ルームエアコン、冷蔵庫、洗濯機のように、製品アーキテクチャーで言えばインテグラル（摺り合わせ）性の要素の強いアナログ系の製品は、日系メーカーが裾野産業を含めてタイに集積を作ったことは、自動車産業と共通する背景があると考えられる。

ASEAN 地域統合と電機電子産業の企業戦略

アジアにおいて中国が電機電子産業の圧倒的な生産基地となる一方、ASEAN 地域統合が各企業の生産立地に影響を与えている。ASEAN の地域経済統合はAFTA の深化と共に本格化したが、AFTA は1992年に署名され、2010年には ASEAN＋1FTA 体制が確立した。これにより ASEAN が東アジアにおける事実上の地域統合の中心的な存在になった。

AFTA の実効化によってサービス・リンク・コストが下がることで、多国籍企業による生産ブロックの分散立地が進むという主張がある一方、産業の集積効果による特定国への拠点の偏在が見られる。東アジア全体では、日系、非日系メーカーを問わず、中国拠点は中国内需および輸出対応への最大拠点であることは共通している。日系メーカーの中国拠点は、日本への持ち帰り需要について輸送距離の面からも重視している。ASEAN においてはタイへの重点化がほぼ全メーカーで見られる。また三菱電機などはタイにおけるシェアの高さから、タイ国内市場に重点をおき、余力を輸出に振り向けている。インドについては各社とも、AIFTA（ASEAN－インド FTA）の利用によるタイからの輸出を考慮または実施している。但し、日立および韓国メーカーについてはインド内需を主目的としたインド拠点設置に積極的である。

ベトナム・ハノイにおける集積例

自動車産業の厚みのある裾野産業がタイにあることで、集積規模としては自動車に比べて小さい電機電子産業もタイ・バンコク周辺における近接の利益を得てきたと考えることができる。一方、バンコクから約1,500km 離れたベトナム・

ハノイ近郊に、電機電子産業の集積が形成されつつある。2001年にタンロン工業団地に進出した、プリンターを主生産品目とするキャノンは、朽木（2007）の言うアンカー企業として部品メーカーなど裾野産業の進出、育成が一気に進むような役割を果たした。ハノイは中国・広東省、華南地域との距離は約1,000kmであり、陸路による部材、製品の輸送も十分可能である。一方、他の産業ではベトナムの自動車完成車生産はごくわずかであることから[16]、幅広い裾野産業の育成が困難であり、タイ・バンコク周辺のような、自動車、電機電子産業という2大産業の裾野産業の「相互作用」による集積効果は望める状況にはない。

そうした状況にも関わらず、電機電子産業のハノイ近郊への集積はその後も続いている。2003年に同じくタンロン工業団地におけるパナソニックによる冷蔵庫、洗濯機の生産開始、HOYAは2005年タンロン工業団地でガラス基盤を生産開始、キャノンは2005年クエボ工業団地、ティエンソン工業団地で生産を拡大、2007年ブラザー工業がフックディエン工業団地でプリンター生産開始、などである[17]。

とりわけ大きな投資となったのは、韓国サムスン電子による携帯電話、スマートフォン生産工場である。2009年にイエンフォン工業団地で携帯電話のテスト生産を開始したのが始まりであり、ベトナム貿易統計では、2012年から輸出に影響が大きく出るようになる。2014年にはタイグエン工場稼働、ホアラック・ハイテクパークにおけるR&D拠点新設など、サムスンによる積極投資が続いている。2014年のベトナムからの輸出は、電話・同部品が240億ドルを記録し輸出品目のトップとなり、それまで中国からの生産移転、FTA利用などで好調を維持していた繊維製品の輸出額210億ドルを抜いた[18]。サムスン1社の生産立地は、ベトナム経済と同国の貿易構造に大きな影響を与える規模までに達している。

---

16) 最大手のベトナムトヨタの現地生産台数は年間約3万台にとどまっている。
17) 各種報道、各社HPなどより。
18) UNCOMTRADEより。スマートフォンの輸出先は約40％がEU向けで、続いてUAE、ASEAN各国、中国などとなっている。この内訳から、ベトナムにおけるサムスンのスマートフォン生産は欧州景気に左右されると考えられる。

表6-3 近年のタイから日系企業生産拠点分散の例

社名	分散先	マザー工場	生産品目・目的	物流経路・距離
ミネベア	カンボジア プノンペン SEZ	タイ、アユタヤ他	小型モーター 組立工程の分離 サテライト的分割	南部経済回廊 （ポイペト経由） 約700km
ニコン	ラオス サバナケット サワン・セノ SEZ	タイ、アユタヤ	カメラ一部工程 組立工程の分離 リスク分散	コラート・コンケン経由、東西経済回廊、約600km
矢崎総業	カンボジア コッコン SEZ	タイ、チャチェンサオ他	ワイヤハーネス 労働集約工程分離 労働力確保	南部沿岸回廊 （トラート経由） 約400km
日本電産	カンボジア ポイペト近郊	タイ、アユタヤ他	HDD部品 サテライト的分割 リスク分散	南部経済回廊 （ポイペト経由） 約250km
トヨタ紡織	ラオス サバナケット	タイ、レムチャバン	車用シート 労働集約工程分離 労働力確保	コラート・コンケン経由、東西経済回廊、約700km

出所）各種報道、各社発表などから。

5　ASEANにおける越境フラグメンテーションと産業集積

5.1　タイ・プラス・ワンと生産拠点分散

　一般的に、生産拠点のフラグメンテーション的分離は、一部の工程を別工場に移管することであり、マザー工場は常にその中間完成品を受け入れなくてはならない。この中間財の受け入れは部品であることが多いことから、品質管理面から納入時の検査がマザー工場にとって大きな負担になることが多く、企業にとって価格低減というメリットが相当大きいことが条件になる。そのため、例えば労働集約的工程を分離するためには、製品の製造原価の中で労務費が大きな部分を占めているものに限られるということが言えるだろう。

　示したような拠点分散の例は、いわゆる「タイ・プラス・ワン」とも呼ばれる、タイとその周辺国（特に国境付近）で起き始めているものである。その目的、方法は企業によって異なり複合しているが、現時点では、労働集約的工程を周辺国の工場でおこない、その後タイのマザー工場、すなわちバンコク周辺に製品、半

完成品を持ち帰るケースが多くなっている。タイの人件費上昇など投資環境の悪化への対応策という理由に加えて、2011年のタイ大洪水以降は、特にアユタヤなどバンコクの北に立地する企業はリスク分散が大きな目的となっている。

こうした近年日系企業に起き始めている、タイからのフラグメンテーション（工程間分業）は、産業集積理論にもある中核地域から周辺地域に向かう動きでもある。しかしながら、比較的近接した地域にマザー工場をもつという共通点がある。ASEAN地域統合の柱でもある連結性の概念と、長年にわたる地域経済協力の結果、越境交通インフラの改善がサービス・リンク・コストを小さくしつつある、あるいは将来小さくなることを前提として企業立地がなされているものと理解できるだろう。とは言え現状のタイを中心とした地域においては、産業の集積力は分散力を大きく上回っている。これは前述のように、輸送費の減少を伴いながらも集積経済の相対的増大効果が大きい、あるいは多様性選好が強く、労働者・消費者の増大と実質賃金の増加する状況と言うことができる。このような状況で企業がフラグメンテーションを選択する背景は、タイ・バンコク地域への集中のデメリットが大きくなっていることが考えられる。

5.2 業種別製品と産業集積の距離の関係

業種別の製品を便宜上、①自動車、②アナログ的電機電子製品、③デジタル的電機電子製品、の3カテゴリーに分類し、ASEANにおける産業集積の距離について考察する。アナログ的電機電子製品とは白物家電に代表される品目で、具体的にはエアコン、冷蔵庫、洗濯機などである。これらの製品は製品アーキテクチャー[19]としてはインテグラル（摺り合わせ）的要素が強く、生産も一貫生産を求められる工程が多い。すなわち自社工場内における加工が多いため、主要部品の調達も比較的近距離であることが求められる。これに対してデジタル的電機電子製品とは、①オーディオ・ビジュアル製品液晶TV、デジタルカメラ、DVD関連製品、（および部品）、②情報通信機器PC、LCDモニタ、複写機、プリンター、携帯電話、HDD、リチウムイオン電池、（および部品）などである。これらの製

---

19) インテグラル（摺り合わせ）型製品アーキテクチャーとは、各部品が相互に調整されて最適に設計されるタイプのものを指し、モジュラー（組み合わせ）型とは、構成要素間の相互関係がほとんどないようなものを言う。

品アーキテクチャーは基本的にモジュール組み合わせ）型である。すなわち、筐体、基板、液晶といった液晶 TV のような主要構成部品であれば遠距離の輸送も可能になる。

また日系企業のシェア、競争力という点からは、インテグラル型の製品に強みがあることが知られている。これは距離という点からは「能力構築の継続」が、近接することで日系企業の競争力が保たれているためと考えられる。一方、モジュール型製品については、プリンター、複写機、デジタルカメラのようにシェアの高い製品もあるが、携帯電話、PC など、日系企業が世界ではシェアを失っている製品も多い。またデジタル的電機電子製品については、前述の EMS への委託生産が拡大の一途であることは近年の特徴として特記されるべき点である。

タイにおける自動車産業の集積に見られるように、完成車プラントと主要サプライヤーとの関係は、JIT（ジャストインタイム）生産で時間納入などを求められることから、ほぼ100～150km 圏内の距離に集中している[20]。一方、電機電子産業は自動車産業より産業規模が小さく、またサプライヤーとの関係も自動車産業ほど近接を重視していない。さらにデジタル的電機電子製品である、例えば LCD-TV のような製品であれば、液晶ディスプレイ、電子基板といった電子系の部品の生産ロットが大きいこともあり、中間財のサプライヤーと最終組立地が遠隔地であることがしばしば起こる。白物家電のようなアナログ的な電機電子製品は、この中間的な存在であるといえるだろう。輸出生産拠点である程、マーケット各国向けの多様な仕様があることから多品種少量生産となり、かつ摺り合わせが求められる製造工程があることから、自動車産業に比較して小規模なサプライヤーからの購入、もしくは非効率な工程分割を避けるための内製化という指向性が強くなる。

図では、製品カテゴリーから 3 つの産業集積を距離、製品アーキテクチャーの関係からイメージすることができる。ASEAN 大陸部であるメコン地域を対象地域と仮定すると、多くの場合数百 km の移動で越境することになり、越境によるサービス・リンク・コストの増加は格段に大きくなる[21]。従って、インテグラル

---

20) 春日尚雄（2014）ほかを参照。
21) 生産ブロックを結ぶコストである SC（サービス・リンク・コスト）は、距離だけではなく越境をすることによる諸費用の発生が大きい。

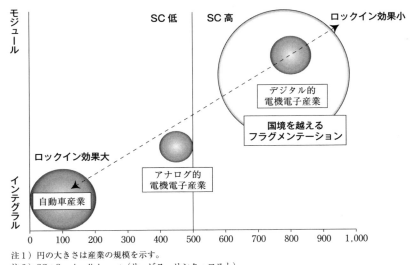

図6-2 業種別製品アーキテクチャーと産業集積の距離イメージ

注1) 円の大きさは産業の規模を示す。
注2) SC: Service link cost（サービス・リンク・コスト）。
出所）筆者作成。

要素を持つアナログ的電機電子製品は、現地調達できない電子部品などを除き、越境をしない圏内に最終組立工場と部品、中間財などの裾野産業が近接することによるメリットが相対的に大きくなる。

　それに対して、デジタル的電機電子製品は距離にあまり制約がなく、国際的なサプライチェーンを前提とした製品も多い。そのため、越境フラグメンテーション（工程間分業）が起きる可能性が高い。前述の品目別の生産国で分かるように、LCD-TVはマレーシアにおける組立が多くなっているが、液晶パネルは多くを輸入に依存している[22]。ベトナムにおけるスマートフォン生産も、基幹部品はほぼ全て輸入であり、最終組立は労働集約的な工程である。

　現時点で、日系企業が強みを持っているのは、インテグラル的要素をもつ工業製品と考えられている。これは産業集積としては、調達が近接もしくは内製を得

---

22) パナソニックは、生産改革の一環として中国におけるLCD-TV生産を撤退、マレーシアにおける液晶パネル生産を増産する予定。

意とすることが特徴として見られる。ASEAN の電機電子産業においては、サプライチェーンを効率化する交通運輸の改善などの要因を考え合わせると、将来的にも中国からの輸送が有利な地域に、よりモジュラー的要素をもつ製品の生産拠点が立地する可能性が高いと考えることができるだろう。

6 結び

　ASEAN 地域経済統合としての AEC 創設が2015年末に近づいている。一方アジア開発銀行（Asian Development Bank：ADB）からは、AEC ブループリント目標実現にはさらなる各国の努力が必要であるとの見通しが示されている[23]。ASEAN はネピドー宣言（2014年11月）により AEC2025の概要を公表し、従来の目標を継続、高度化させることを目指している。現時点で詳細は示されていないが、AEC スコアカードでは、輸送については他分野より進捗が遅れているとされており[24]、AEC2025においても引き続き ASEAN 連結性強化を打ち出してくるものと思われる。道路などハードインフラ整備に比べて、越境円滑化などのソフト面の遅れが目立つことは、ASEAN 経済統合の柱の 1 つである経済格差是正についても停滞につながることになる。こうした面から、日本などからの国際協力の余地は十分残されていると考えるべきであろう。

　外国直接投資を通じた、開発と前述のフィードバックメカニズムはしばしば産業集積を形成する。アグロメレーション論では、企業立地の分散が起きる要因として人件費・地代の高騰、混雑などをあげているが、分散がどのように進むかという具体的なプロセスまでは言及していない。ASEAN の産業集積は、集積の高度化と共に国際的な工程間分業である越境フラグメンテーションを通じて、分散も同時に進行するというシナリオが有力になってきたと考えて良いだろう。ASEAN 域内関税の削減がほぼ完了したことから、域内企業特に外資にとって今後は有機的な生産ネットワーク構築と消費市場への近接を図ることがテーマとな

---

23) ADB（2014）
24) ASEAN 事務局により"ASEAN Economic Scorecaed"が、2008～2015年を 4 つのフェーズに分けて公表されている。輸送について詳細は不明であるが、ASW、CBTAなど貿易円滑化のソフト面などの遅れが影響していると思われる。

る。ただし、業種と製品の特性によって、産業の集中と分散の進行パターンには違いが見られることになるだろう。

参考文献

石川幸一・清水一史・助川成也編（2013）『ASEAN 経済共同体と日本——巨大統合市場の誕生』、文眞堂。

石田正美編（2010）『メコン地域　国境経済をみる』、アジア経済研究所。

梅崎創（2012）「ASEAN の接続性強化と経済共同体構築——交通分野協力を中心に」、『アジ研ワールド・トレンド』、No. 199。

春日尚雄（2014）『ASEAN シフトが進む日系企業——統合一体化するメコン地域』、文眞堂。

木村福成（2006）「東アジアにおけるフラグメンテーションのメカニズムとその政策的含意」、平塚大祐編『東アジアの挑戦−経済統合・構造改革・制度構築』、アジア経済研究所。

朽木昭文（2007）『アジア産業クラスター論——フローチャート・アプローチの可能性』、書籍工房早山。

黒岩郁雄編（2014）『東アジア統合の経済学』、日本評論社。

国土交通省（2012）『ASEANAssociation of South East Asian Countries) の運輸事情』、国土交通省。

末廣昭（2000）『キャッチアップ型工業化論』、名古屋大学出版会。

フォーイン『アジア自動車産業』各年版、フォーイン（Fourin)。

富士キメラ総研『ワールドエレクロニクス市場総調査』各年版、富士キメラ総研。

ADB (2014). *ASEAN Community 2015*, ADB, Aug. 2014.

Fujita, Masahisa, Paul Krugman and Anthony Venables (1999). *The Spatial Economy*, Cambridge, MA: MIT Press.

Krugman, Paul (1991). "Increasing Returns and Economic Geography." *Journal of Political Economy,* 99.

Vernon, Raymond (1966). "International Investment and International Trade in the Product Cycle", *Quarterly Journal of Economics*, May 1966.

第7章

大メコン圏における輸送インフラ

藤村　学

1　はじめに

　カンボジア、ラオス、ミャンマー、ベトナム、タイおよび中国の雲南省と広西チワン族自治区の5カ国・2省から成る大メコン圏（Greater Mekong Subregion：GMS）において、いわゆる「経済回廊」の整備が進んでいる（図7-1）。この経済回廊の意義は、地理的に近接する諸国が一体として輸送インフラ整備や物流円滑化に協力することにより、個々の国や地方がそれぞれ独力でこれらを行うよりも効率的に経済発展を促進することができるという点にある。こうした広域経済協力における投資プロジェクトの経済評価は、一国内で行われるプロジェクトと比べ、事前においても事後においても、より包括的な分析視点を必要とする。広域プロジェクトの評価において重要な視点は主に①外部経済効果、および②費用と便益の分配効果、の2点である（Fujimura and Adhikarhi 2012）。

　①の外部経済効果とは、経済学で標準的に使われる、市場取引の当事者以外に及ぶ便益や費用という externalities の概念の延長として、「各国の国内プロジェクトの効果を積み上げたうえに、広域（越境）プロジェクトがもたらす追加的な経済便益および経済費用」と解釈することができよう。正の外部経済効果（追加的経済便益）としては、GMS域内の経済回廊の整備により、それぞれの国内での道路整備の効果以上に域内貿易や投資が促進され域内全体の経済成長が加速するといった側面があろう。例えば各国内の道路整備だけでなく陸路国境において通関手続きなどを簡素化することにより、国内プロジェクト以上に追加的な経済効果が期待できる。負の効果（追加的経済費用）としては、越境物流が活発化す

第2部　分野別に見た国際協力と地域統合

図7-1　メコン圏における経済廊構想

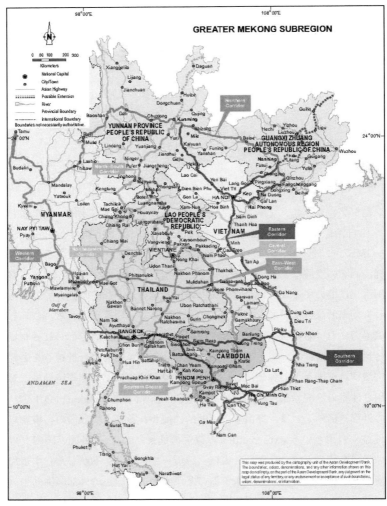

出所）ADB（2012）p.11.

ることによる違法伐採森林、違法薬物、違法動植物、武器などの密輸、違法労働移動、人身売買などの増加とそれに伴う地下経済の拡大といった側面があろう（Fujimura 2014）。

②の分配効果については、国内プロジェクトの評価においても利害関係者グループ間での便益と費用の分配状況をなるべく透明にすることが求められる（Fujimura 2012）。広域プロジェクトの評価においても参加国・地域間での便益と費用の分配について共通認識をもつことにより、政策協調や第三者（例えばアジア開発銀行（ADB）や日本政府）による外部協力分野の特定が可能になるだろう。具体的には、カンボジア、ラオス、ミャンマー、ベトナムといった後発諸国の資金不足やノウハウ不足を、タイや中国といった先発国や第三者が補うことにより、便益費用の分配をウィン・ウィン（両得）関係へと誘導することができよう。

本章ではこうした問題意識の下で筆者が関わった最新の研究結果を整理して紹介する。

2　経済回廊の輸送インフラ整備の費用対効果試算

藤村（2014a、2014b、2014c、2015a）では GMS における主要な経済回廊ごとに越境輸送インフラ整備や国境地帯の現状を報告するとともに、以下の通り、不完全なデータに基づく粗い試算ではあるが、輸送インフラ整備の部分的な費用対効果の試算を行った。

まず、南北回廊ラオス・ルートの雲南省区間とラオス区間について、道路整備の費用と経済効果を比較した（表7-1）。タイ区間については回廊沿いの道路整備費用の詳細な情報が入手困難なため捨象した。雲南省区間は回廊沿い地域の所得増加が2000年代後半に加速しているが、このかなりの部分に道路インフラ整備とそれに誘発された国内外からの投資増加が貢献しているものと想像される。特に昆明市については、地下鉄工事、長水新国際空港建設、観光開発、不動産投資など、道路整備以外の投資による所得増加への貢献が大きいと考えられるため、試算から除外した。試算からは、南北回廊ラオス・ルートの道路整備は費用対効果が純プラスであり、雲南省区間のほうがラオス区間よりも費用対効果が大きいと判断される。ラオス区間は通過2県の経済集積効果に限界があるのが一因であろ

表7-1 南北回廊ラオス・ルートの費用対効果試算（単位100万ドル）

通過地域	年平均GRP増加額推計 （100万ドル）		2008～11年GRP 累積増加額概算 （2011年価格）	道路整備 費用概算	GRP増加額／ 道路整備費用
雲南省区間	2000～05年	2005～11年		雲南省区間	
昆明市	1,078	3,964	21,216	4,027	2.97倍
玉渓市	187	1,390	7,438		（昆明を除く）
普洱市	130	518	2,773		
西双版納自治州	79	324	1,732		
雲南省全体	3,672	14,610			
ラオス区間		2006～11年		ラオス区間	
ルアンナムタ県		21	111	137	1.55倍
ボケオ県		19	102		
ラオス全体		1,163			

注1）道路整備費用、GRP増加額ともに、累計額計算には評価基準年（2011年）に対し12％の社会的割引率（ADBの経済評価基準率）を使用。
注2）雲南省区間の道路整備費用は玉渓・普洱間のADB融資案件の情報を援用。
注3）ラオス区間の道路整備費用はボーテン・ファイサイ間のADB融資案件の情報を使用。

う。ただし、ラオス区間の道路整備費用は中国政府、タイ政府、ADBがそれぞれ3分の1ずつを譲許的条件でファイナンスしたので、ラオスが実際に負担する費用と比べた費用対効果はここでの数字より高くなるはずである。このことは、3カ国以上を含む越境インフラ整備は関わる参加国がすべてウィン・ウィンの便益費用配分となることが前提なので、理にかなっている。

以上の試算について、厳密な便益費用分析の立場からの主な不足点を指摘しておく。第1に、2011年以降の所得増大効果、回廊通過地域以外への波及効果、所得以外の外部経済効果などを捨象しているので、その分は経済便益の過小評価となっている。第2に、道路インフラ以外に所得増大に貢献した変数を無視しているので、その分は経済便益の過大評価となっている。第3に、道路整備費用はプロジェクト完成時の推計で、その後長年にわたる実績ではないので、維持管理費用が過小評価されている可能性が高く、その分は経済費用の過小評価となっている。また、第4メコン国際橋が完成した2013年末以降はタイ・中国間の物流が急増することが予想されるため、この橋の建設費用に対して誘発される貿易・投資の効果を含み、タイへの裨益効果も含めて、数年後に新たにラオス・ルートの越

第7章　大メコン圏における輸送インフラ

表7-2　東西回廊のベトナム・ラオス区間の費用対効果試算（単位100万ドル）

経済便益	2008〜11年 GRP 累積増加額概算 2011年価格	コメント
ベトナム区間		
ダナン市	808.2	ダナンに国際港，ダナンとフエを結ぶ峠に
トウアティエン＝フエ省	437.1	ハイヴァン・トンネルがある．
クアンチ省	233.4	西にラオスと国境を接する．
ラオス区間		
サワナケート県	274.1	東にベトナム，西にタイと国境を接する．
経済費用項目	累積費用概算 2011年価格	備考
ベトナム1号線とベトナム・ラオスの9号線整備	135.1	ベトナム区間はJICAの円借款，ラオス区間はADB融資とJICAの円借款．
ラオス9号線の補修工事	39.9	JICAの無償援助．管理維持（O&M）費用を含まない．
第2メコン国際橋建設	73.3	JICAの円借款．
ハイヴァン・トンネル建設	139.2	JICAの円借款．
ダナン港改良	87.1	JICAの円借款．O&M費用を含まない．
	便益対費用比率	コメント
上記費用をすべて考慮	0.69倍	かなり保守的な試算
ダナン港改良費用を除く	1.46倍	やや保守的な試算
ダナン港改良，ハイヴァン・トンネル建設費用を除く	2.44倍	やや楽観的な試算

注1）便益・費用ともに、累計額計算には評価基準年（2011年）に対し12%の社会的割引率（ADBの経済評価基準率）を使用した。
注2）道路整備事業はダナン・ドンハー区間、ドンハー・ピン（Phin）区間、ピン・サワナケート区間に3分割されるが、ADB融資案件とJICA融資案件の情報を利用して概算した。
注3）第2メコン国際橋建設、ハイヴァン・トンネル建設、ダナン港改良の経済費用はそれぞれのJICA事業報告書の情報を利用した。
注4）ダナン市とトウアティエン＝フエ省の累積GRP増加額は便益側から除いた。

境輸送インフラ整備について再評価する必要がある。

　次に東西回廊のベトナム・ラオス区間について試算した（表7-2）。タイ区間については回廊沿いの道路整備費用の詳細な情報が入手困難なため捨象した。経済費用としてはダナンからサワナケート・ムクダハン国境までの道路・橋梁・港湾・トンネルのインフラ整備に関する建設コストおよび維持管理費をデータ入手可能な範囲で拾った。各インフラ整備項目と所得増加の間の因果関係を明確に特

定するのが困難であるため、保守的な試算と楽観的な試算を両方試みた。また、ベトナムのダナン市とフエ省は都市経済圏であり、ここで考慮する回廊インフラ整備以外の変数による所得増加への貢献が支配的であると考えられるため、試算から除外した。その結果、9号線の整備およびその後の補修、第2メコン国際橋架橋、ハイヴァン・トンネル建設、ダナン港改良のすべての費用項目を含む保守的な試算では費用対効果が純マイナスとなった。ダナン港改良費用を除いたやや保守的な試算では、費用対効果がプラスに転じ、さらにハイヴァン・トンネルの建設費用を除いた試算では費用対効果が大きく改善する。東西回廊沿いにはバンコクやホーチミンのような大きな経済圏がなく、むしろ各国の低所得地域を結ぶことによる貧困削減効果を主眼とした公共部門主導の先行投資という性格が強いことが当初より認識されていた。ここでの試算はその点をある程度裏付ける結果といえる。ただし、上記同様に、ここでの試算の主要な不足点としては、2011年以降の所得増大効果、回廊通過地域以外への波及効果、所得以外の外部経済効果などを捨象しているので、その分は経済便益の過小評価となっている点、ここで考慮したインフラ整備費用以外に所得増大に貢献した変数を無視しているので、その分は経済便益の過大評価となっている点がある。

　次に、南部回廊のカンボジア・ベトナム区間について試算した（表7-3）。タイ区間については回廊沿いの道路整備費用の詳細な情報が入手困難なため捨象した。経済費用としてはアランヤプラテート・ポイペト国境からプノンペンを経てホーチミンへ至るまでの道路インフラ整備のコストをデータ入手可能な範囲で拾った。また、プノンペン市、ホーチミン市、バリア=ヴンタウ省は都市経済圏および港湾地区であり、ここで考慮する道路インフラ整備以外の変数による所得増加への貢献が支配的であると考えられるため、これらの地域の所得増加は便益から除外した。

　その結果、便益対費用比率は約4倍と試算され、本回廊整備の経済性は優れていると判断される。ただし、上記同様に、主な不足点は、2011年以降の所得増大効果、回廊通過地域以外への波及効果、所得以外の外部経済効果などを捨象しているので、その分は経済便益の過小評価となっている点、ここで考慮したインフラ整備費用以外に所得増大に貢献した変数を無視しているので、その分は経済便益の過大評価となっている点である。

第7章　大メコン圏における輸送インフラ

表7-3　南部回廊のカンボジア・ベトナム区間の費用対効果試算（単位100万ドル）

経済便益	2008～11年 GRP 累積増加額概算 2011年価格	コメント
カンボジア区間		
バンテアイミンチャイ州	242.1	西にタイと接する
バッタンバン州	363.8	⎫ トンレサップ湖の南を横断する国道5号線
プルサート州	128.7	⎬ が通過する
コンポンチナン州	160.9	⎭
プノンペン市	817.5	プノンペン河川港を擁する
カンダル州	207.5	⎫ カンダル州とプレイベン州の州境をなすメ
プレイベン州	264.4	⎬ コン川にネアクルン大橋を建設中
スバイリエン州	134.4	南東にベトナムと接する
ベトナム区間		
タイニン省	423.2	北西にカンボジアと接する
ホーチミン市	5,529.8	⎫ サイゴン港とヴンタウ港の中間に，カイ
バリア＝ヴンタウ省	519.2	⎬ メップ＝チーバイ港を拡充中
経済費用項目	累積費用概算	コメント
ポイペト・シソポン間	16.45	管理維持（O&M）費用を含まない
シソポン・ネアクルン間	40.98	この区間は補修事業なのでサンクコストが無視されている分，経済費用が過小評価
ネアクルン・ホーチミン間	475.45	メコン川フェリー関連の費用は含まない
便益対費用比率	4.05倍	

注1）便益・費用ともに，累計額計算には評価基準年（2011年）に対し12%の社会的割引率（ADBの経済評価基準率）を使用した。
注2）道路整備費用はプノンペン・ホーチミン間ハイウェイ事業，ポイペト・シエムリアブ間道路建設事業，国道網補修事業の3つのADB融資案件の情報を利用して概算した。
注3）プノンペン市，ホーチミン市，バリア＝ヴンタウ省の累積GRP増加額は便益側から除いた。

　以上、便益費用分析のアプローチから粗い試算を試みたが、その際の制約は、回廊ごとのインフラ整備費用の総合的なデータ把握の困難もさることながら、どの整備部分がどのような因果関係をもって長期的に回廊沿い地域の所得向上等につながるかの帰属関係（attributability）が特定困難であること、反事実仮想（counterfactual）の設定次第で結果が頑強ではないことなどである。こうした分析上の制約は国内プロジェクトの評価にも共通するが、広域プロジェクトの評価

ではより厳しくならざるを得ない。以上の試算は、詳細データ（特に中国とタイの公共投資事業における詳細情報）の入手可能性次第で変動する可能性のある、さらなる精査の対象と考えていただきたい。

3　地方レベルのパネルデータによる経済回廊効果分析

藤村（2015b）では便益費用分析の直接的なアプローチから離れ、経済回廊沿いの生活水準変化に関係しているであろう標準的な変数をベースに、経済回廊の整備がどの程度回廊沿い地域に追加的な生活水準上昇効果を与えているのかを、地方レベルのパネルデータに基づく回帰分析によって間接的に拾いあげることを試みた。カンボジアについては24市・州、ラオスについては17市・県、ミャンマーについては14州・管区、ベトナムについては63市・省、タイについては76市・県、雲南省については16市・自治州、広西チワン族自治区については14市の合計224の行政単位について2001〜2012年におけるパネルデータを、各国・各省の統計年鑑のデータを基に作成した。

推計式としては、新古典派経済成長モデルを応用した成長会計の枠組みに準じ、1人当たり実質経済成長率を被説明変数とし、説明変数に人口成長率、物的資本成長率、人的資本成長率を加えた上で、本章の関心対象である経済回廊に係わる道路輸送部門の変数と経済回廊や物流拠点としての諸ダミー変数を加えた。その推計結果は表7-4の通りである。推計モデルの選択は松浦・マッケンジー（2012, p.319-348）に従い、表7-4の2行目に示した通りである。

基本的な推計式(1)については、人口成長率の係数が負、資本ストック成長率の係数が正、人的資本ストック成長率の係数が正、とそれぞれ想定通りの符号を得たが、統計的有意を示したのは人的資本成長率のみだった。多様なGMS参加国・地域の統計上のバラつきがあるため、明確な結果が出なかったのかもしれないが、この基本推計式をベースとすることに大きな問題はないと考える。

次に基本推計式(1)に道路輸送関連の2変数を加えた推定式(2)については、2つとも有意に正の係数となった。したがって、GMS域内での道路物流増大が域内の所得水準向上に貢献していると解釈できる。多重共線性の可能性については各変数間の相関係数が最大でも0.3未満であり、大きな問題はないと考える。

経済回廊に関する総合ダミー変数を加えた推計式(3)の推定結果については、同ダミーについて有意な係数が得られた。弱い有意水準ではあるが、GMS 域内での経済回廊のインフラ整備が全体として域内の所得水準向上に「追加的」に貢献していると解釈できる。経済回廊が上述した正の外部経済効果を有しているものと考えられる。一方、国際空港ダミーが有意に負の係数を得たことも興味深い。様々な解釈が可能だろうが、国際空港が立地する首都および主要都市を含む地域は2000年初期時点までにすでに所得水準が高く、その後の成長率が他地域と比べて相対的に低いという収斂現象が起こっていると解釈できなくはない。そうだとすれば、GMS において、そもそも経済回廊構想が想定するように、経済活動が回廊の結節点地域に集積（agglomeration）する段階から、周辺へ分散（dispersion）する段階へ入っているのかもしれない。

個別の経済回廊の効果については、データのアンバランス度が大きいため、基本推定式からの延長上では推定できなかった。そこで備考(4)式のように、理論的根拠はないが、10回廊のダミー変数のみで推定し、各回廊の経済効果の差異を検討した。その結果、北部回廊（ミャンマー中部からシャン州、雲南省を経て広西チワン族自治区の沿岸都市防城港へ抜けるルート）と南北回廊（雲南省の昆明からラオス北西部またはミャンマー北東部を経てバンコクへ至るルート）については強く有意に正の効果が表れた。この 2 回廊については輸送インフラ整備のプラス効果が対象期間中にすでに表れていると考えられる。一方、東部回廊 1 （昆明とハノイを結ぶルート）と南部沿岸回廊（バンコクからカンボジア沿岸経由でベトナム最南端のカマウ省を結ぶルート）は弱く有意に負の効果が表れた。前者についてはハノイからラオカイ国境までの道路が2012年時点までは劣悪であったこと（藤村 2015a）、後者についてはカンボジア・ベトナム間の沿岸ルートの物流が盛んでないこと（藤村 2014c）などが影響しているものと考えられる。

以上、制約の大きいデータ（詳細は、藤村 2015b）に基づく分析ではあるが、GMS 域内で経済回廊の輸送インフラ整備が全体としてプラスの追加的貢献をしていることが確認できた。また、経済回廊の集積効果から分散効果へと段階が進み、収斂現象が起きているかもしれないという暫定結果も出た。ただし、こうした分析手法からは、各回廊に個別な経済効果を拾いあげるのは困難であることもわかった。パネルデータ分析のメリットは、観測数を増やせるとともに因果関係

表7-4 地方レベルのパネルデータによる推計結果

説明変数	推計式(1) 固定個別効果	推計式(2) 変量個別効果	推計式(3) 変量個別効果	備考(4) 変量時点効果
定数項	0.0773***	0.0419***	0.0383***	0.0778***
人口成長率	-0.2768	-0.2731	-0.1051	
物的資本成長率	0.0057	0.0068	0.0052	
人的資本成長率	0.0418*	0.0309*	0.0322*	
乗用車輸送増加率		0.1478***	0.1482***	
商用車輸送増加率		0.0709**	0.0794**	
国際陸路国境ダミー			-0.0084	
ローカル陸路国境ダミー			0.0046	
国際空港ダミー			-0.0363**	
国際河川港ダミー			-0.0061	
国際港湾ダミー			0.0054	
経済回廊総合ダミー			0.0150*	
経済回廊C1ダミー				0.0055
経済回廊C2ダミー				-0.0108
経済回廊E1ダミー				-0.0263*
経済回廊E2ダミー				0.0124
経済回廊E3ダミー				0.0084
経済回廊EWダミー				-0.0026
経済回廊Nダミー				0.0636***
経済回廊NSダミー				0.0359***
経済回廊Sダミー				-0.0092
経済回廊SCダミー				-0.0254**
サンプル数	490	369	369	1743
R^2(決定係数)	0.2931	0.0927	0.1131	0.0519

注1) *** は1%、** は5%、* は10%の有意水準を示す。
注2) C1は中央回廊1(雲南省・ラオス国境からビエンチャンを経てタイを縦断してサタヒップへ至るルート)、C2は中央回廊2(ビエンチャンからラオスとカンボジアを縦断してシハヌークビルへ至るルート)、E1は東部回廊1(上述)、E2は東部回廊2(広西自治区の南寧とハノイを結ぶルート)、E3は東部回廊3(広西自治区の防城港から沿岸部を経てハノイへ至るルート)、EWは東西回廊(ミャンマーのモーラミャインからタイ中部、ラオス中南部を経てベトナム中部のダナンへ至るルート)、Nは北部回廊(上述)、NSは南北回廊(上述)、Sは南部回廊(バンコクからプノンペンを経てホーチミンへ至るルート)、SCは南部沿岸回廊(上述)をそれぞれ指す。
注3) 以上の回廊のほかに、図7-1には西部回廊(ヤンゴンからネピドー経由でインド国境へ至るルート)や南部サブ回廊(バンコクからトンレサップ湖の北側を経てベトナム南部のクイニョンへ至るルート)も含まれるが、現時点でこれらは道路や架橋の未整備箇所が多く、本分析から除外した。また、図7-1には東部回廊としてベトナム沿岸を縦断するルートの表示もあるが、この部分は純粋な国内インフラとみなして本分析から除外した。

図7-2 電気機器および輸送機器の中間財と最終財のGMS域内貿易推移（単位10億ドル）

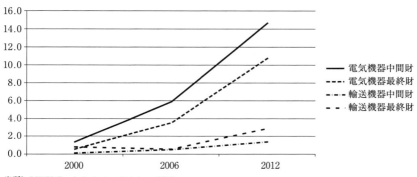

出所）RIETI Trade Industry Database 2012.

の信頼性を高める点にあるが、本稿のように欠損データが多く、アンバランス度が大きいデータセットにおいてはそのメリットが十分に生かせたかどうかは課題が残る。特に、地方別および年別での固定効果が測れなかったため、地理的および年別の特殊要素を検出できず、推定結果について詳細な注釈を加えることができなかった。これらの点がGMSを対象とした同様の分析には課題として残る。

4　重力モデルによる輸送インフラ整備の域内貿易効果分析

　小野・藤村（2015）ではGMS域内でサービス・リンク・コストの低下に伴う工程間分業がどの程度進展しているのかという視点から、電気機器と輸送機器に絞り、中間財と最終財に分け、重力モデル（万有引力の法則を援用し、貿易額は貿易ペアの経済規模の積に比例し、距離に反比例するという命題に基づく）を用いて輸送インフラの整備がそれぞれの域内貿易に与える影響を検討した。図7-2はGMS域内での電気機器および輸送機器の中間財と最終財の対域内輸入額の合計推移を示す。域内ではいずれの貿易額も増加基調にあるが、電気機器貿易の伸びが高いことがわかる。電気機器貿易は中間財が最終財を上回っているが、輸送機器は最終財貿易が中間財貿易を上回っている。電気機器についてはGMS域内で製品生産の工程間分業が進展しており、最終財の多くは欧米市場を中心に主に域外へ輸出されているという構造が見て取れる。輸送機器においては域内におい

表7-5 基本重力モデルの推計結果

説明変数	電気機器		輸送機器	
	中間財	最終財	中間財	最終財
X_GDP	1.061***	1.424***	0.990***	1.050***
M_GDP	0.437***	0.373***	0.343***	-0.218*
X_PGDP	1.563***	1.074***	1.594***	1.187***
M_PDGP	0.638***	0.730***	0.316	0.652***
DISTANCE	-0.457	-0.922***	-0.748*	-1.370***
サンプル数	284	284	253	277
R^2（決定係数）	0.628	0.617	0.568	0.626

注）*** は 1 %、** は 5 %、* は10% の有意水準を示す。

て工程間分業がさほど進んでおらず、タイ、中国、ベトナムといった輸送機器産業が集積する生産地（ベトナムは圧倒的に二輪車が主体）において、中間財は日本など域外から輸入され、最終財が域内へ輸出されるという構造が見て取れる。

　上記同様に、アンバランス度が大きいという制約下ではあるが、GMS 諸国（データ制約により中国南部の2省は中国全体のデータで置き換えた）の2000〜2012年を対象としパネルデータを用い、表7-5の通り、基本重力モデルによる推計結果を得た。X_GDP は輸出国側 GDP、M_GDP は輸入国側 GDP、X_PGDP は輸出国側 1 人当たり GDP、M_PGDP は輸入国側 1 人当たり GDP をそれぞれ示す。上記同様、推計モデルの選択は松浦・マッケンジー（2012, p.319-348）に従い、電気機器の最終財は固定時点固定効果モデル、それ以外は変量時点効果モデルの選択となった。重力モデルが想定する通り、GDP に正、二国間の距離（distance）について負の係数が有意に得られた。輸送機器の最終財の輸入国 GDP は負の符号で有意性が得られたが、これは、カンボジア、ラオス、ミャンマーといった、経済規模の小さい国と、中国という経済規模が巨大な国との貿易額の関係において、大国バイアスが反映されたと解釈できよう。中国全体でなく、雲南省および広西チワン自治区の相手国別貿易データが適用できたとしたら、結果は異なったかもしれない。1 人当たり GDP については、機械産業における資本集約度の代理変数として、想定通り正に有意な係数が得られた。

　次に、2000〜2012年の期間に進展した輸送インフラ整備をインフラダミー（前節と同様の設定）として加え、推計した結果が表7-6である。電気機器の中間財

表7-6 インフラダミーモデルの推計結果

説明変数	電気機器		輸送機器	
	中間財	最終財	中間財	最終財
X_GDP	1.297***	1.458***	0.976***	1.030***
M_GDP	0.607***	0.390***	0.306***	-0.262**
X_PGDP	1.461***	1.059***	1.604***	1.166***
M_PDGP	0.637***	0.709***	0.330	0.638***
DISTANCE	-0.923	-0.965***	-0.637*	-1.241***
INFRA	1.063***	0.818***	0.867***	1.035***
サンプル数	284	284	253	277
R^2（決定係数）	0.655	0.624	0.591	0.653

注）*** は1％、** は5％、* は10％の有意水準を示す。

は固定時点効果モデル、それ以外はすべて変量時点効果モデルの選択となった。ここでもほぼすべての説明変数について重力モデルが想定する符号で有意な結果が得られ、その上で、インフラダミー（INFRA）について正の符号で有意性が得られた。このことから、本章の焦点である輸送インフラ整備については域内貿易の拡大効果をある程度確認できたと思われる。

以上、GMS域内において輸送インフラの整備が電気機器および輸送機器の中間財貿易に正の効果を与えていることから、域内の工程間分業を促進していると考えられる。つまり、輸送インフラの整備が、特に電気機器においてサービス・リンク・コストの低下につながり、工程間分業を促進していると解釈できよう。

ただし、本分析の課題は、タイやベトナムに比べると、カンボジア、特にラオス、ミャンマーは統計値が観測できない年が存在するなど、データの信頼性が不安定であること、中国の雲南省、広西チワン族自治区の個別の詳細な貿易データを公式資料から取るのが困難であったことなどの点である。中国全体の貿易データで代用したため、GMS域内のインフラ整備ダミーに関する推計結果がそのままGMS域内貿易効果であるとはストレートに解釈できない点は苦しい。これらの問題点をクリアしていくことが、この地域を対象とした同様の分析において今後の課題である。

5 結び

　本章では、メコン地域の広域経済協力における輸送インフラ投資の経済評価という視点で、3つの異なるアプローチから行った分析を紹介した。第1に、南北経済回廊、東西経済回廊、南部経済回廊のそれぞれについて、部分的に便益対費用比率の試算を行った。その結果、南部回廊における輸送インフラの経済性が最も優れており、次いで南北回廊、そして東西回廊という試算が得られた。ただし、同地域では港湾整備や架橋の整備が続々と進行しており、より長期的かつ包括的データによる再評価でこれらの結果を更新していく必要がある。第2に、経済回廊沿いの生活水準変化に関係する標準的な変数をベースに、経済回廊の整備がどの程度回廊沿い地域に追加的な生活水準上昇効果を与えているのかを、地方レベルのパネルデータに基づく回帰分析によって間接的に拾いあげることを試みた。その結果、メコン地域内で経済回廊の輸送インフラ整備が全体としてプラスの追加的貢献をしていることが確認できた。また、経済回廊の集積効果から分散効果へと段階が進み、収斂現象が起きているかもしれないという暫定結果も出た。第3に、メコン地域でサービス・リンク・コストの低下に伴う工程間分業がどの程度進展しているのかという視点から、電気機器と輸送機器に絞り、中間財と最終財に分け、重力モデルを用いて輸送インフラの整備がそれぞれの域内貿易に与える影響を検討した。その結果、輸送インフラ整備が電気機器および輸送機器の中間財貿易に正の効果を与えていることから、輸送インフラの整備が、特に電気機器においてサービス・リンク・コストの低下につながり、工程間分業を促進していると解釈できる。

参考文献

小野奈美・藤村学（2015）「メコン地域における輸送インフラ整備の域内貿易効果」、青山学院大学経済学部未公表論文。
藤村学（2014a）「大メコン圏における経済回廊の現状と越境輸送インフラの経済効果（その1）――南北回廊および北部回廊」、青山経済論集、第66巻第1号。
藤村学（2014b）「大メコン圏における経済回廊の現状と越境輸送インフラの経済効果（その2）――東西回廊とその関連ルート」、青山経済論集、第66巻第2号。

藤村学（2014c）「大メコン圏における経済回廊の現状と越境輸送インフラの経済効果（その3）——南部回廊および南部沿岸回廊とその関連ルート」、青山経済論集、第66巻第3号。

藤村学（2015a）「大メコン圏における経済回廊の現状と越境輸送インフラの経済効果（その4）——東部回廊とその関連ルート」、青山経済論集、第66巻第4号。

藤村学（2015b）「大メコン圏における経済回廊効果——地方レベルのパネルデータ分析」、青山経済論集、第67巻第1号。

松浦克己・コリン=マッケンジー（2012）『EViewsによる計量経済分析（第2版）』、東洋経済新報社。

ADB (Asian Development Bank) (2012) GMS Economic Cooperation Program: Overview, Manila.

Fujimura, Manabu (2012) "Projects and MDGs: Estimating Poverty Impact," in David Potts and John Weiss, eds. *Current Issues in Project Analysis for Development*, Edward Elgar.

Fujimura, Manabu and Ramesh Adhikari (2012) "Evaluation of Regional Infrastructure," in B.N. Battacharyay, M. Kawai and R.M. Nag, eds. *Infrastructure for Asian Connectivity*, ADBI with Edward Elgar.

Fujimura, Manabu (2014) "Regional Integration and Illicit Economy in Fragile Nations: Perspectives from Afghanistan and Myanmar," in Arsenio Balisacan et al., eds. *Sustainable Economic Development: Resources, Environment and Institutions*, Elsevier.

第8章

AIIBと中国の対外経済協力

遊川和郎

1 はじめに

　21世紀最初の10年で中国と中国を取り巻く環境は一変した。2001年末の世界貿易機関（WTO）加盟を契機に世界経済との一体化を一層深めた中国は、2001～10年の平均経済成長率は10.5％に達し、国内総生産（GDP、名目）は伊、仏、英、独の西側先進国を相次いで追い抜いた。1980年代は外貨繰りに汲々とする途上国だったが1990年代以降は貿易黒字が定着し、2006年2月には外貨準備で日本を抜いて世界一となった。2000年代最初の10年の後半、世界経済のあらゆる分野で中国の存在が量的、質的に一線を越えたと言ってよい。

　そして2010年にGDPで日本を上回り、世界第2の経済大国となった中国は、それまでと外交政策を大きく転換した。1980年代から約30年間は改革開放政策の下、立ち遅れた経済をいかに発展させるか、そのためには日本を含む西側先進国からいかに資本と技術を導入するかが最大の焦点であり、その目的に沿った外交が展開されていた。

　そうした外交の大きな転機となったのが2008年に米国で発生したサブプライム危機とそれに続く2010年の欧州債務危機である。それまで中国が頼りにしていた先進国経済は大きなダメージを受け、逆に国際社会は成長著しい中国に世界経済のけん引役や資金の出し手となることを期待するようになり、双方の立場が逆転した。

　米欧発の世界的な金融危機をきっかけに、それ以前のように先進国（G8）だけで世界経済を舵取りすることはもはや不可能となった。グローバル化が進んだ

世界経済の重要課題を解決するには、急速に成長する新興国との協調が必要不可欠となり、主要新興国を加えた20カ国・地域（G20）首脳会議が2008年にスタートした。そして第3回目（2009年9月）のピッツバーグ会議で、G20は「第一の定例協議」の場に格上げされた。一方で20カ国・地域となれば先進国と途上国（新興国）という立場の違いはもちろん、メンバー内の利害関係は錯綜し、意見調整は一層困難となっているのが現実である。

　中国はそれまで欧米先進国が決めた既存の国際秩序の中で経済力を高めながら自らの発言権を徐々に強めていくことを強いられてきたが、リーマンショック後は自国に有利な国際秩序の構築がその中心課題となってくる。中国のポジションは一言でいえば、先進国とは決定的な対立は避けながら、新興国の利益を代弁、代表する形で自らに望ましい国際秩序を形成していくことである。

　2012年11月に「中国の夢」「中華民族の偉大な復興」を掲げて政権に就いた習近平中国共産党総書記は、翌2013年の9月と10月、カザフスタンとインドネシア訪問時の演説で満を持して「シルクロード経済ベルト」、「21世紀海上シルクロード」の構想をそれぞれ初めて提起した。この二つの構想を併せてその後「一帯一路」と呼ぶ。インドネシア国会で「21世紀海上シルクロード」を提起した演説では、同時にアジアインフラ投資銀行（Asian Infrastructure Investment Bank：AIIB）の設立も提唱した。そして中国国内では同年10月末に周辺外交政策座談会、2014年11月には中央外事工作会議を8年ぶりに開催し、周辺国との戦略的な重要性、長期的な関係、連携緊密化の必要性を確認したのである。

　中国が提唱する「一帯一路」はマーシャルプランに、またAIIBをブレトンウッズ体制に擬えて、第二次大戦後の米国が構築した国際秩序に取って代わろうとする中国の意図があると指摘する見方もある。これをどう考えればよいのだろうか。

　本章では、経済力を増した中国が既存の国際秩序から自国に有利な国際秩序を構築するためにどのような外交通商政策を展開しているのかを整理し、その重要な柱となるAIIB構想について論じる。

2　中国の対外経済協力

2.1　被援助国から援助国へ

　中国は1949年の建国後、社会主義兄弟国である朝鮮、ベトナムへの物資援助に始まり、1955年の第１回アジア・アフリカ会議（通称バンドン会議）を経て社会主義国のみならず幅広く途上国に拡大し、翌56年からアフリカ諸国への援助を開始した。1964年には「対外経済技術援助８原則」を発表、この原則が今日もなお対外援助の指針となっている。８原則とは、以下の内容である。

①援助は平等互恵の原則に基づき、一方的に与えられるものとはみなさない。
②被援助国の主権を厳格に尊重し、いかなる付帯条件も付けない。
③無利子あるいは低利で援助を提供し、必要に応じて償還期限の延長など被援助国の負担を可能な限り少なくする。
④援助の目的は中国への依存を増すことではなく、自力更生、経済的な独立発展を支援するものである。
⑤援助プロジェクトは、少ない投下資金で即効性があり、被援助国の収入増、資本蓄積に寄与するものとする。
⑥中国は自国で生産可能な最も質の高い設備と物資を国際市場価格で提供する。
⑦技術援助は被援助国で十分に技術を消化できるようにする。
⑧専門家を派遣する場合、被援助国専門家と同等の待遇条件とし特別の配慮を要しない。

　1980年代、中国は改革開放政策の実施で、それまでの自力更生から海外の資金を活用した経済建設に転換した。国際機関からの融資や政府開発援助（Official Development Assistance：ODA）、さらに民間資本を積極的に受け入れることで驚異的な経済発展を実現した。そして中国は自国が援助や直接投資を利用して発展した経験を基に、1990年代に入ってからは他国、自国双方にとってメリットのある経済協力のあり方を模索し始める。

　1993年、中国の中小企業が海外で合弁生産できるよう、途上国から返済された借款の元本を利用した「合弁合作プロジェクト基金」を設立。1994年には中国輸出入銀行を設立し、途上国向け中長期の優遇借款が開始された。優遇借款は貸付利息の一部を中国政府が輸出入銀行に補てんする仕組みであり、比較的少額の援

助資金で規模の大きいプロジェクトを実施することが可能なことに加え、タイドローンで中国企業が設備資材や労働力を輸出することも可能である[1]。2000年には、中国アフリカ協力フォーラム（Forum on China–Africa Cooperation：FOCAC）を創設し、本格的に対アフリカ援助に乗り出した。

FOCAC以外にも、国連開発資金国際会議、国連ミレニアム開発目標（MDGs）ハイレベル会合、上海協力機構（Shanghai Cooperation Organization：SCO）、中国ASEAN首脳会議、中国カリブ経済貿易協力フォーラム、中国太平洋島嶼国経済発展協力フォーラム、中国ポルトガル語圏諸国経済貿易協力フォーラムといった多国間のプラットフォームも活用している。

また、2007年に中国アフリカ開発基金（50億ドル）、2009年に中国ASEAN投資協力基金（100億ドル）を創設、2014年に中国—ユーラシア経済協力基金（第1期10億ドル、最終50億ドル規模）の立ち上げを宣言するなど、資源開発や交通・通信インフラなど幅広い分野での経済技術協力プロジェクトに投資が行われている。

このように1990年代半ばから本格化した中国の途上国への経済協力は、特にウィン・ウィンが強調され、輸出振興や中国企業の海外進出促進など中国経済、中国企業への恩恵を強く意識したものになっているのが大きな特徴である。この時期、中国経済は先進国に偏った輸出先の多角化や中国企業の海外展開を後押しする「走出去」政策を開始、また急激な経済発展に伴う資源確保の重要性が強く認識され始めたことなどが、援助と一体化した海外への投資につながったものと考えられる。

2012年の第18回中国共産党大会では、「平和、発展、協力、ウィン・ウィン」の外交方針が掲げられた。中国が相手国に資金を提供して経済建設に協力することを通して、相手国との良好な外交関係を築くとともに自国への経済的な利益という、外交と経済の両取りを目論む姿勢が明確になっている。

---

[1] 下村恭民、大橋英夫＋日本国際問題研究所編（2013）、第1章（渡辺紫乃「対外援助の概念と援助理念」）。

2.2 中国式援助への批判と反論

　海外から資金や技術の援助を受けて成長した中国は他国に援助する側に回り、いわゆる「新興ドナー」の代表的な存在として国際社会の注目を集めるようになった。それは、経済協力開発機構（OECD）の開発援助委員会（DAC）を中心とする「伝統的ドナー」とその考え方や手法と大きく異なるからである。

　まず、政治的コンディショナリティーの有無である。民主主義、人権、良い統治（グッドガバナンス）、貧困削減など普遍的な価値を重視する伝統的ドナーに対し、中国は内政不干渉を大原則としており、一切の付帯条件を否定する。その一方で、貿易・投資・援助の境界は必ずしも明確ではなく（むしろ一体化）、自国から労働者を派遣したり資機材調達に条件を付けたりすることも一般的である。援助というよりもビジネスの側面が強い。また「アンゴラ・モデル」と呼ばれるような、借款を産出される原油で返済する資源獲得目的の援助も行われている[2]。

　こうした批判を受け、中国は2011年4月と2014年7月の2回、『対外援助白書』を発表している。いずれも経済発展を遂げた中国に対する国際貢献を求める声やその一方で不透明な援助に対する批判への反論を目的としたものである。

　同白書によれば、1950〜2009年の累計援助額が2562億9千万元、2010〜12年が893億4千万元で、無償援助、無利子借款、優遇借款の3つの類型に分類している（表8-1）。無償援助と無利子借款は財政から支出され、優遇借款は中国政府が中国輸出入銀行を指定して対外的に提供する。1950〜2009年では無償援助の比率が高かったが、2010〜12年では優遇借款が過半を占めている。無償援助は主に病院や学校、低コスト住宅の建設、井戸掘削などの中小型社会福祉プロジェクトで、優遇借款は前述のように1994年の中国輸出入銀行設立を機に始まり、インフラや産業プラント、資源・エネルギー開発を中心に利用されている。援助相手国はいずれの期間もアジアが30カ国、アフリカが51カ国と大半を占め、その他に中南米が18カ国（2010〜12年は19カ国）、欧州12カ国、大洋州12カ国（同9カ国）となっている。

　政治的な条件を付けないで実施される中国の援助は財源の乏しい相手国にとって期待は大きく、西側の援助に比べて使い勝手がよいのも事実であるが、その一

2）注1）に同じ、第5章（稲田十一「中国の『四位一体』型の援助」）。

表8-1　中国の対外援助（単位：億元）

	無償援助	無利子借款	優遇借款	合計
1950〜2009年	1062.0（41.4）	765.4（29.9）	735.5（28.7）	2562.9（100.0）
2010〜2012年	323.2（36.2）	72.6（8.1）	497.6（55.7）	893.4（100.0）
計	1385.2	838.0	1233.1	3456.3

出所）『対外援助白書』（2011年4月、2014年7月）に基づき筆者作成。
注）（　）内は各期間中の援助の各割合。

方で政権との癒着や腐敗を招来することも懸念されている。ミャンマーでは軍事政権下、援助と引き換えに大規模な開発権益を次々と中国に与えていたが、2011年の民政移管後はその見直しが相次いでいる。スリランカでも2015年1月に大統領に就任したシリセナ氏は前政権の「中国一辺倒」に疑問を呈し、中国が推進するコロンボでの大型港湾開発を差し止めた。このように経済的な中国への依存が国内での反発を招き、揺り戻しが生じやすいという問題も中国式の援助は有している。

2.3　「一帯一路」構想の提唱

　ここまで述べてきた中国の対外経済政策は主に胡錦濤指導部まで（〜2012年）が中心となるが、習近平総書記になって打ち出されたのが周辺外交重視と「一帯一路」政策である。

　中国は陸上で国境を接する国が14、海上を含めると29カ国に及ぶ。習近平総書記は2013年9月と10月、中国はこれらの国々と運命共同体であると強調し、シルクロード経済ベルト、21世紀海上シルクロード構想を自ら外遊先で提起し、その後はこの構想が党の中心政策として周知された。参加国を限定して交渉する環太平洋経済連携協定（Trans-Pacific Partnership：TPP）に対し、同構想は「中国の発展という列車に相乗りを歓迎する」として「来るものは拒まず」の姿勢で周辺諸国に高速鉄道・空港・埠頭・通信など各分野での相互接続推進を呼びかけた。「一帯一路」は成長著しい東アジア経済圏と先進欧州経済圏を結び、その中間には巨大な潜在力を有する中央アジア諸国が位置するという構図で、同構想に関係する国の数は60を超え、人口約44億（世界の63％）、GDP21兆ドル（同29％）と膨大な規模に及ぶ[3]。

周辺諸国、なかでも内陸の途上国にとってこうしたインフラ建設は極めて魅力的な提言であり、経済発展の起爆剤としての期待は大きい。また陸路で結ばれることにより中国市場へ接近可能となる欧州にとっても大いに歓迎すべき構想である。

シルクロード経済ベルトは、①中央アジア、ロシアを経てヨーロッパ（バルト海）に至るルート、②中央アジア、西アジアを経てペルシア湾、地中海に至るルート、③中国を出発して東南アジア、南アジアを経由してインド洋に抜けるルート、の3本が想定されている。これに加えて「バングラデシュ・中国・インド・ミャンマー経済回廊」、「中国・パキスタン経済回廊」、「中国・モンゴル・ロシア経済回廊」と周辺の鉄道網計画は目白押しである。

21世紀海上シルクロードも東南・南西アジア、中東を経由する海路で、特に「真珠の首飾り」と呼ばれるチャオピュー（ミャンマー）、チッタゴン（バングラデシュ）、ハンバントタ（スリランカ）、マラオ（モルディブ）、グアダル（パキスタン）というインド洋の港湾整備も中国の支援で進められている。

同構想は当初は周辺諸国との緊張緩和や交流促進といった外交戦略として提起されていたが、後述のシルクロード基金やAIIBをはじめ、中国の資金を利用した経済協力の側面が強くなったことから、「中国版マーシャルプラン[4]」と呼ぶ内外のマスコミも少なくない。しかし中国国内では、マーシャルプランは経済復興援助を通して欧州をソ連（東側）に対抗する力にしようとする意図があったのに対し、「一帯一路」は平和発展を推し進める協力であり、ウィン・ウィンであると違いを強調する論調が主流である[5]。

また、同構想は当初は国内経済対策の側面は触れられていなかったが、2015年3月に国家発展改革委員会、外交部、商務部が共同で発表したその展望と行動では、国内経済へのメリットも強調されるようになった。交通・輸送インフラ以外

---

3) 『人民日報』2015年3月9日付。
4) 第二次世界大戦で被災した欧州諸国のために、米国が推進した復興援助計画。西欧諸国の戦後復興に一定の貢献をするとともに、米国企業に巨大な欧州市場を提供したとも言われる。
5) 例えば、"一帯一路"倡议绝非"中国版马歇尔计划"。http://news.xinhuanet.com/politics/2015-03/01/c_1114475737.htm （2015年4月28日確認）。

にも石油・天然ガスの輸入パイプライン、発電所などのエネルギー関連、開発区建設が予想されることから、鉄など素材産業の国内過剰生産問題解消を目論む声も強い。交通インフラの整備で2016～2020年にかけて中国から沿線諸国へ1.5億人、逆に中国へは8500万人の観光客が訪れると予想され、観光関連産業への波及も期待される。このように、それぞれの地方や各産業部門はビジネスチャンスと見て我も我もと同構想に乗じたプロジェクトを打ち出しているのが現状である。

一方、中国は同構想を含め、インフラ建設の資金ギャップの解決方法として官民パートナーシップ（Public-Private Partnership：PPP）の枠組み導入にも力を入れており、PPPプロジェクトにおける政府の能力向上を目的として財政部内にPPPセンターを設立している[6]。

3　国際開発金融の創設

前節で中国の対外経済関係や習近平体制での新構想について見てきたが、本節ではそれを支える資金、金融面での構想について見てみよう。

3.1　外貨準備の増加と海外投資

中国は2000年代に入ると「世界の工場」として輸出入が急激に増加し始め、それに伴い外貨準備も積み上がり、2006年に1億ドルの大台を突破、日本を抜いて世界最大の外貨準備保有国となった。その後も2009年に2億ドル、2011年3億ドルと増加した（2014年末現在3億8430億ドル）。外貨準備の半分が米ドルで、うちその約7割が米国債で運用されていると言われている。

中国は2001年末にWTO加盟を実現したが、こうした潤沢な外貨を背景に、政府はそれまでの「引進来（外資導入）」一辺倒から「走出去（海外進出）」を支持するようになった。2014年は直接投資の受け入れ1195億6千万ドル（前年比1.7％増）に対し、中国からの対外直接投資は1028億9千万ドル（金融を除く、同14.1％増）と両者の差は縮小した。早ければ2015年にも中国が「資本の純輸出

6）　第21回APEC財務大臣会合　大臣共同声明（仮訳）（2014年10月22日　於：中国・北京）。https://www.mof.go.jp/international_policy/convention/apec/20141021.htm（2015年5月1日確認）。

図8-1 中国の対内・対外直接投資（左目盛り）と日中の外貨準備（右目盛り）の推移

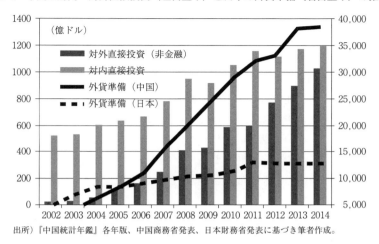

出所）『中国統計年鑑』各年版、中国商務省発表、日本財務省発表に基づき筆者作成。

国」に転じる可能性もある。

　中国政府は当初、外貨準備を国内金融機関の不良債権処理に充当していた。2003年12月に中央匯金投資公司を設立して大型国有商業銀行に資本注入を行った[7]。そして2007年9月、財政部は特別国債を発行して中国人民銀行から同公司の全株式を買い取る形で、中国投資有限責任公司（China Investment Co., Ltd.：CIC）を新たに設立した。CICは資本金2000億ドルでスタートした外貨準備の運用を行う政府系ファンド（Sovereign Wealth Funds：SWF）である。CICは設立後、海外の資源・エネルギー、不動産等に積極的に投資し、米投資会社ブラックストーンにも出資したことで話題になった。しかし活動を開始してまもなくリーマンショックに遭遇したり、米ドルに集中していた運用通貨の構成を多様化し始めたら欧州債務危機に遭遇したりと、必ずしも順調に海外投資の成果を上げていたわけではない。

---

7) 2003年9月時点で大型国有商業銀行の不良債権は21.4%に達しており、金融リスク回避のため金融機関の資本増強が急務となっていた。

3.2　既存の国際金融機関への不満

　リーマンショックで地盤沈下した米欧に対し強い立場となった中国は、世界銀行（世銀）・国際通貨基金（International Monetary Fund：IMF）、アジア開発銀行（ADB）という国際金融機関において経済規模に応じた発言権を求めるようになる。IMFは2010年、新興国経済の影響力拡大を反映したガバナンスへの移行に取り組むため、加盟国の発言力（議決権）に直結するクオータ出資額について見直しを図った。その結果、それまで6位（3.9％）だった中国の投票権・出資比率を3位（6.4％）に引き上げることに各国は同意したが、結局2位の日本を上回ることはできなかった。しかも、このIMF改革案（出資比率の見直し）は共和党が多数を占める米連邦議会で批准が得られず、頓挫したままとなっている（2015年6月現在）。

　また2011年のIMFトップ（専務理事）の後継選任で中国は、「IMFは欧州出身、世銀は米国出身という世襲制が続けられている」「新興国の声を代表し、世界経済の変化を反映すべき」と主張した[8]。中国は初めて副専務理事のポストに人民銀行出身（元副総裁）の朱民氏を送り込むことでひとまず影響力拡大を図った。

　ADBでは2013年4月、第9代総裁に中尾武彦前財務官が就任した。中国は候補の擁立を見送ったが、歴代総裁がすべて日本人であることに不満を示す。「これまで中国は最大の被支援国だったが、現在ではADBの支援プロジェクトは東南アジア諸国に集中する。中国が能力に見合った責任を引き受け、日本と同じように主導的役割を果たすことができるのはいつだろうか[9]」と、現行の出資比率を前提とした体制の下で中国が影響力を行使するのは難しいことを痛感せざるをえなかった。

3.3　新銀行の設立提唱

　このように既存の国際金融機関において、経済力に応じた発言権を得ることの困難に直面した中国は自らが関与する新たな国際金融機関の創設に乗り出す。最

8）『日本経済新聞』2011年5月27日。
9）『人民網日本語版』2013年5月6日。http://j.people.com.cn/94476/8232760.html。

初に着手したのはBRICS5カ国による新開発銀行（New Development Bank：NDB、通称BRICS開発銀行）である。BRICsは2000年代初頭に米ゴールドマン・サックスが新興4カ国（ブラジル、ロシア、インド、中国）の頭文字を取って作った造語で政治的なつながりを有していたわけではない。しかし、多極化の流れが強まる中、新興国の主張が国際政治の中でより強い意味合いを持たせるため、リーマンショック後は特にその結束を強調して見せている。2009年から毎年4カ国持ち回りで首脳会議を開催するようになり、2011年には南アフリカが加わって小文字のsが大文字に変わった。2012年の首脳会議（インド・ニューデリー）でインドが提案し、翌年の首脳会議（南ア・ダーバン）で基本合意がなされ、2014年に正式合意した。資本金をめぐっては中国が当初総額1000億ドル程度を主張したが、負担が大きくなることへの他国からの反発や、経済規模に応じた出資は中国の発言権が強まることへの懸念から、500億ドル（各国均等100億ドル）で合意した（7年間で1000億ドルに増額）。本部は中国、インド、南アが最後まで綱引きをしたが、本部を上海、初代総裁はインドとし、南アに主張所を設置することで落ち着いた。2015年中の設立を目指す。

新開発銀行はアジアやアフリカ、中南米途上国のインフラ事業に融資を行うことを目的としており、世銀やADBとも機能が重なる。BRICSが世銀に対抗するかのように新開発銀行設立に動いたのは、世界のGDPの約2割を占めるものの世銀やIMFの運営や人事で十分に影響力を行使できないことへの不満があった。そのため米ドルの圧倒的な力を背景に世銀・IMFが途上国の発展支援を担った第二次世界大戦後のブレトンウッズ体制への新興国による挑戦とも受け止められたが、政治・経済状況が大きく異なるBRICS5カ国が協力し合うことは決して容易ではなく、資金規模もまだ見劣りすることから先進国はまだ楽観していた。

これに対して2013年10月に習近平主席がインドネシアで提唱したAIIBは中国主導が明確で動きも早い。1年後の2014年10月には、北京に中国、インド、モンゴルなど21カ国の代表が集まり、設立に関する覚書に調印した。その後、インドネシア、ニュージーランドなども加わったものの西側先進国は参加を見合わせていたが、2015年3月12日に英国が参加を表明したことで、仏、独、伊、豪、韓国など主要国もこれに続き、57カ国が3月末までに参加を決めた。2015年末の業務開始を目標としている。

表8-2 世銀、ADB、AIIBの概要

	世界銀行	アジア開発銀行 （ADB）	アジアインフラ投資銀行 （AIIB）
設立	1944年	1966年	2015年（予定）
本部	米・ワシントン	フィリピン・マニラ	中国・北京
代表	キム総裁（米）	中尾武彦総裁（9代目）	金立群・前中国財政部副部長（予定）
参加国	188カ国	67カ国・地域	57カ国（創始メンバー）
資本金	約2000億ドル	1531億ドル（14年末）	1000億ドル
出資比率	米16.05%、日本8.94%、中国5.76%	日本15.67%、米15.56%、中国6.47%	中国が約30%
目的	貧困削減	貧困削減	アジア各国のインフラ整備支援

出所）各種報道に基づき筆者作成。
注）世界銀行の出資比率は傘下の国際復興開発銀行（2013年6月末現在）。

　さらにこれとは別に2014年11月8日に、習近平主席は中国が400億ドルを出資して「シルクロード基金」を設立すると発表し、同年12月29日に正式発足した。AIIBが財政部主管の国際機関であるのに対し、中国人民銀行が管轄し、外貨準備のほか、CIC、中国国家開発銀行、中国輸出入銀行が共同出資する。同基金は「一帯一路」のインフラ、資源開発、産業協力、金融協力等の領域での投資案件に長期的な投融資を行うものである。2015年4月、習近平国家主席のパキスタン訪問に合わせ、同国の水力発電事業（総投資額16.5億ドル、2020年稼働予定）が同基金の投資第1号として発表された。中国北西部とパキスタン南西部を結ぶ「中パ経済回廊」の一環であり、「一帯一路」の重要な構成部分となる。

　AIIBは2015年6月末に50カ国が設立協定に署名した（7カ国が署名先送り）。法定資本金は1000億ドルで、75％をアジア域内、残り25％を域外に割り振り、その中で各国のGDP規模に応じて出資比率が決められた。当初は中国が50％を握るという観測もあったが、参加国が想定を大きく上回り、一定の経済規模を持つ国も含まれるため、中国のシェアは約30％となった。議決権は約1割を参加国に均等に割り振り、残りを出資比率で分配した結果、中国が26％を握る。重要案件は75％以上の賛成が必要とされ、中国が事実上一国で否決できる権利を確保した。本部は北京に置かれ、世銀での勤務経験を有し中国初のADB副総裁を歴任した

表8-3 中国が主導するインフラ支援金融

	新開発銀行 (BRICS開発銀行)	アジアインフラ投資銀行 (AIIB)	シルクロード基金
設 立	12年提起，14年決定，15年設立予定	13年提起，14年10月設立合意，15年設立予定	14年11月提唱，12月29日設立
所在地	上 海	北 京	北 京
代 表	インド・K.V.カマート氏（予定）	中国・金立群氏（予定）	―
目 的	途上国のインフラ整備支援	アジア各国のインフラ整備支援	「一帯一路」のインフラ，資源開発等への投融資
資金規模	500億ドル （7年で1000億ドルに）	1000億ドル	400億ドル
加盟国・出資比率	BRICS5カ国が均等出資	創設メンバー57カ国。中国が約30％で最大。2位インド、3位ロシア	人民銀管轄。外資準備、中国投資、中国輸出入銀行、国家開発銀行共同出資

出所）各種報道に基づき筆者作成。

金立群・前財政部副部長が初代総裁に就任する見通しである。

3.4 AIIBの問題点

　AIIBの設立にあたり、日米は創始メンバー（2015年3月まで）としての参加を見送ったが、その理由として、いくつかの疑念や懸念が挙げられている。

　まず世銀やADBといった国際金融機関がすでに存在しているのになぜAIIBが必要なのか、機能が重複するのではないか、という疑問である。中国側の説明では、世銀やADBなど既存の国際開発金融機関が主に貧困削減を目的としているのに対し、AIIBはアジア各国のインフラ整備支援としているので、両社は競合関係ではなく、相互補完関係にあると強調している[10]。中国がAIIB設立の意義を強調するのは、既存機関が途上国のインフラ需要に十分応えられていないという点である。ADBが2009年に発表した報告書（"Infrastructure for a Seamless Asia"）では、域内のインフラ整備（2010〜20年）に8兆ドル必要であるものの、ADBの投融資残高は約843億ドル（2014年末）[11]と需要を満たしているとは確か

---

10) 楼継偉財政部長の記者会見（2015年3月20日）。

に言い難い。途上国から見れば、既存機関は融資の透明性が高いというもののハードルが高いため時間を要す、融資が受けにくい、ということもある。そこに潤沢な外貨を持った中国が貸し手として登場しようというものであり、中国からすれば立派な国際貢献を行う準備があるということである。中国は過去30年間自国の成長のみに傾注し、国際社会に貢献していないとするフリーライダー（ただ乗り）論への反論でもある。

次に組織運営の透明性である。「圧倒的な力を持つ中国がその立場を利用し、自国の利益を追求することがないのか？」「公正なガバナンスは確保されるのか？」「投資対象となるインフラプロジェクトは、環境や社会への影響にどの程度配慮がなされるのか？」「リスク管理の水準を保つことができるのか？」といった点である。

AIIB が国際的なスタンダードより緩めの基準を持ち出し、国際金融機関同士の融資条件緩和競争やリスクの高い案件が融資焦げ付きを起こす可能性は否定できない[12]。過去に中国が行ってきた援助を見ると、政治利用を含めてガバナンスに不安が生じるのは当然のことである。特に、本部に理事会は常設しない方針と報道されているように、既存の国際機関に比べて理事会の権限が弱く、総裁を含めた幹部の意向が反映されやすい点が指摘されている。これに対し、AIIB 首席交渉代表会議議長の史耀斌財政部副部長は、「新たに発足する国際開発銀行として国際的に『ベストプラクティス』と称される既存金融機関のガバナンス、環境・社会への配慮、債務の持続可能性等に関する経験は参考にするものの、同じような遠回りはせず、さらに良いスタンダードを追求する。ベストは存在せず、ベターな標準があるだけ[13]」と、これまでとは異なる方法を採用する可能性を示唆している。

4　結び

中国による「一帯一路」構想と AIIB 設立提唱をどのように考えるべきだろう

---

11) 中尾武彦総裁の日本記者クラブでの会見（2015年3月25日）。
12) 伊藤隆敏（2015）。
13) 2015年3月25日の記者会見。

か。米国は既存の国際開発金融機関との差異が不透明だとして自国の参加はもちろん西側先進国構想への参画を見合わせるように圧力をかけてきた。しかし主要国で創設メンバー参加を見送ったのは米、日、カナダだけで、中国の予想をも上回る参加国を集め、ADBと比べてもそん色ない国際機関としての体裁が整った。

　AIIB構想への日米の対応を大きな枠組みで考えれば、中国の台頭に対して「関与（engagement）」するのかヘッジ「ヘッジ（防護、hedging）」するのかという選択であり、米国と日本はヘッジを選択したということになる。その是非を判断するのは早計だが、完全なヘッジはできず、これからどのようにしてAIIBを望ましい方向に誘導できるかが焦点となる。

　前述のように中国は世界経済の現実を反映しないまま延命を図る旧体制に異議を唱えてきたが、これを力で揺り動かす国が登場したことの意味は大きい。AIIBが過去70年続いたブレトンウッズ体制に取って代わると考えるのは現実的ではないが、長いスパンでこの問題を見た場合、これまでにはなかった新たな秩序の選択肢を世界に問う契機となることは間違いないだろう。

　AIIBの設立は停滞していた世銀・IMF、ADBの改革を迫り、既存機関が抱える問題を改善するチャンスである。中国もAIIBを実際に運営し遭遇する諸問題をどのように乗り越えていくのか、先進国の助言も必要となろう。河合（2015）が指摘する「AIIBは建設的にみれば、中国が多国間の枠組みで国際公共財を提供することであり、国際的な標準・ルールに従った責任ある行動をとるよう促すことで、その影響力を国際的な秩序に取り込むことが望ましい」はまさに正鵠を射たものである。

参考文献

伊藤隆敏（2015）「アジア投資銀の行方⊕　拙速な参加見送りは妥当」、日本経済新聞2015年4月30日付。
河合正弘（2015）「アジア投資銀の行方⊖　国際秩序に中国取り込め」、日本経済新聞2015年5月1日付。
下村恭民、大橋英夫＋日本国際問題研究所編（2013）『中国の対外援助』、日本経済評論社。
中華人民共和国国務院新聞弁公室（2011）『中国的対外援助』、北京、人民出版社。
中華人民共和国国務院新聞弁公室（2014）『中国的対外援助（2014）』、

(http://www.gov.cn/zhengce/2014-07/10/content_2715467.htm)。

李向阳主编（2015）『亚太地区发展报告　一带一路』、北京、社会科学文献出版社。

张洁主编（2015）『中国周边安全形势评估　"一带一路"与周边展略』、北京、社会科学文献出版社。

第9章
東アジアにおける通貨・金融協力

赤羽　裕

1　はじめに

　本章では、1997年のアジア通貨危機を契機に、東アジア地域で進められている通貨・金融協力分野に関して、取り扱う。まず、日本・中国・韓国とASEAN10カ国、いわゆるASEAN＋3を中心とした、これまでの同分野での取り組み経緯や実績を振り返る。続いて、当該分野と、貿易・投資・ODA各分野との関係を確認した上で、地域統合にあたり果たせる役割や展望について考察する。その上で、日本の視点からの分析を試みたい。

　個別の各施策の内容に触れる前に、こうした通貨・金融協力に至った経緯を確認する。1993年の世界銀行のレポートでは、それまでの同地域の経済成長は、「東アジアの奇跡」と称賛されていた。しかし、1997年7月のタイバーツの急落をきっかけに、通貨危機・経済危機の事態に至った。その危機は、インドネシア、マレーシア、フィリピン、韓国、香港にまで伝播し、影響を与えた。この背景には、当時の同地域の多くの国の為替相場制度として米ドルペッグ制を採っていたことが指摘できる。タイバーツの急落をきっかけに、各通貨は大幅に下落し、特にタイ・インドネシア・韓国は、IMFの支援を受ける事態となり、マレーシアは独自の為替・資本規制を導入するなど、大きな影響を受けた。

　この危機の原因としてあげられるのが、「ダブル・ミスマッチ」である。各国は経済成長していく中で必要となる資金を海外に負うところが大きかった。そこで必要となる資金は、主に国内インフラ需要など、自国通貨建て・長期資金だったにも関わらず、多くは海外からの外貨建て（主に米ドル）・短期資金に拠って

いた。つまり、通貨と期間の両面でのミスマッチが存在していた。このため、ひとたび通貨が下落し経済危機となった場合、短期であるため、海外からの資金支援の継続が困難となり、また、返済にあたっての自国通貨換算後の負債金額が急増することとなったことを指す。

こうした域内の脆弱な通貨・金融システムの実態が明らかになったことを受け、1997年12月にマレーシアのクアラルンプールで第1回のASEAN+3の首脳会議が開催された。この会議をきっかけとして、東アジアの通貨・金融問題を討議する閣僚級の場として、財務大臣会議が設けられ、1999年からは毎年開催されている。2012年からは、中央銀行総裁も参加する形態となり、次項で触れるような各種施策実現へとつながっている。

2　ASEAN+3による通貨・金融協力の概観

2.1　チェンマイ・イニシアティブの取り組みとAMRO

上述の財務大臣会議の場を中心として、ASEAN+3が、アジア通貨危機の経験から、危機防止のための対策としてまず取り組んだのが、「チェンマイ・イニシアティブ」と呼ばれる域内国間での外貨融通を行う協定である。これは、前述のとおりアジア通貨危機の背景として、タイをはじめとする域内各国の多くは、為替相場制度として、実質的に米ドルペッグ制度をとっていた。そのため、自国通貨が市場で売り込まれた際に、為替介入により自国通貨を買い支える、あるいは、急激に進む自国通貨安を和らげるため、十分な外貨準備を必要とした。本協定は、そうした際に、域内各国間で通貨危機となった国への外貨を融通するための仕組みである。

当初、2カ国間による複数の協定から構成される形式で2003年末までに8カ国で開始された。その後、域内多国間契約（マルチ化：図9-1）となり、2012年には金額増額が決定。またIMFとのリンク[1]を必要としない割合を増加させるなど、進化している（表9-1）。

上記のIMFとのリンクの割合を引き下げる前提として、ASEAN+3が必要と

1）　外貨融通にあたって、IMFプログラムの発動を条件とすること。

図9-1　チェンマイ・イニシアティブのマルチ化イメージ

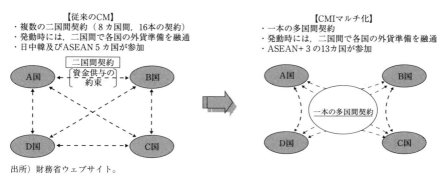

出所）財務省ウェブサイト。

したものは、チェンマイ・イニシアティブに基づく外貨融通を発動するために、域内各国のマクロ経済状況をモニターする能力である。アジア通貨危機時にIMFの支援を受ける際に、コンディショナリティーとして求められた各種の経済政策・自国内制度の見直しは、必ずしも各国の実状に合うものばかりではなかった。そのため、域内各国のマクロ経済状況をモニターできる、域内機関として立ち上げられたのが、ASEAN＋3 Macroeconomics Research Office（AMRO）である。2009年に設立が合意され、2011年にシンガポールに、設立。昨年、2014年10月には、国際機関化することに関して署名がなされた。今後、さらなる組織・体制強化が期待される。

2.2　ASEAN＋3債券市場育成イニシアティブの着実な進展

　アジア通貨危機の経験から、外貨不足に陥った国への支援のための枠組みとして構築されたチェンマイ・イニシアティブは、いわば危機対応時の仕組みである。それに対して、危機の原因とされた「ダブル・ミスマッチ」、すなわち通貨・期間のミスマッチへの対策としての取り組みが、ASEAN＋3債券市場育成イニシアティブ（Asian Bond Market Initiative：ABMI）である。

　これは、アジア域内の貯蓄を、欧米など域外を経由させず、直接、域内の投資資金として活用することを目的とした取り組みである。具体的には、アジア域内で効率的、かつ流動性の高い債券市場の育成であり、2003年の ASEAN＋3財務

表9-1 チェンマイ・イニシアティブ各国貢献額（2014年7月発効）

CMIM 貢献額，借入乗数，引出可能総額，投票権率
（資金規模の倍増，IMF デリンク部分の30%への引上げ後）

		貢献額 (億ドル)	貢献割合 (%)	借入乗数	引出可能総額 (億ドル)	投票権合計 基本票	投票権合計 貢献額票		投票権率 (%)
日中韓		1,920.0	80.00		1,173.0	9.60	192.00	201.60	71.59
中国	中国 (香港除く)	768.0	684.0	32.00	28.50	0.5	342.0	3.20	68.40	71.60	25.43
	香港		84.0		3.50	2.5	63.0	0.00	8.40	8.40	2.98
日本		768.0	32.00	0.5	384.0	3.20	76.80	80.00	28.41
韓国		384.0	16.00	1	384.0	3.20	38.40	41.60	14.77
ASEAN		480.0	20.00		1262.0	32.00	48.000	80.00	28.41
インドネシア		91.04	3.793	2.5	227.6	3.20	9.104	12.304	4.369
タイ		91.04	3.793	2.5	227.6	3.20	9.104	12.304	4.369
マレーシア		91.04	3.793	2.5	227.6	3.20	9.104	12.304	4.369
シンガポール		91.04	3.793	2.5	227.6	3.20	9.104	12.304	4.369
フィリピン		91.04	3.793	2.5	227.6	3.20	9.104	12.304	4.369
ベトナム		20.0	0.833	5	100.0	3.20	2.00	5.20	1.847
カンボジア		2.4	0.100	5	12.0	3.20	0.24	3.44	1.222
ミャンマー		1.2	0.050	5	6.0	3.20	0.12	3.32	1.179
ブルネイ		0.6	0.025	5	3.0	3.20	0.06	3.26	1.158
ラオス		0.6	0.025	5	3.0	3.20	0.06	3.26	1.158
合計		2,400.0	100.00		2,435.0	41.60	240.00	281.60	100.00

出所）財務省ウェブサイト。

大臣会議で合意された。取り組みとしては、図9-2のとおり、4つのタスクフォース、1つの技術支援調整チーム（TACT）から構成、各組織の議長国を指名。各タスクフォースおよびチームの担当分野は下記。

TF1：現地通貨建て債券発行の促進

TF2：現地通貨建て債券の需要の促進

TF3：規制枠組みの改善

TF4：債券市場関連インフラの改善

TACT：各国の能力強化及び人材育成を目的とした技術支援の調整

　こうした ABMI での取り組みで、ASEAN+3 域内の企業が発行する社債に保証を供与する信用保証・投資ファシリティ（CGIF[2)]）の設立、アジア・ボンド・オンライン（Asian Bonds Online）による ASEAN+3 域内のマーケットや ABMI の進展に係る情報の発信、ASEAN+3 債券市場フォーラム（ASEAN+3

図9-2 ABMI 検討体制

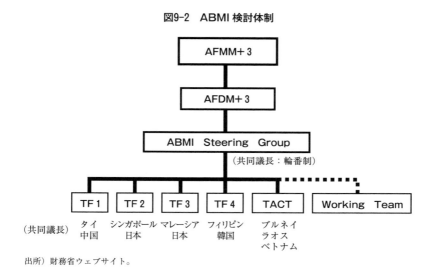

出所）財務省ウェブサイト。

Bond Market Forum：ABMF）の設置などが実現している。また、その成果として、着実に域内通貨建て債券市場は拡大している。

2.3 リサーチ・グループにおける中長期の課題への取り組み

上記のほか、ASEAN+3の枠組みでの取り組みとしては、中長期的な課題に対するリサーチ・グループによる活動がある。2003年の第6回の財務大臣会議で設立が合意され、2004年以降、域内の金融関連の複数の課題をテーマとし、複数の研究機関が調査・報告を毎年行っている。そして、会議の際には、成果への評価と次の1年の研究テーマが明示されてきた。2013年から2014年にかけての研究課題としては、「ASEAN+3諸国における証券化市場拡大に必要な政策提言」及び「ASEAN+3諸国の資本市場関連インフラに関するSWOT分析とその意義」の2テーマが選定され、それぞれ2者の研究機関（含む大学）から報告がなされている。

---

2) Credit Guarantee and Investment Facility。ASEAN+3域内で債券発行による資金調達が困難な企業の信用力を高め、現地通貨建債券発行を円滑化することを目的として、当該企業の発行する債券に保証を付与する仕組み。

中長期的な通貨に関するテーマとしては、これまでに、「アジア地域の一層の金融安定に向けた『地域通貨単位[3]』構築の手順の研究」が2006年から2007年には選定され、2008年まで2年連続で報告がなされた。その継続テーマとして、2010年から2011年には「『地域通貨単位』の使用可能性——実用面における課題の特定」が報告されており、域内の通貨協力の将来像が模索されていることがうかがえる。その背景には、アジア通貨危機の経験で、為替相場の急激な変化から生じる悪影響を認識しているASEAN+3で、域内為替相場の安定が望まれていることが想定できる。なお、昨年（2014年）は「リサーチ・グループの活動の方向性に関する議論」と言及されたのみで、次年度の具体的なテーマ設定が明示されず、今後の位置付け・運用が注目される。

また、リサーチ・グループとは別の位置づけで、2011年に「将来の地域金融協力分野」として財務大臣会議から研究開始の指示があったのが、①インフラ金融、②災害リスク保険、③域内貿易決済における現地通貨の使用、の3テーマである。以降、毎年の財務大臣会議の共同声明においても、その進捗が言及・評価されていることから、今後もASEAN+3として、重視していく分野と考えられる。

3　「国際協力」の視点から観た通貨・金融協力の役割

3.1　貿易・投資・ODAにおける通貨・金融分野の役割

ここでは、前項で確認したASEAN+3での通貨・金融協力が、従来型の国際協力対象である貿易・投資・ODAとどういった関係があり、どんな役割を果たすかを整理する。

まず、貿易分野については、「インボイス通貨」の選択の問題が注目できる。インボイス通貨とは、企業が貿易における契約あるいは決済において使用する建値通貨のことである。前述のとおり、ASEAN+3財務大臣で2011年以降の継続研究課題としても、「域内貿易決済における現地通貨の使用」があげられている。これは、これまでの同地域内の貿易取引に関しては、域外通貨である米ドルが多

---

3) Regional Monetary Unit（RMU）。域内通貨をGDPや貿易量などを基準として加重平均して算出するもの。通貨バスケットとも呼ばれる。通貨バスケットの事例としては、欧州のユーロの前身ECU（= European Currency Unit）やIMFのSDRなどがある。

図9-3　アジアにおける日本企業の貿易建値選択〈概念図〉

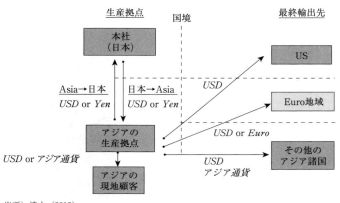

出所）清水（2013）。

く使用されてきた背景がある。従来は、域内貿易の最終消費地であるアメリカ向け製品の輸出代金をドル建てで得ることにより、域内決済通貨が米ドル建てでも、大きな意味での為替リスクヘッジが効いていた。しかし、中国・ASEANの経済力が増大し、最終消費地としてのシェアも増加すれば、これまでのリスクヘッジ効果は低下し、域内取引は域内通貨で行うことを個別企業も選好することが想定される。そのために、インボイス通貨として域内通貨が使用できるように、各通貨の流動性や取引コストの低減、決済インフラの整備といった分野での協力が必要となろう。

　この点に関し、日本企業の建値選択行動の研究として、清水（2013）がある。図9-3によれば、日本企業は、自社の生産ネットワークをアジア域内に築き、従来、米ドルを主に使用してきた構造も理解できる。しかし、同図における「最終輸出先」において、「その他のアジア諸国」が増加すれば、アジア域内通貨の使用ニーズの増加が予想される。また、日本以外の中国・ASEAN企業にとっても、同様のニーズの存在が想定できるであろう。そのニーズに応えるためには、前述の流動性等の課題克服に加え、域内通貨間の為替相場の安定や為替リスクヘッジを可能とする市場整備・資本取引規制の緩和なども、協力して進めていく必要がある。

第2部　分野別に見た国際協力と地域統合

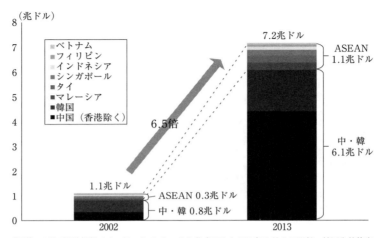

図9-4　ASEAN＋3の現地通貨建て債券市場の規模

出所）アジア開発銀行 Asian Bonds Online より作成された2015年3月3日関税・外国為替等審議会資料。
注）数値は国債及び社債の年末発行残高（除く日本）。

　投資に関しては、前述の「ダブル・ミスマッチ」がキーワードとなる。域内国の旺盛なインフラ需要に関する、自国通貨建て長期資金に応えるものとして、ABMI で取り組んでいる域内通貨建て債券市場の整備は有効である。図9-4が示すとおり、中国・韓国、ASEAN のうち先行する6カ国の市場規模は、10年あまりのうちに6.5倍まで拡大しており、今後もこの趨勢は続くことが予想される。
　ODA に関しては、インフラなどハードの整備に関する資金支援は、投資における考え方と似た側面が大きい。官における域内国通貨建ての資金支援や民間との協調融資がそれにあたる。そこで、ここでは、ソフト分野への協力の視点で、通貨・金融協力の可能性を探る。
　日本の ODA 実施機関の国際協力機構（JICA）の活動分野で確認すると、「産業開発・公共政策」分野として、金融・証券の制度整備への支援を行っていることがわかる。JICA（2014）およびウェブサイトで観ると、ベトナムでの銀行における不良債権処理やミャンマーでの中央銀行の資金・証券決済システム整備などへの取り組みがある。こうした活動は、金融分野のソフトとしてのインフラ支援と評価できる。ミャンマーの金融分野での支援活動では、民間の動きとして、

日本証券取引所グループと大和総研がミャンマー政府と協力して、同国初の証券取引所設立に取り組んでいる。こうした官民での活動の協力・協調を、各国別とともに、対地域としても進めていくことがODAの視点では重要性を持つと考えられる。後述するASEAN+3で取り組んでいる、決済システムの接続は、域内複数国にまたがる「金融インフラ」の整備であり、こうしたニーズの事例となるであろう。

3.2 地域統合の視点から考える通貨・金融協力の展望

　上記の各分野（貿易・投資・ODA）においても、従来以上に通貨・金融協力の役割は増していくことが予想される。その背景には、経済のグローバル化、言い換えるとクロスボーダーでのヒト・モノ・カネ、そして情報の動きが早くかつ大きくなっていることがある。アジアにおいても、そうした動きに対応して協力を進め、分野においては「地域統合」の発想が必要となると考えられる。ASEANが本年2015年中に実現を目指しているASEAN経済共同体（AEC）は、その具体的な動きであり、ASEAN+3での前述の「チェンマイ・イニシアティブのマルチ化」は、通貨・金融分野で結実した実績と評価できる。

　ここでは、これまで確認したASEAN+3による通貨・金融協力の取り組みをふまえ、アジアにおける、同分野の展望を考えたい。基本的には、以下のふたつが大きな方向性と考える。ひとつは、アジア通貨危機の原因とされた「ダブル・ミスマッチ」を克服する各種の施策を推進・強化すること。もうひとつは、経済面での域内統合にあたって必要となるであろう、域内通貨間の相場の安定を図る施策と環境の整備である。前者は、現在の世界経済にあって、日米欧の先進国の経済成長が以前のような勢いがない中、アジアがその成長の原動力の役割を果たすために、必要な資金循環と考えられる。後者は、リーマンショック以降の、ギリシャ危機やソブリン危機で問題点は露呈したとはいえ、EU・ユーロ圏の経済統合・成長においてユーロの果たした役割が大きかったことに拠る。それぞれの動きで、将来につながる取り組みには以下のようなものが存在する。

　前者の取り組みの中心である、ABMIを促進する取り組みについては、下記の2点があげられる。ひとつは、ASEAN+3 Multi-currency Bond Issuance Framework（AMBIF）と呼ばれるもので、域内でのクロスボーダー債券取引を

第2部　分野別に見た国際協力と地域統合

図9-5　AMBIF イメージ図

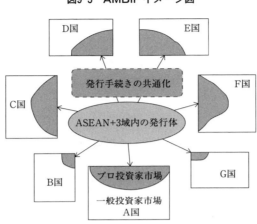

出所）財務省ウェブサイト。

促進するために、債券発行に係る手続を共通化する取り組みである。段階的な進捗を目指し、プロ投資家向け債券市場上場の際の書類の共通化のため、希望する二国間で相互の書類の比較作業から進められている。また、こうしたクロスボーダー債券取引の決済をスムーズに行うためのインフラとして検討されているのが、資金・証券決済システムを域内の国々で接続する取り組みである。（CSD－RTGS リンク）[4] また、こうした動きとともに、域内国間で自国の国債を担保にして、相手国通貨の調達を可能とする仕組みを広げようとする動きもある。これは、域内での企業活動における資金調達を円滑にする取り組みであり、「ダブル・ミスマッチ」を低減する効果を持つものと評価できる。

一方の、域内通貨間の相場の安定を図る取り組みは、ABMI のようなコンセンサスはまだなく、第2節3項で言及したリサーチ・グループにおける「地域通貨単位（Regional Monetary Unit：RMU）」の研究レベルに留まる。これは、ABMI が各国とも自国へのメリットを中心に考えることが可能であるのに対して、域内通貨間の相場の安定は、自国の通貨主権への制限を想起させる側面があ

---

[4]　Central Securities Depositary（証券集中保管機関）―Real Time Gross Settlement（即時グロス決済）と呼ばれる、証券と資金の決済システムを国境を跨ぎ接続する仕組み。

図9-6 CSD-RTGS リンク図

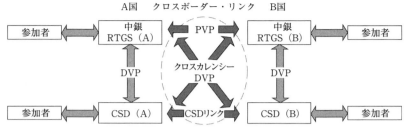

出所）日本銀行ウェブサイト。

ることが大きいと考えられる。しかし、アジア通貨危機の際に通貨の暴落の悪影響の大きさを経験していることもあり、上記の研究も「構築の手順」から「実用面の課題の特定」へとテーマが着実に進化している。当面は、経済産業研究所が公示している AMU[5]のように、域内各国のマクロ経済のモニタリングの際の為替相場のモニター用のツールから始め、将来的には、RMU 建て債券発行や貿易取引などの実利用の可能性も存在する。

4　日本の視点から考える展望

ここまでで検討したアジアにおける通貨・金融協力分野における地域統合の展望に関して、域内各国およびアメリカとの関係を中心に、日本の視点で考えてみたい。

4.1　人民元の国際化・AIIB との関係

最近は、2015年3月時点で57カ国から参加表明を得て、中国が中心となり設立を進めているアジアインフラ投資銀行（AIIB）が非常に注目を集めている。しかし、通貨・金融分野での中国の動きを振り返る場合、2005年に開始した人民元の制度改革および2008年のリーマンショック以降に進めている、各種の「人民元

---

[5] Asian Monetary Unit。経済産業研究所が、日次で開示している ASEAN+3の国々の通貨バスケット。（一部指標は、香港ドルを含む）各通貨の AMU に対する乖離指標も算出している。

の国際化」政策も重要であろう。中国は、2005年までは貿易など海外との取引での人民元の使用を制限していた。その後は、国際取引における人民元の利用を段階的に進める一方で、資本取引規制は相応に維持することにより、自国通貨の為替変動が急激にならないようにコントロールをしている。日本において、1985年のプラザ合意以降の急激な円高など大幅な為替変動により、企業がその対応に多大な努力を要した一方で、叫ばれて久しい「円の国際化」が想定どおりに進んでいない状況とは対照的である。参加有無を中心とするAIIBへの日本の今後の対応は不明ながら、アジア域内の通貨・金融分野の地域統合、あるいは、その前提となる協力に関しては、中国との関係は極めて重要である。2012年から開始された「円と人民元の直接取引[6]」も、当初期待されたほどは拡大していない現状もふまえ、ASEAN+3での枠組みでの各種施策での協力を深める必要はあると考える。

　また、投資やODAの分野ではAIIBの動向を注視するとともに、世界銀行、IMF、ADBといった既存の組織との連携や協調を働きかけていくことが必要となるであろう。合わせて、設立間もなく、日本・中国とも参画しているAMROの立場、すなわちASEAN+3とAIIBとの良好な関係構築も、日本の立場では重視していくべきと考えられる。

4.2　ASEAN経済共同体との関係

　ASEANは、いよいよ本年2015年末までにASEAN経済共同体（AEC）を設立する予定である。AECの取り組みでは、通貨面での統合の動きは見られない反面、金融サービスや資本取引の分野では着実な取り組みを進めている。ASEAN Capital Market Forum（ACMF）という枠組で、域内証券取引活性化の分野を中心に進めている。相互承認の枠組み、域内証券取引所の連携、アセットクラスとしての「ASEAN」の確立、債券市場の強化などが、具体的な動きである。

　ASEANの活動で注目できるのは、ASEANとしての動きとASEAN+3とし

---

6) 2012年6月より開始された銀行間での日本円と人民元の外国為替市場での交換取引。銀行間取引では、米ドルを介する取引が一般的であり、直接取引によるコスト削減が期待される。

ての動きを、バランスを取りながら進めている点である。印象としては、日本・中国・韓国との経済規模の違いを前提に、ASEANとしての独自性、例えば前述のASEANブランドの強化など、いわば「攻め」の分野ではASEANで活動。一方で、チェンマイ・イニシアティブなど、危機対応・リスク管理など、「守り」の分野では、日・中・韓の規模も活用できるASEAN+3の活動を中心とするといった、戦略を持っていると考えられる。日本は、ASEAN+3の枠組みでの協調関係を継続・強化するとともに、ASEAN全体とも、各国との2カ国関係でも、通貨・金融分野の協力を進める姿勢が必要と考える。第3節2項で前述した国債担保の活用といったスキームが、既にタイ・シンガポールやインドネシアとの間で完了、あるいは合意段階であり、またマレーシアとの間で、イスラム金融に関する協力で合意できていることは、具体的な成果と評価できる。

4.3 アメリカおよびIMF・ADBとの関係

上述の中国やASEAN諸国との協力を強化していくとともに、日本がアジアでの通貨・金融協力を進めていく上では、アメリカとの協力、あるいは働きかけも重要である。日本とともにアメリカが2015年3月時点で参加表明をしていない、AIIB以外の分野でも、認識しておくべきことは存在する。

その最大のものは、IMFにおいて2010年に合意されたにも関わらず、いまだにアメリカに批准されない、クォータ(出資割当額)およびガバナンス改革であろう。特にクォータ改革は、中国をはじめとする新興国の割当額を増加させ、現在の経済力の変化を反映させるためのものだったが、未実現である。(図9-7参照)チェンマイ・イニシアティブやAMROは、ASEAN+3での取り組みながら、IMFと協力・補完しあうべきものであり、日本は、IMFの改革に関して、アメリカへの働きかけをしていくことも必要であろう。

また、AIIB設立の動機として中国が表明しているように、アジア地域でのインフラ需要は今後も旺盛であり、そのための資金需要は膨大である。そのため、域内開発機関であるADBの融資余力拡充や民間との連携スキーム構築による資金提供力の強化などの施策は必要となる。こうした施策にADB内で日本が主体的に取り組み、関係国や関係機関との協調体制の確立に努力していくことが、今後ますます望まれる。

図9-7 IMF クォータ改革

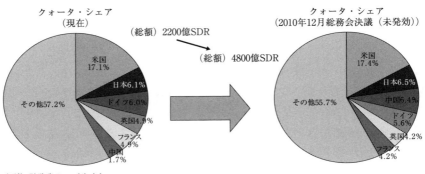

出所）財務省ウェブサイト。

5 結び

　本稿をまとめている2015年5月初め、ADB の年次総会とともに、第18回の ASEAN+3 の財務大臣・中央銀行総裁会議が開催された。ADB では、今後の増資の検討など、域内インフラ資金需要増大に対応する方向での各種の議論がなされた。ASEAN+3 では、チェンマイ・イニシアティブと AMRO や ABMI といった既存施策への継続的な取り組みとともに、「ASEAN+3 新イニシアティブ」として、マクロプルーデンス政策と資本フロー管理施策のための拘束力のないハイレベル原則や「通貨スワップ貿易決済機能の利用」に関する研究が打ち出された。また、昨年（2014年）、具体的な研究テーマが明示されず今後の動向が注目されたリサーチ・グループについては、以下のような方向性が示された。それは、「リソースがメンバー国のニーズに応じてより効率的に活用されるよう、リサーチ・グループの研究活動を AMRO によるテーマ別研究に統合」することであり、今後は AMRO が、域内のマクロ経済のモニターとともに、中長期的な課題も検討・研究していくことが期待される。各分野とも、従来の路線を大きく変更することはなく、引き続き ASEAN+3 において、通貨・金融分野の協力を推進・強化される方向性が確認できた。

　アジアにおける通貨・金融協力に関する地域統合は、域内各国の経済の結びつき、あるいは相互の影響力が強まることを考えれば、今後も推進されることが予

想される。その中でも、第3節2項で述べたとおり、「ダブル・ミスマッチ」の克服と域内通貨間の相場の安定は重要であり、ともに、域内通貨のあり方が大きな比重を占める。リーマンショックで米ドルの基軸通貨としての地位が揺ぎ、その後の欧州危機により、同地域内の共通通貨ユーロの根本問題（通貨・金融政策は同一、財政政策は国別）が改めて指摘された。こうした中、アジア地域の通貨の動きとしては、人民元の国際化を背景とした台頭が目立つ。それを受け、人民元が将来的には基軸通貨、その前段階として、アジア域内の基軸通貨となることを目指しているといった論評も、昨今は多くみられる。しかし、アジアにおける通貨・金融協力の視点で域内通貨制度を考える場合、中国1国の国民通貨である人民元にその役割を担わせることは、慎重に考える必要があると思われる。

この視点で参考になるのは、2009年に中国人民銀行総裁の周小川氏が発表した論文である。(Zhou 2009) 注目できる点は、国際金融システムとして、特定国の通貨である米ドルが基軸通貨であることの限界と、その代替として IMF で創出されている主要通貨のバスケットである SDR[7] の利用を提案したことである。ASEAN+3 内で研究が進められている RMU は、ユーロの前身のバスケット通貨、「ECU のアジア版」と考えられるが、「SDR のアジア版」と呼べるものでもある。SDR を基軸通貨とする構想の実現には多くの課題があり、また非常に時間がかかる。アジアでの RMU 創出にしても、同様に多くの時間が必要となるであろうが、日本・中国・韓国と ASEAN が協力してこれまで実現してきた諸施策も、アジア通貨危機以降、時間をかけながらも、着実な検討・議論を重ねて実現してきたものでる。RMU というメルクマールを置きながら、域内通貨間の為替相場安定や域内通貨建て貿易・投資を目指していくのが、アジアの通貨・金融協力の方向性となることが期待される。

参考文献

赤羽裕 (2013)「ASEAN 経済共同体における金融サービス・資本市場の連携・統合」、石川幸一・清水一史・助川成也編『ASEAN 経済共同体と日本——巨大統合市場の誕生』、第7章、文眞堂。

---

7) Special Drawing Rights。IMF に加盟する国が保有する「特別引出権」で、現在は、米ドル・ユーロ・英ポンド・日本円を構成通貨とする通貨バスケット。

伊藤隆敏・小川英治・清水順子編（2007）『東アジア通貨バスケットの経済学』、東洋経済新報社。
伊藤隆敏・鯉渕賢・佐藤清隆・清水順子（2010）「日本企業の為替リスク管理とインボイス通貨選択――「平成21年度日本企業の貿易建値通貨の選択に関するアンケート調査」結果概要」、RIETI DP 10-J-032。
国際協力機構（2014）『国際協力機構年次報告書2014』、国際協力機構。
清水聡（2015）「域内統合に向かうASEAN金融資本市場の現状と課題」、『国際金融』、第1269号。
清水順子（2013）「アジアにおける貿易通貨建値選択の現状と課題」、全銀協 金融調査研究会第1研究グループ報告書『国際通貨制度の諸課題――アジアへのインプリケーション』、第4章。
田中素香（1996）『EMS――欧州通貨統合 欧州通貨統合の焦点』、有斐閣。
中條誠一（2015）「中国はどのように人民元を国際化するのか（上・下）」、『国際金融』、第1270号・第1271号。
Ogawa, Eiji and Junko Shimizu (2005) "A Deviation Measurement for Coordinated Exchange Rate Policies in East Asia," RIETI Discussion Paper Series 05-E-017.
Zhou, Xiaochuan (2009) "Reform the International Monetary System," People's Bank of China.

ウェブサイト

国際協力機構　http://www.jica.go.jp/
財務省（国際政策）http://www.mof.go.jp/international_policy/
日本銀行　http://www.boj.or.jp/
ADB Asian Bonds Online　http://asianbondsonline.adb.org/
ASEAN+3 Macroeconomics Research Office　http://www.amro-asia.org
ASEAN+3 Research Group（Final Report and Summary）
http://www.asean.org/component/itpgooglesearch/search?gsquery=resarch+group

第10章

カンボジアのアクレダ銀行
リージョナルバンクへの可能性

大木博巳

1 はじめに:アクレダ銀行について

　カンボジアでは、ポルポト政権崩壊後の1979年にカンボジア国立銀行(National Bank of Cambodia：NBC)が中央銀行として再建され、外国貿易銀行を国営化にして商業銀行の業務を再開した。1980年には、NBCを唯一の銀行とするモノバンク・システムに移行した。計画経済から市場経済への移行を開始した91年には、NBCとの合弁または外国銀行支店として民間商業銀行が設立された。94年までには商業銀行は30行となり、その多くがNBCとの合弁であった。中央銀行法が制定された96年には、中央銀行は外国貿易銀行を除いて、合弁で設立した商業銀行の所有権を手放した。NBCは98年から金融機関の改革を進めて、①商業銀行(最低払込み資本金1300万ドル)、②専門銀行(同250万ドル)、③免許・登録マイクロ金融機関、3のカテゴリーに分ける改革を進めた。商業銀行の業務は、①融資、②預金、③決済業務を行うこと、また、専門銀行は融資業務のみに特化し、マイクロ金融機関は、預金業務と融資業務、特定の経済分野という棲み分けができあった[1]。

　カンボジアの金融機関は、NBCによれば2013年時点で、商業銀行が35行、専門銀行が8行、マイクロファイナンス43機関を数えている。この中で、カンボジア最大手の銀行がアクレダ銀行(本社はプノンペン)である。アクレダ銀行の総資産規模は、31億ドル(2014年末)、拠点数は254店舗(2015年4月)、従業員数

---

1)　奥田・ポーレン(2013)。

は1万1614人（2015年4月）、口座件数、与信額、ATMの設置台数、いずれもカンボジアの銀行の中ではトップの位置にある。

アクレダ銀行は、カンボジアの金融業界では先駆けとなるサービスに取り組んでいる。携帯電話用のモバイルバンキングシステムの開発、証券会社 ACLEDA Securities Plc の設立、SWIFT（国際銀行間金融通信協会）と提携しての国内外への送金サービス、貿易金融、外国為替、自動引き落とし、トラベラーズ・チェック、税金支払いサービス、国際クレジットカードの発行（ビザカード）、Prudential（Cambodia）Life Assurance との提携等である。

2010年には、ムーディーズとスタンダード・アンド・プアーズの信用格付けを得た初のカンボジアと銀行となった。また、経営の透明性を向上させる視点から、アクレダ銀行は四半期ごとに新聞およびウェブサイトで財務諸表を公表し、収益を明らかにしている。

さらに、メコン地域における金融アクセス改善でもアクレダ銀行の存在感が増している。2008年1月に ACLEDA Bank Lao Ltd を設立し、ラオスで41店舗を構えてフルバンキングの業務を展開している。2013年3月にはミャンマーで、ヤンゴン地域を中心にマイクロファイナンス事業を開始し、6店舗開設した。

ASEAN後発国であるカンボジアは、見るべき産業が少なく、観光、縫製、農業が主な産業である。その中で、産業発展の基盤となる銀行セクターでアクレダ銀行の活躍が輝いている。

2　時は金なり

アクレダ銀行は、1993年に零細・小企業開発と融資を行うマイクロファイナンス、Association of Cambodian Local Economic Development Agencies（ACLEDA）として誕生した。職員は30名弱のNGOであった。NGOアクレダは、1992年に国連開発計画（UNDP）が資金を拠出して国際労働機関（ILO）が実施した「零細事業・インフォーマルセクター推進プロジェクト」がきっかけで設立された[2]。設立初期には、ILO、UNDP、米国国際開発庁（USAID）、スウェーデン国

2）　吉田（2001）。

第10章　カンボジアのアクレダ銀行

表10-1　主要なカンボジアの商業・専門銀行の概要（2013年）

	事務所数			スタッフ（人）	資産（10億KHR）	支払資本金（10億KHR）		預金額（10億KHR）	不良債権率（％）
	計	プノンペン	その他			外国	国内		
商業銀行									
Acleda Bank Plc.	238	17	221	9,357	9,287	363	378	5,845	0.6
Advanced Bank of Asia Ltd.	17	10	7	444	1,303	144	-	1,105	2.7
Agri Bank Cambodia Branch	1	1	-	30	241	156	-	81	2.0
ANZ Royal Bank (Cambodia) Ltd.	17	11	6	530	3,810	156	128	3,262	3.1
Bank for Investment and Development of Cambodia Plc.	7	2	5	310	1,998	-	280	603	5.1
Bank of China Limited Phnom Penh Branch	2	2	-	77	1,712	160	-	1,307	-
Bank of India Phnom Penh Branch	1	1	-	9	88	52	-	11	-
Booyong Khmer Bank	1	1	-	11	155	144	-	4	-
Cambodia Asia Bank Ltd.	6	2	4	308	319	146	-	134	8.2
Cambodia Mekong Bank Public Ltd.	6	4	2	113	195	-	164	73	0.9
Maruhan Japan Bank Plc.	1	1	-	88	756	296	-	308	0.3
小計（35行）	487	169	318	16,221	50,182	4,735	2,009	30,197	2.3
専門銀行									
小計（8行計）	10	10	-	347	746	149	202	7	19.9
合計	497	179	318	16,568	50,929	4,883	2,211	30,204	2.7

注）2013年12月31日時点。
出所）NBC2013年次報告書に基づき筆者作成。

際開発協力庁、日本WID（途上国の女性支援イニシアティブ）基金などが支援を行った。

　NGOアクレダは、カンボジアでマイクロファイナンスの事業を進めるに当たり、先進事例から多くを学んでいる[3]。NGO設立後の1994年にバングラデシュのグラミン銀行に研究チームを派遣した。グラミンからは、①事業資金の調達をドナーに依存していること、②グループの結成方法、③グループ貸しのやり方を学んだが、グラミンの貸し付けのやり方には従わなかった。

　バングラデシュでは、女性に融資する場合、5人1組のグループを結成して、融資を受けることが多い。しかし、その5人全員が同時に借り入れすることはできない。最初に2〜3人に3カ月程度の期間で貸し付けられ、その融資がスケジュールどおり適切に返済された後に、残りの人たちに融資が行われる仕組みである。問題は、最初の3人が返済を滞らせると、残りの2人が融資を受ける機会がなくなる。グループに融資をするという考え方に基づいているからである。

　しかし、アクレダは、このグラミンのやり方には従わなかった。グループを結成すれば、5人全員が同時に融資を受けることができるように変更した。もし、返済したことを確認するまで、融資を3カ月待つように頼んだとすれば、彼女らは投資機会を失うことになる。「時は金なり」、顧客を待たせてはいけないというのがアクレダの考え方である。カンボジアでは、1人のメンバーが返済できなければ、他のメンバーがそのメンバーのために返済を行うという。

　インドネシアのBRI（Bank Rakyat Indonesia）もモデルの1つとなった。BRIは農村部を中心に融資を行っていた国有商業銀行である。1970年代の初めに米作農家を対象とした融資プログラムを開発し、この過程で「デサ（Desa）」というMF部門が設立された。アクレダは、小さなユニットを作るというBRIのやり方をまねた。

　タイの農業・農業組合銀行（Bank for Agriculture and Agricultural Cooperatives：BAAC）からはスタッフを受け入れて、小規模農家への貸付を学んだ。タイの農村では、民間の貸金業者から高金利の資金を借りて、苦しんでいる農民

---

[3] 筆者は2010年10月にアクレダ銀行のイン・チャンニ（In Channy）頭取と面談する機会を得た。以下の記述は、面談に基づいたものである。

が多かったが、BAACは小規模農家へ特別低金利で貸付を行っていた。しかし、BACCは、政府から助成金を受けている点でアクレダのモデルにはならなかった。アクレダは、政府からの助成金をもらうと、政府の影響が強くなってしまうことを嫌ったのである。

ボリビアのバンコソルは、商業銀行化のモデルとして参考にしている。バンコソルは、新たな株主として上級経営者や役員などの一部の幹部に株式を割り当てたが、アクレダは、幹部と従業員を区別せず、一般の従業員にまで資本参加（株主）の道を開いた。

NGOアクレダは、こうした先進事例を学びつつ、独自の融資方法を作り上げた。その様子をイン・チャンニ（In Channy）・アクレダ銀行頭取は、筆者に次のように述べていた。「零細事業にはグループ融資を、小規模事業には個別融資を行っています。零細事業融資の場合、2～10人でグループを作っていただきます。顧客の都合に合わせて、2人でもいいし、3人、4人、5人でもかまいません。担保も必要ありません。しかし事業のアイデアについてじっくり話を聞く。100ドルをどう使いたいのか、基本的な事業計画があるのかどうか伝えていただきます。事業計画について口頭で回答していただく理由は、読み書きができない人がほとんどだからです。カンボジアでは零細事業の起業家でも、読み書きができないことがあります。ですから、議論に多くの時間を費やす必要があります。銀行に足を運んで100ドル借りたいという。でも書類を書くことはできない。そのため口頭で融資資金の使途を尋ね、情報を伝えます。100ドルを何に使うか尋ねたとき、野菜を売る資金にしたいと回答があったとします。その場合はかご代にいくら、野菜の在庫にいくらなど、どのくらい使う予定があるのか話していただきます。われわれは、こうした過程に多くの時間をかけます。」こうした努力の積み重ねにより、アクレダは、零細事業主から信用を得て、顧客基盤を拡大して発展した。

3　NGOから商業銀行への転換

3.1　開発金融機関の資本参加

1998年に、NGOアクレダはUSAID、国際金融公社（International Finance

Corporation：IFC)、UNDPなどの助言と財政面での支援のもと、商業銀行への転換に向けた3年計画をスタートさせた。NGOから商業銀行への転換に向けた最初のステップは、会計方針及び慣行を国際基準並みに引き上げること、そのための組織改革に着手することであった。2000年10月に貧困層向け金融の専門銀行としてライセンスが交付され、ACLEDA Bank Limitedが誕生した。専門銀行として3年間営業した後、2003年12月に、商業銀行のライセンスが交付された。社名もACLEDA Bank Plc.に変更された。商業銀行化の目的は、ドナーの支援がなくとも金融機関として自立することにあった。

専門銀行の移行に伴い、新たに株主が誕生した。最大の株主は、「ACLEDA NGO」である。NGOのアクレダが名称変更したもので、アクレダから基金（総額400万ドル）を引き継ぎ、ACLEDA Bank Limitedの45.61％を所有した。「ACLEDA NGO」の役割は、アクレダ銀行を通じて小規模・マイクロビジネスに金融サービスを提供することである。アクレダの従業員もACLEDA Staff Association（ASA）を組織して5.39％の株式を取得した。残りの49％は、国際金融公社（IFC）、ドイツのドイツ投資開発銀行（Deutsche Investitions und Entwicklungsgesellschaft mbH：DEG）、FMO（オランダ開発金融公庫）、オランダのトリオドス銀行（Triodos Bank）の4機関が均等に所有することになった（表10-2）。これらの機関は、アクレダの金融事業を資金面で支えていた機関である。

IFCは世界銀行グループの国際金融機関として、MFの分野で、主要なプレイヤーである。IFCは、1999年からアクレダ銀行のパートナーとなった。当時のアクレダは、拠点網がカンボジアのすべての州と特別市に拡大し、伸び盛りの時期にあったが、事業拡大のための資金が不足し、新たな資金調達先探しに奔走していた。そのアクレダに、IFCが関心を持った。IFCは融資に当たり大手金融機関のまとめ役になっていたことから、アクレダ銀行もIFCに関心を持っていたという。その後、IFCはアクレダ銀行とラオスやミャンマーで貧困層や零細企業の金融アクセス改善に取り組むパートナーとなっている。

ドイツ投資開発銀行[4]は、ドイツ復興金融公庫（KfW）グループの一員で、途

---

4) 開発途上国に進出するドイツ企業の支援機関として、100％政府出資で1962年に設立された有限会社。2001年にドイツ政府がKfWにDEGの全株を譲渡し、KfWグループの一員となった。

第10章 カンボジアのアクレダ銀行

表10-2 アクレダ銀行の株主比率

Shareholders	2000.12.31	2001.12.31	2003.12.31	2010.12.31	2012.12.31	2013.12.31	2014.8.18
ACLEDA NGO	44.91%	45.61%	39.93%	32.00%	32.00%	25.11%	25.11%
ASA, Plc.	6.09%	5.39%	11.07%	19.00%	19.00%	25.89%	25.89%
IFC	12.25%	12.25%	12.25%	12.25%	12.25%	12.25%	
DEG	12.25%	12.25%	12.25%	12.25%			
FMO	12.25%	12.25%	12.25%				
TRIODOS	12.25%	12.25%					
Stichting Triodos Doen			10.33%	4.36%	4.36%	4.36%	
Fair Share Fund (TFSF)			1.92%	4.32%	4.32%	4.32%	2.18%
Sustainable Finance Foundation							1.52%
Microfinance Fund (TMF)				3.57%	3.57%	3.57%	2.55%
JSH Asian Holdings Limited				12.25%	12.25%	12.25%	12.25%
COFIBRED					12.25%	12.25%	12.25%
ORIX Corporation							6.00%
Sumitomo Mitsui Banking Corporation							12.25%
Total	100.00%	100.00%	100.00%	100.00%	100.00%	100.00%	100.00%

注）Sustainable Finance Foundation は DOEN を改称したファンド。
出所）ACLEDA 銀行次報告書に基づき筆者作成。

上国の民間会社へ投資を行っている。KfW は、グラミン銀行に支援を始めたマイクロファイナンスでは業界のパイオニア的存在である。アクレダには、1993年の発足当初から、資金支援を始めた。しかし、当時は、融資金額が小さかったこともあり批判が多く、その程度の金額では何も意味が無いという声が殆どだったという。アクレダがカンボジア全土に拠点を構えるようになり、事業が成功すると批判も聞かれなくなった。

DEG は KfW の一員として開発に関わる民間企業の支援を通じての途上国の持続的成長と生活水準の向上を目的として、金融部門を中心に幅広いセクターへ投資している。支援する企業はドイツや欧州諸国の企業に限定されておらず、またドイツの利益と関わらない事業も行っている点で、他国の開発銀行と異なっている。2000年に専門銀行となったアクレダ銀行に資本参加した。

オランダ開発金融公庫（Financierings-Masstschappij voor Ontwikkelingslanden：FMO）はオランダの半官半民の開発銀行である。オランダ政府51％、オランダ大手銀行42％、雇用者団体および労働組合7％のほか、100を超える企業および個人投資家が出資し、資金供給、知識の共有、パートナーシップの組成を手掛けている。FMO はオランダ政府の要請を受け、新興市場ファンドプログラムを管理している。発展途上国で民間部門の持続的な成長を促進する事業に投資をしている。

トリオドス銀行（Triodos Bank）は、1980年にオランダで創業された100％持続可能性を目指す倫理銀行のパイオニアである。同行が1990年に欧州で初めて発行した環境保全に関するグリーン・ファンドは、1995年に施行されたオランダ政府のグリーンファンド・スキームと呼ばれる税制優遇措置の導入に大きな影響を与えた。

トリオドス銀行は、1994年にチャリティー基金（オランダ国営郵便番号宝くじ）との共同で Trodos-doen ファンドを立ち上げでマイクロファイナンス機関へのファイナンス事業に関わっている。2002年には、マイクロファイナンスに投資する Triodos Fair Share Fund が設立されている。同行単独のファンドである「マイクロファイナンス・ファンド（Triodos SICAVII）」は、資産の大半が途上国のマイクロファイナンス機関に融資されている。

これらの開発支援機関は、事業資金調達のみならず、出資や劣後債の引受、長

期貸付、貿易金融や国際的な銀行業務の確立、管理システムの強化、職員の能力向上、中小企業向け融資の推進等でアクレダ銀行を支援してきた。一方で、アクレダ銀行は、欧米の開発銀行などを株主として受け入れるとともに、経営の執行と監督を分離したガバナンス体制を整えるなど、高い信用力と透明性のある経営体制を構築した。2001年から高額配当を実施して、これらの開発支援機関に配当を支払うことで期待に応えて、WIN—WINの関係を築いた。

3.2　民間資本の参加

　IFC、ドイツ、オランダの開発支援機関とアクレダ銀行のWIN-WIN関係に転機が訪れたのは2009年である。FMOが12.25％の株式をJardine Matheson Groupに売却した。FMOが手放した理由は、アクレダ銀行は民間の投資企業が参加する時期に来たという判断である。アクレダ銀行も"ジャーデインのアジアにおける175年の商業・銀行ビジネスの経験を学ぶ。長期的視点からカンボジアの経済発展にアクレダが役立てるようビジネスモデルを作る"（Chea Sok アクレダ銀行会長）という次の発展段階に入ったという認識であった。

　2011年には、DEGが持分をフランスのCOFIBRED（Compagnie Financière de la BRED）に売却した。2013年11月には、日本のオリックスがトリオドス銀行から株式の一部（6％）を取得した[5]。日系企業が関心を持ち始めたばかりのカンボジアで、日本の金融系大手企業が現地企業の株式を取得するのは初めてであった。

　さらに2014年8月に三井住友銀行が、IFCが保有しているアクレダ銀行の発行済株式の12.25％を取得した[6]。同行は、2014年1月よりアクレダ銀行が新設したカンボジア国外の企業向け相談窓口部署（「Foreign Corporate Unit」）に職員を派遣して、業務協働を進めていた。日本企業の資本参加の目的は、ACLEDAをビジネスパートナーとして新規投資案件の発掘や現地進出の日系企業サポート等である。

　アクレダ銀行が、民間資本を受け入れている目的は、第1に支援に頼らず、商

---

5)　オリックス「カンボジア最大手ACLEDA銀行へ資本参加」　2013年11月13日。
6)　三井住友銀行「カンボジア・ACLEDA Bank Plc.の株式取得について」平成26年8月18日。

業ベースで自立化するには、経営基盤を強固にすること。イン・チャンニ・アクレダ銀行頭取は、「商業銀行になるということは、ただ単に貸し付け可能な資産を増やせばいいということではない。法を守り、必要とされる条件を満たし、強固で信頼できる資本を持ち、顧客に信頼される経営人材確保と組織運営でなければならない」と述べていた。民間企業の参加は、NGO的色彩から脱却し本当の意味での民間銀行としての独り立ちを果たすことになる。

　第2に、アクレダ銀行は戦略的な投資家を求めていること。戦略投資家というのは、何か特別なものをもたらしてくれる投資家である。例えば、アクレダ銀行は、証券会社を設立したが、これは上場企業の決済を担わせるために設立している。2014年には保険分野にも進出している。証券業務や保険の専門知識などカンボジア経済にとって必要な資本市場や証券市場に係わる専門的な知識、ノウハウの取得が急務となっている。

4　マイクロビジネスローンから中小企業ビジネスローンへ

　商業銀行に転換後のアクレダ銀行は、預金口座、預金者数や融資を急拡大させている。まず、預金額口座件数は2001年の3836件から2015年（1月末時点）には142万8418件、預金額は2万ドルから22億47万ドルに拡大している。農村部での新規開店やモバイルサービスが預金獲得に貢献した。また、貸付人数は2000年の6万860人から2015年に37万1290人に増え、融資規模（残高）は、2000年の1700万ドルから2015年には20億8100万ドルへと拡大している。

　融資先も多様化している。アクレダ銀行が行う主な融資業務は大きく個人向けとビジネス向けに分かれている。個人向けローンは、多目的のパーソナルローンのほか、住宅ローン、住宅改修ローン、自動車ローン、モーターバイクローンなどがある。

　ビジネス向けは、零細事業者向けのインフィーマル・セクター・ローン、マイクロビジネスローン、小規模事業主向けローン、金融のワンストップサービスを提供する中規模事業主向けローンがある。

　アクレダ銀行の融資は、2000年から2002年までは、マイクロ（零細）ビジネスと小規模ビジネスへの融資が中心であった。零細事業とは農業、野菜販売、畜産、

第10章　カンボジアのアクレダ銀行

表10-3　アクレダ銀行の融資・口座件数等

	2000年	2001年	2002年	2003年	2006年	2009年	2010年	2014年	2015年
貸付人数（人）	60,860	81,453	82,976	98,905	159,930	247,987	265,937	366,562	371,290
貸付人数に占める女性の割合（％）	78.0%	72.0%	70.0%	62.0%	60.6%	56.0%	54.7%	52.6%	52.6%
貸付額（100万ドル）	17	21	27	41	158	538	745	1,994	2,081
マイクロビジネス（〃）	5	6	7	9	33	66	76	190	193
小規模ビジネス（〃）	12	15	20	22	52	119	146	648	681
中規模ビジネス・その他（〃）	N/A	N/A	N/A	10	74	353	523	1,156	1,208

注）12月31日時点。
出所）ACLEDA銀行年次報告書に基づき筆者作成。

アクレダ銀行の口座件数と預金額

	2000年	2001年	2002年	2003年	2006年	2009年	2010年	2014年	2015年
口座件数	N/A	3,836	19,070	35,054	141,368	603,224	703,151	1,424,590	1,438,418
金額（100万ドル）	N/A	2	6	13	123	688	911	2,202	2,247

注）12月31日時点。
出所）ACLEDA銀行年次報告書に基づき筆者作成。

表10-4 アクレダ銀行の貸付業務

①インフォーマル	市場や人が集まるような場所で商売を行っている小規模事業者向け貸付。貸付通貨はKHR（カンボジア・リエル）、ドル、バーツの3種類、貸付期間は12カ月、金額は700ドル。融資条件は、当局によって住所が確認できること、よい評判、履歴を持っていること、十分に利益が上がっている商売。
②マイクロビジネスローン	安定的に利益を出してはいないが、長期にわたり持続可能な利益は出しているビジネスを行っている人が事業拡大を考えているケース。 ・個人：期間12カ月（400バーツ、24カ月、400バーツ、あるいは1,500ドルまで）、36カ月（6万から10万バーツ、1,500ドルから2,500ドル） ・2〜10人のグループ：12カ月　メンバー1人当たり4,000バーツ マイクロビジネスローンは、ビジネス向けサービスに分類されているが、個人への貸付も可能である。個人を対象とするケースでは、40万カンボジア・リエル（もしくは4,000タイ・バーツ）以下は融資期間6カ月まで、400万カンボジア・リエル（もしくは4万タイ・バーツ、1,000米ドル）以下は融資期間12カ月まで、600万カンボジア・リエル（もしくは6万タイ・バーツ、1,500米ドル）までは融資期間は最長18カ月である。 グループとしてマイクロビジネスローンを利用できるのは、人数が10名以下の場合である。40万カンボジア・リエル（もしくは4,000タイ・バーツ）以下の場合融資期間6カ月まで、200万カンボジア・リエル（もしくは同等額のタイ・バーツ）以下の場合融資期間12カ月までである。 融資条件は、成人であること、住所があること、合法な事業を行っていること、資本の最低20％を有していること等。
③小規模事業ローン	事業を拡大したい、利益をもっと上げたいと考えている企業に融資。長期的に持続的な利益を上げられる企業を対象とする。 貸付通貨はカンボジア・リエル建て、タイ・バーツ建て、米ドル建て。 　36カ月　2,500ドル〜5,000ドル 　48カ月　5,000ドル〜1万ドル 　60カ月　1万ドル〜3万ドル 融資条件は、自社経営のマジョリティを持っていること、自身が住む自宅の住所があること、合法な事業を行っていること等。
④中規模事業ローン	会社の個々のニーズに合わせた包括的で最先端のソリューションをすべての金融の分野で提供するワンストップ金融サービスの提供。 60カ月　12万バーツ、72カ月3万ドル以上
⑥住宅ローン	住宅ローンは、米ドル建てで、融資額の上限は20万ドルもしくは住宅価格の70％まで。融資期間については、公共・国立・国際機関に雇用されローン返済までに定年を迎えない場合、もしくは、健康でローン返済期間中に60才を超えない場合、最長10年である。住宅改修ローンは、カンボジア・リエル建てもしくは米ドル建てで、10万ドル相当までである。融資期間については、返済期間中に60才を超えないもしくは定年を迎えない場合、最長5年である。 融資条件は、カンボジア国籍の成人で、定期的な収入があること、過去の経歴が好ましいこと、購入・改修する住宅がエーシーレダ銀行の営業地域内にあること等。

出所）アクレダ銀行ウェブサイト（2015年1月時点）に基づき筆者作成。

表10-5 アクレダ銀行の融資残高（産業別）

（単位：100万ドル）

	アクレダ銀行	
	2013	2012
卸・小売	596	515
サービス	299	255
農業	286	233
住宅	107	94
製造業	58	55
スタッフ	48	48
金融機関	2	2
その他	73	53
合計	1,468	1,254

出所）ACLEDA銀行年次報告書に基づき筆者作成。

漁業、食料品販売、その他のサービス業や販売業を指している。小規模事業融資は、事業に何らかのスキルが求められケースを指している。例えば、二輪車修理工場を営む場合、二輪車の修理の方法を知っていなければならず、認定されたスキルが必要となる。その点、零細事業には特別なスキルは必要とせず、事業を開始しそれを拡大させるアイデアが必要となる。

　商業銀行に転換した2003年から、1万ドル以上の貸付を行う中規模事業融資を開始した。2006年には中規模ビジネスへの融資が小規模ビジネスへの融資を上回った。企業規模別融資残高は、マイクロビジネスが2000年の500万ドルから2015年に1億9300万ドル、小規模ビジネスは同じく1200万ドルから6億8100万ドル、中規模ビジネス等が2003年の1000万ドルから2015年に12億800万ドルへとそれぞれ拡大している。

　主な融資先は、マイクロビジネスから小規模ビジネス、さらに中規模ビジネスへと変化している。また、アクレダ銀行のMF融資は、融資に占める割合で2005年に70％から2008年に50％に低下している。男女別融資の割合は、女性への占める割合が78％から2015には52％にそれぞれ低下している。

　アクレダ銀行の貸付残高は2013年で14億6800万ドルである。業種別融資先は、卸小売業に5億9000万ドル、サービスに3億2700万ドル、農業部門に2億9400万ドルとこれら3業種で融資残高の約8割を占めている。アクレダ銀行の主な顧客

表10-6 主要商業銀行の分野別融資残高（2013年）

商業銀行	合計	金融	農業	製造	建設	卸	小売	ホテル・レストラン	情報通信	レンタル	不動産	その他非金融サービス	個人サービス
Acleda Bank Plc.	5,919	8	1,156	238	-	906	1,406	77	-	-	21	1,122	915
Advanced Bank of Asia Ltd.	725	13	54	47	25	66	139	70	23	18	95	151	22
Agri Bank Cambodia Branch	129	-	3	6	4	21	-	5	78	-	-	-	12
ANZ Royal Bank (Cambodia) Ltd.	1,688	-	-	294	48	793	37	11	82	3	7	12	325
Bank for Investment and Development of Cambodia Plc.	1,523	-	190	175	168	76	425	135	-	-	24	0	148
Bank of China Limited Phnom Penh Branch	946	-	24	543	7	81	1	7	36	-	-	16	2
Bank of India Phnom Penh Branch	74	50	3	8	2	8	-	-	-	-	-	-	2
Booyong Khmer Bank	20	-	2	-	17	-	-	-	-	-	-	-	0
Cambodia Asia Bank Ltd.	170	-	-	-	-	-	-	-	-	-	-	169	2
Cambodia Mekong Bank Public Ltd.	90	-	30	6	11	8	1	3	-	0	5	7	2
Maruhan Japan Bank Plc.	332	45	56	14	48	113	6	23	-	2	6	1	7
小計（35行計）	29,213	439	2,653	3,270	2,286	5,290	4,339	1,836	469	341	990	2,943	2,840

注）2013年12月31日時点。
出所）NBC2013年次報告書に基づき筆者作成。

が中小零細業者、農民であることを示している。また、製造業への融資残高は、住宅を下回っており、製造業が育っていない現在のカンボジア経済をよく反映している。

　カンボジアの商業銀行の融資残高に占めるアクレダ銀行の割合は、2013年で2割である。第2位のANZ Royal Bank、第3位のカンボジア投資発展銀行を大きく上回っている。業種別融資残高ではと、農業で占めるアクレダ銀行の割合は43.5％、小売業が32.4％、その他非金融サービスが38％、個人サービスが32.2％、卸売が17％、製造業が7.2％と農業、小売、サービスの融資で強みを発揮している。他方、製造業への融資は、中国系のBank of chinaやANZ Royal Bankに次いでアクレダ銀行は第3位につけている。

5　メコン地域におけるリージョナルバンクへの飛躍

　ASEANでは金融統合が俎上に上がっている。ASEANの金融統合ブループリントは、金融サービスの自由化、資本勘定の自由化、金融インフラの構築、支払決済システム、資本市場統合の5分野について統合に向けた道筋が示されている。しかし、ASEANの金融統合は、金融サービスや資本取引の自由化のためにすべての規制を取り除くことを目指しているにではない。各国が自主的に定めたタイムテーブルに従って自由化を進めるもので、各国によって自由化の濃淡が異なる。

　例えば、ASEANの金融は間接金融（商業銀行）が中心、銀行セクターの統合を進めることが合理的である。銀行セクターでもタイ、マレーシア、シンガポールの先発国とカンボジア、ラオス、ミャンマーなどの後発国との間に地場銀行の競争力でおおきな格差がある。そこで予想されることは、金融後発国の銀行が競争力を十分に高められなかった場合、銀行セクターの統合により自国での市場シェアを奪われることである[7]。ところが、ASEAN先発国では銀行分野を自由化しようとする国はない。大規模な国内市場と保護すべき商業銀行を抱えているためである。他方、カンボジア、ラオス、ベトナムは銀行部門の自由化をコミットしている[8]。ASEANの先発国と後発国のとの間で、自由化を巡ってパラドッ

---

7)　大島（2014）。

クスが存在している。

　カンボジアの銀行セクターは、極めて緩い外資規制を背景にして外国資本の存在が大きい。とりわけ、アジア系銀行が進出したことなどから、この特徴は一層強まり、商業銀行35行のうち地場資本100％の銀行が5行、地場資本がマジョリティを持っている銀行が1行、逆に外国資本がマジョリティを持っている銀行が3行、外国資本100％が26行である。商業銀行の払込資本に占める外国資本の割合が70％（2013年末）を占めている。

　外資系銀行がマジョリティを形成しているカンボジアでは、地場のアクレダ銀行が国内トップを維持している。2003年に商業銀行に転換した当時のアクレダ銀行は、商業銀行中最下位の銀行であった。それが、2009年に支店数、顧客数、市場シェアで1位となり、2010年6月には、預金、貸し付けでも1位になった。アクレダ銀行が、国内で最大手の銀行に成長したのは、零細企業や小規模企業等商業銀行に取り残された顧客や貧困層向けに金融サービスを提供し、銀行へのアクセスがままならない顧客層とともに成長してきたからである。貧困層を市場とするビジネスは、銀行に限らず先進国の企業が参入し難い分野である。アクレダ銀行にとって、ASEANの金融統合は、ASEAN地域でいまだに銀行へのアクセスが難しい貧困層に事業を拡大させるチャンスである。アクレアダ銀行は、既にラオスとミャンマーに進出して布石を打っている。

5.1　ラオス、ミャンマーへの進出

　アクレダ銀行は、2008年7月8日にアクレダ・ラオス（ACLEDA Bank Lao Ltd.）を設立した。株主は、アクレダ銀行39.95％の他に、FMO（25.23％）、トリオドスDODE-Foundation（9.46％）、トリオドスshare Fund（9.46％）、IFC（15.9％）の開発支援機関が参加している。アクレダ・ラオスのミッションは、零細・中小企業に銀行サービスを提供することを通じて生活改善につなげることである。

　ラオスでは、外国銀行は、MFの事業はできないため、融資・預金、国際取引、E-バンキング、貿易金融、為替、給与振込、トラベラーチェックなどフルサー

---

8)　江崎（2014）。

ビスの銀行業務を行っている。アクレダ・ラオスの資産は1億2700万ドル、融資額は8770万ドル、預金額は7170万ドル（いずれも2013年12月末）、中小企業への貸付、スタッフ人材などラオスの銀行界でマーケットリーダーとなっている。アクレダカンボジアと共通で使えるATMが45台、店舗は農村地区を中心にほぼ全国に開設し、41店舗となっている。タイ、中国、ミャンマーの国境と接している地域に店舗を開設して、そこが好調である。

2013年2月にはアクレダ銀行が100％出資のアクレダ・MFIミャンマー（ACLEDA MFI Myanmar Co., Ltd.）を設立した。設立に当たっては、IFCやドイツ復興金融公庫（KfW）、フランスのCOFIBREが支援し、IFCにとってはミャンマーで初めての投資融資第一号案件である。IFCは今後、他の国における同様のマイクロファイナンス機関の発展のために、アクレダMFIミャンマー社を模範例として活用するという[9]。

ミャンマーは、長年国際的に孤立した状況が続いたため、世界で最も金融サービスの発展が遅れている国のひとつである。アクレダ・MFIミャンマーの目的は、マイクロファイナンス市場の拡大を通じて、ミャンマーにおける金融サービスへのアクセスを改善すること、雇用拡大や貧困削減を実現するための経済再生支援することである。アクレダ銀行のイン・チャンニ頭取は、「カンボジアの有力なマイクロファイナンス機関として、ミャンマーの中小企業や低所得者層の人々に適切な融資を提供するにあたり、我々の豊富な経験が大いに役立つものと確信しています」と述べていた。

カンボジア、ラオス、ミャンマーでは、多くの人が、十分に金融アクセスが保障されていない。中小零細事業主や女性の起業家を助けるマイクロファイナンスが必要とされている地域である。こうした地域では、先進国の銀行が優位性を発揮するのは難しいが、アクレダ銀行のような低所得層を顧客基盤として発展してきた銀行にとっては、成長の糧となる。その代表例の一つがケニアのエクイティ銀行である。

---

9) IFC「ミャンマーにおけるIFC投融資第一号案件が決定──金融アクセス改善と雇用拡大を目指す」2013年1月23日。

5.2 ケニアのエクイティ銀行

　ケニアのエクイティ銀行は、国内の銀行口座件数の53%を占めるケニア最大の銀行であるばかりでなく、ウガンダ、南スーダン、ルワンダ、タンザニアでも事業を展開している東アフリカ地域最大のリージョナル銀行である[10]。アクレダ銀行と同様にエクイティ銀行も銀行口座を持てない人々、銀行サービスが十分に行われていない地域の人々のための銀行として出発した。従来型の銀行の多くは、低所得層を「高リスク」と見なし、彼らはお金を持っていないので貯蓄ができない、ビジネスのための投資を望まない、できないと見ていた。しかし、エクイティ銀行は、低所得層を対象にした銀行サービスをビジネスとして成功させた。エクイティ銀行は、国民の半数を占める食糧貧困ラインを下回る生活している人々に投資をすることで、国内で最も多くの利益を上げる銀行の一つになった。

　エクイティ銀行は、1984年に住宅金融組合として設立された。「口座開設手数料」は、無料、国内のあらゆる地域で銀行サービスを提供し、「hawking bank（行商銀行）」と揶揄された時期もあった。設立当初の同行のアプローチは奇策と受け止められていた。同行の顧客の多くは、インフォーマルセクターで就労しており、融資を受けるための担保となる資産をほとんど持っていない。そこで、エクイティ銀行は、「社会的担保」と呼ぶ貸し出しを始めた。例えば口座を持つ複数の顧客が、別の顧客の融資を保証する形をとる。珍しいケースではあるが、女性が家財道具を担保として提供する場合がある。返済できない場合に家具を没収されることを認めることは、この女性にとって恥ずべきことであり、必ず返済をするという。誰もコミュニティから除外されたり、財産を失ったりすることは望まないためである。エクイティ銀行のJames Mwangi CEOは、これを「心理的担保」と呼んでいる。

　エクイティ銀行のビジネスモデルは、①マスマーケット、「ピラミッドの底辺（貧困層）に向けた銀行サービス」の提供である。エクイティ銀行の強みは、こうした顧客一人一人のニーズに合わせた個別対応の融資や銀行サービスの提供を心がけている。②顧客が低コストで銀行サービスに容易にアクセスできることに注力をした。具体的には、比較的少額の預金を多くの顧客から集めることで、低

---

10) 大木（2013）。

コストで安定的な資金を確保している。③短期の小口融資によってリスクを最小化しており、完済した顧客には、さらに高額の融資を受けられるインセンティブを与えている。顧客にとっては、低コストで段々と高額の取引を利用することが可能になっている。④モバイル・バンキングや代理店でのサービス提供（agency banking）を行い、地方の顧客が銀行サービスを利用しやすい環境を作っていることも強みのひとつである。同行は、186の支店に加えて3,991の代理店を抱えて国内に隈なくサービスが提供できる体制を構築している。また、モバイル・バンキング口座は155万件に達する。顧客は遠く離れた支店を訪ねなくても金融サービスを受けることができ、移動のコストと時間を削減している。

エクイティ銀行は、銀行のサービスにアクセスできない同じような境遇のアフリカの人々の社会・経済的繁栄に貢献する企業として、また、貧困層の社会的・経済的自立を促す包括的な金融サービスの提供することで事業地域をケニアから東アフリカ地域に拡大させている。

6　結び

アクレダ銀行は、どの銀行もやりたがらない零細事業者や小規模事業者を顧客として大事にしてきた。カンボジアでは、10ドル、20ドル、500ドルなどの零細事業融資を行っている商業銀行はアクレダ銀行だけであるという。500人の零細事業者と取引をすると、融資の返済に500人が窓口に来るとコストも高くなり、利益も1万ドルを貸し付けた中規模企業融資1社分程度と効率が悪い。アクレダ銀行が、コスト面では割に合わない融資を行うのは、出自がNGOであること、零細規模から小規模に、そして中規模に成長する顧客の将来性を担保にしているためである。

銀行サービスを受けられない貧困層や零細事業者は、後発地域のメコン地域では、依然として多数を占めている。貧困層や零細事業者を顧客基盤とするような銀行を見つけることは、先進国やASEANの先発国の銀行でも難しい。銀行サービスを受けられない貧困層や零細事業、小規模事業、中規模企業を対象にした融資など優れたサービスを提供することで発展してきたアクレダ銀行は、メコン地域におけるリーディングバンクへと飛躍する可能性は十分にあると思われる。

参考文献

秋山文子（2014）「カンボジア銀行セクターの動向」、国際通貨研究所　Newsletter、2014年第19号。
江崎和子（2014）「ASEAN 統合で金融は変わるか」、月刊資本市場、第348号。
大木博巳（2013）「貧者の銀行、エクイティ銀行　東アフリカ地域最大の銀行に成長」、通商弘報、2013年2月7日。
大島秀雄（2014）「東南アジア諸国における銀行の経営構造」、JRI レビュー、第7巻17号。
奥田英信・ポーレン,チア（2013）「カンボジア主要金融機関の経営特性――DEA による効率性と技術変化の分析」、一橋経済学、第7巻1号。
吉田秀美（2001）「貧困削減におけるマイクロファイナンスとソーシャル・キャピタル」、『JICA ソショーシャルキャピタルと国際協力』。
ACLEDA Bank Annual Report　各年版.
ACLEDA Bank Lao's Annual Report 2013.
National Bank of Cambodia Annual Report 2013.

アジアにおける地域統合のあり方

第11章　ASEAN経済共同体と開発
第12章　日中韓FTAの可能性
第13章　インドの開発と地域統合
第14章　RCEPの新たな課題
第15章　FTAAPへの道：APECの課題

第11章

ASEAN 経済共同体と開発

清水一史

1 はじめに

　現在の東アジアの開発において、経済統合の役割は急速に大きくなっている。東アジアの経済統合は、世界の成長センターである東アジアにおける貿易や投資を促進し、東アジアの生産ネットワークの構築を支援し、東アジアの発展成長を大きく助けるであろう。日本の経済協力も、従来は貿易、投資、ODAという三位一体型援助を実施してきたが、従来の三位一体型国際協力に地域統合の推進を加えた「四本柱型国際協力」への転換が必要になってきている。

　東アジアの経済統合はASEANによって牽引されてきた。ASEANは、従来東アジアで唯一の地域協力機構であり、1967年の設立以来、政治協力や経済協力など各種の協力を推進してきた。加盟国も設立当初の5カ国から10カ国へと拡大した。1976年からは域内経済協力を進め、1992年からはASEAN自由貿易地域（AFTA）を目指し、現在の目標は2015年末のASEAN経済共同体（AEC）の実現である。AECは、2003年の「第2 ASEAN協和宣言」で打ち出された、ASEAN単一市場・生産基地を構築する構想であり、現在までASEANでは、AECの実現に向けて着実に行動が取られている。

　ASEANは、ASEAN+3やASEAN+6などの東アジアにおける地域協力においても中心となってきた。またASEAN+1の自由貿易協定（FTA）もASEANを軸として確立されてきた。そして世界金融危機後の変化の下で、世界経済におけるASEAN経済の重要性がより大きくなり、ASEAN経済統合の重要性もより大きくなってきている。また世界金融危機後の変化が、AECの実現を迫ると

ともに、東アジア地域包括的経済連携（Regional Comprehensive Economic Partnership：RCEP）の ASEAN による提案と交渉開始を導いた。

本章では、ASEAN 経済統合と開発に関して考察する。筆者は世界経済の構造変化の下での ASEAN と東アジアの経済統合を長期的に研究してきている。本章ではそれらの研究の延長に、ASEAN 経済統合と開発、とりわけ ASEAN と東アジアの開発における AEC 実現の意義、そして AEC 実現に向けての日本の協力に関して考察したい。

2　ASEAN 域内経済協力の展開と AEC

2.1　ASEAN 域内経済協力の過程

東アジアでは ASEAN が従来唯一の地域協力であり、域内経済協力・経済統合を牽引してきた。1967年にインドネシア、マレーシア、フィリピン、シンガポール、タイの5カ国によって設立され、当初の政治協力に加えて、1976年の第1回首脳会議と「ASEAN 協和宣言」より域内経済協力を開始した。1976年からの域内経済協力は、外資に対する制限の上に企図された「集団的輸入代替重化学工業化戦略」によるものであったが挫折に終わり、1987年の第3回首脳会議を転換点として、プラザ合意を契機とする世界経済の構造変化を基に、「集団的外資依存輸出指向型工業化戦略」へと転換した。新たな戦略は、1980年代後半から始まった各国の外資主導かつ輸出志向型の工業化を、ASEAN が集団的に支援達成するというものであった。この戦略下での協力を体現したのは、三菱自動車工業が ASEAN に提案して採用されたブランド別自動車部品相互補完流通計画（Brand to Brand Complementation：BBC スキーム）であった[1]。

1991年から生じた ASEAN を取り巻く政治経済構造の歴史的諸変化、すなわちアジア冷戦構造の変化、中国の改革・開放に基づく急速な成長と中国における対内直接投資の急増、アジア太平洋経済協力（Asia-Pacific Economic Cooperation：APEC）の制度化等から、さらに域内経済協力の深化と拡大が進められることとなった。これらの変化を受け、1992年の第4回首脳会議からは AFTA が

1）　以下、本節の内容に関して詳細は、清水（1998、2008）、参照。

推進されてきた。AFTA は、共通効果特恵関税協定（CEPT）により、適用品目の関税を2008年までに 5 ％以下にする事を目標とした。そして冷戦構造の変化を契機に、1995年にはベトナムが ASEAN に加盟した。1997年にはラオス、ミャンマーが加盟、1999年にはカンボジアも加盟し、ASEAN は東南アジア全域を領域とすることとなった。

しかしながら1997年のタイのバーツ危機に始まったアジア経済危機は、ASEAN 各国に多大な被害を与え、アジア経済危機を契機として、ASEAN 域内経済協力は、さらに新たな段階に入った。ASEAN を取り巻く世界経済・東アジア経済の構造が、大きく変化してきたからであった。すなわち第 1 に、中国の急成長と影響力の拡大であり、中国は1997年以降も一貫して 7 ％以上の高成長を維持し、この成長の要因である貿易と対内投資が急拡大した。第 2 に、世界貿易機関（WTO）による世界大での貿易自由化の停滞と FTA の興隆であった。第 3 に、中国を含めた形での東アジアの相互依存性の増大と東アジア大の経済協力基盤・地域協力の形成であった。アジア経済危機以降の構造変化のもとで、ASEAN にとっては、さらに協力・統合の深化が目標とされた。

2.2　AEC へ向けての域内経済協力の深化

ASEAN 域内経済協力は、2003年10月に開かれた第 9 回首脳会議の「第 2 ASEAN 協和宣言」を大きな転換点として、単一市場あるいは共同市場を目標とする新たな段階に入った。「第 2 ASEAN 協和宣言」は、ASEAN 安全保障共同体（ASC）、ASEAN 経済共同体（AEC）、ASEAN 社会文化共同体（ASCC）から成る ASEAN 共同体（ASEAN Community：AC）の実現を打ち出した。AEC は ASEAN 共同体を構成する 3 つの共同体の中心であり、「2020年までに物品・サービス・投資・熟練労働力の自由な移動に特徴付けられる単一市場・生産基地を構築する」構想であった[2]。

AEC においても依然直接投資の呼び込みは非常に重要な要因であり、2002年11月の ASEAN 首脳会議においてシンガポールのゴー・チョクトン首相は AEC

2）　"Declaration of ASEAN Concord II," http://www.asean.org/news/item/declaration-of-asean-concord-ii-bali-concord-ii. AEC に関しては、石川・清水・助川（2009、2013）等を参照。

を提案したが、それは中国やインドなど競争者が台頭する中での、ASEAN 首脳達の ASEAN による直接投資を呼び込む能力への危惧によるものであった[3]。ASEAN 各国にとって依然として直接投資と輸出は発展のための切り札であった。しかし中国やインドのような強力な競争者が台頭し、そのような環境のもとで、より直接投資を呼び込むために、各国首脳達は ASEAN としての協力・統合を求めたのであった。そして協力・統合の深化が目標とされるとともに、域内経済格差の是正も重要な目標とされるようになってきた。

2007年1月の第12回 ASEAN 首脳会議では、ASEAN 共同体創設を5年前倒しして2015年とすることを宣言した。2007年11月の第13回首脳会議では、第1に、全加盟国によって「ASEAN 憲章」が署名され、第2に、AEC の2015年までのロードマップである「AEC ブループリント」が発出された。ASEAN 憲章は翌年12月に発効し、その制定は AEC と AC 実現のための重要な制度整備であった[4]。

AEC の実現に直接関わる「AEC ブループリント」は、3つの共同体の中で最初のブループリントであり、AEC に関するそれぞれの分野の目標とスケジュールを定めた。4つの特徴(戦略目標)と17のコアエレメント(分野)が提示され、コアエレメントごとに具体的な目標と措置(行動)と戦略的スケジュールを示した。4つの特徴(戦略目標)とは、A.単一市場と生産基地、B.競争力のある経済地域、C.公平な経済発展、D.グローバルな経済統合である。「A.単一市場と生産基地」は、①物品(財)の自由な移動、②サービスの自由な移動、③投資の自由な移動、④資本の自由な移動、⑤熟練労働者の自由な移動を述べている[5]。

2008年からは、ブループリントを確実に実施させるために、スコアカードと事務局によるモニタリングを実施している。スコアカードは各国ごとのブループリントの実施状況の点検評価リストである。また AFTA-CEPT 協定を大きく改定した ASEAN 物品貿易協定(ASEAN Trade in Goods Agreement：ATIGA)も

---

3) Severino (2006), pp. 342-343.
4) "Charter of the Association of Southeast Asian Nations," http://www.asean.org/archive/publications/ASEAN-Charter.pdf.
5) "ASEAN Economic Community Blue Print," http://www.asean.org/archive/5187-10.pdf. AEC ブループリント並びにスコアカードに関しては、石川(2013、2015b)を参照。

2010年5月に発効した。

2010年10月の第17回 ASEAN 首脳会議では、AEC の確立と域内格差の是正を後押しするために「ASEAN 連結性マスタープラン（MPAC）」が出された。MPAC は、2015年の AEC 確立を確実にする意図を有する。ASEAN の連結性については、①物的連結性、②制度的連結性、③人的連結性の3つの面で連結性を高めることが述べられた[6]。こうして ASEAN では、AEC の実現に向けて、着実に行動が取られてきた。

2.3　ASEAN 域内経済協力の成果

これまでの域内経済協力の成果としては、例えば AFTA によって1993年から関税引き下げが進められ、各国の域内関税率は大きく引き下げられてきた。2003年1月には、先行6カ国で関税が5％以下の自由貿易地域が確立され、「第2 ASEAN 協和宣言」からは AEC の柱の AFTA の確立も加速を迫られた。当初は各国が AFTA から除外してきた自動車と自動車部品も、組み入れられてきた。最後まで自動車を AFTA に組み入れることに反対していたマレーシアも、2004年1月に AFTA に組み入れ、実際に2007年1月に自動車関税を5％以下に引き下げた。

2010年1月には先行加盟6カ国で関税が撤廃され、AFTA が完成した。先行加盟6カ国では品目ベースで99.65％の関税が撤廃された。新規加盟4カ国においても、全品目の98.96％で関税が0～5％となった。各国の AFTA の利用も大きく増加し、例えばタイの ASEAN 向け輸出（一部を除きほぼすべてで関税が無税のシンガポール向けを除く）に占める AFTA の利用率は、2000年の約10％、2003年の約20％から、2010年には38.4％へと大きく拡大した。また2010年のタイの各国向けの輸出に占める AFTA 利用率は、インドネシア向け輸出で61.3％へ、フィリピン向け輸出で55.9％に達した[7]。

域内経済協力によって国際分業と生産ネットワークの確立も支援された。その

---

6) "Master Plan on ASEAN Connectivity," http://www.asean.org/images/2012/publications/Master%20Plan%20on%20ASEAN%20Connectivity.pdf. ASEAN 連結性マスタープランに関しては、石川（2013a）を参照。

7) 『通商弘報』2011年4月30日号。AFTA に関しては、助川（2013a、2015）を参照。

図11-1 トヨタ自動車IMVの主要な自動車・部品補完の概念図

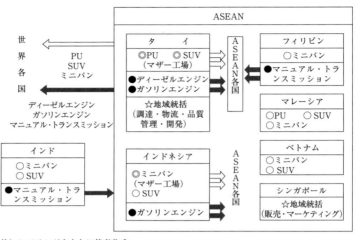

注）ヒアリングをもとに筆者作成。
出所）清水（2011）、p.73。

典型は自動車産業であった。輸入代替産業として各国が保護してきた自動車産業においても、AFTAやASEAN産業協力（ASEAN Industrial Cooperation：AICO）によって日系を中心に外資による国際分業と生産ネットワークの確立が支援されてきた。例えばトヨタ自動車は、1990年代からBBCスキームとAICO、さらにAFTAに支援されながらASEAN域内で主要部品の集中・分業生産と部品の相互補完流通により生産を効率的に行ってきた。2004年8月からタイで生産開始したトヨタ自動車の革新的国際多目的車（IMV）プロジェクトもこれまでの域内経済協力の支援の延長に考えられる。IMVは、これまでの域内での部品の集中生産と補完を基に、域内分業と現地調達を大幅に拡大し、多くの部品をタイとASEAN各国で生産している。主要部品を各国で集中生産してAFTAを利用しながら補完し、同時に世界各国へも輸出している。また完成車もASEAN域内で補完し、かつ世界各国へ輸出している（図11-1）。さらにIMVプロジェクトは、一次部品メーカーの代表であるデンソーの部品の集中生産と相互補完をも拡大し、一次部品メーカー、2次部品メーカーや素材メーカーを含め、ASEANにおける重層的な生産ネットワークを拡大してきた。またそれらにより

ASEANでの生産と雇用の拡大、現地調達の拡大、技術の向上も促進されてきている。ASEAN域内経済協力政策と生産ネットワークから見ても、それらの合致であり大きな成果であった[8]。

最後に、ASEANは、東アジアの地域経済協力においても、中心となってきた。東アジアにおいては、アジア経済危機とその対策を契機に、ASEAN＋3やASEAN＋6などの地域経済協力が重層的・多層的に展開してきた。それが東アジアの地域経済協力の特徴であるが、その中心はASEANであった。東アジアにおいては、FTAも急速に展開してきた。その中でもASEAN日本包括的経済連携協定（AJCEP）、ASEAN中国自由貿易地域（ACFTA）など、ASEANを中心とするASEAN＋1のFTAが中心であった。またASEAN域内経済協力のルールが東アジアへ拡大してきていることも重要である。例えば、ASEANスワップ協定（ASA）が、チェンマイ・イニシアティブ（CMI）として東アジアへ拡大した。また、AFTA原則が、ACFTAなどASEANを軸とするFTAに展開してきた[9]。こうしてASEANの域内経済協力・統合の深化と方向が、東アジア地域協力を方向付けてきた。

3 世界金融危機後のASEANと東アジア

3.1 世界金融危機後のASEANと東アジア

2008年からの世界金融危機後の構造変化は、ASEANと東アジアに大きな転換を迫った。とりわけアメリカ市場の停滞と世界需要の停滞は、輸出指向の工業化を展開し最終財のアメリカへの輸出を発展の重要な基礎としてきた東アジア諸国の発展・成長にとって、大きな制約となった[10]。

世界経済は新たな段階に入り、これまでのアメリカの過剰な消費と金融的蓄積に基づいた東アジアと世界経済の成長の構造は、転換を迫られてきた。そのような構造変化の中で、新たな世界全体の経済管理と地域的な経済管理が求められてきた。現在、WTOによる世界全体の貿易自由化と経済管理の進展は困難であり、

---

8) 清水（2011）、参照。
9) 清水（2008）、参照。
10) 本節に関して詳細は清水（2013a）第4－5節、参照。

ASEANや東アジアなどの地域による貿易自由化と経済管理がより不可欠となってきた。

ASEANにおいては、アメリカやヨーロッパのような域外の需要の確保とともに、ASEANや東アジアの需要に基づく発展を支援することが、これまで以上に強く要請される。ASEANと東アジアは、他の地域に比較して世界金融危機からいち早く回復して成長を持続し、現在の世界経済における最も重要な成長地域となっている。ASEANと東アジアは、主要な生産基地並びに中間財の市場であるとともに、成長による所得上昇と巨大な人口により、主要な最終消費財市場になってきている。それゆえ、域外との地域経済協力・FTAの構築とともに、ASEANや東アジアにおける貿易自由化や円滑化が一層必要なのである。

一方、世界金融危機後のアメリカにおいては、過剰な消費と金融的蓄積に基づく内需型成長の転換が迫られ、輸出を重要な成長の手段とすることとなった。主要な輸出目標は、世界金融危機からいち早く回復し成長を続ける東アジアである。オバマ大統領は2010年1月に輸出倍増計画を打ち出し、アジア太平洋にまたがる環太平洋経済連携協定（TPP）への参加を表明した。

TPPは、2006年にP4[11]として発効した当初は4カ国によるFTAにすぎなかったが、アメリカが参加を表明し、急速に大きな意味を持つようになった。以上のような状況は、ASEANと東アジアにも影響を与え始めた。東アジアの需要とFTAを巡って競争が激しくなってきたのである。

3.2 2010年からのFTA構築の加速とASEAN

世界金融危機後の変化の中で、2010年はASEANと東アジアの地域経済協力にとって画期となった。1月にAFTAが先行加盟6カ国で完成し、対象品目の関税が撤廃された。同時に、ASEANと中国、韓国、日本との間のASEAN+1のFTA網もほぼ完成し、ASEANとインドのFTA、ASEANとオーストラリア・ニュージーランドのFTAも発効した。TPPにはアメリカ、オーストラリア、ペルー、ベトナムも加わり、2010年3月に8カ国で交渉が開始された。さらに10月にはマレーシアも交渉に加わり、交渉参加国は9カ国となった。

---

11) P4については、第14章（石川）p.238第15章（馬田）p.257も参照のこと。

第11章　ASEAN経済共同体と開発

　2011年11月にはASEANと東アジアの地域協力を左右する重要な2つの会議が開催された。11月12・13日のハワイでのAPEC首脳会議の際に、TPPに既に参加している9カ国はTPPの大枠合意を結んだ。APECに合わせて、日本はTPP交渉参加へ向けて関係国と協議に入ることを表明し、日本のTPPへの接近が、東アジアの地域経済協力の推進に向けて大きな加速圧力をかけた。

　2011年11月バリでのASEAN首脳会議はASEAN共同体構築に向けて努力することを確認し、一連の会議ではASEAN域外からのASEAN連結性の強化への一層の協力も表明された。そしてASEANは、これまでの東アジア自由貿易地域（EAFTA）と東アジア包括的経済連携（CEPEA）、ASEAN＋1のFTAの延長に、ASEANを中心とする東アジアのFTAである東アジア地域包括的経済連携（RCEP）を提案した。RCEPはその後、東アジアの広域FTAとして確立に向けて急速に動き出すこととなった。

　RCEPに関しては、2012年8月には第1回のASEAN＋FTAパートナーズ大臣会合が開催され、ASEAN10カ国並びにASEANのFTAパートナーである6カ国が集まり、16カ国がRCEPを推進することに合意した。同時にRCEP交渉の目的と原則を示した「交渉の基本指針」をまとめた。11月のプノンペンでのASEAN首脳会議と関連首脳会議の際には、第7回EASにおいて2013年の早期にRCEPの交渉を開始することが合意された。また12月にはオークランドで第15回TPP交渉会議が開催され、初めてカナダとメキシコが参加した。

　2012年12月26日に就任した日本の安倍首相は、ASEAN重視を示すとともに、TPP交渉参加を目指し、2013年3月15日には日本のTPP交渉参加を正式に表明した。日本のTPP交渉参加表明は、東アジアの経済統合とFTAにさらに大きなインパクトを与え、交渉が急加速することとなった。3月には日中韓FTAへ向けた第1回交渉会合がソウルで開催された。5月にはブルネイでRCEPの第1回交渉会合が開催された。そして7月23日には、コタキナバルでの第18回TPP交渉会合において、日本が初めて交渉に参加した。

　こうして世界金融危機後の変化は、世界経済におけるASEANの重要性を高めるとともに、ASEANと東アジアの経済統合の実現を追い立ててきた。ASEANにとっては、自身の統合の深化が不可欠であり、まずはAECの確立が必須の要件となってきた。

第3部　アジアにおける地域統合のあり方

4　2015年末のAEC実現と東アジア

4.1　2015年末に実現を目指すAEC

　世界経済の構造変化がAECとASEAN経済統合を追い立てる中で、ASEANでは、2015年末のAEC実現へ向けて行動が取られてきている。AEC実現に向けての重要な手段は、「AECスコアカード」による、「AECブループリント」の各国ごとの実施状況の点検評価とピアプレッシャーである。2014年8月第46回ASEAN経済閣僚会議の「共同宣言」は、AECブループリントの実施状況に関して、2013年までに実施予定の229の優先主要措置のうち82.1％を実施していると述べた。以下、AECの状況について簡単に述べておきたい[12]。

　「AECブループリント」の「A.単一市場と生産基地」で、その中心である物品（財）の自由な移動において、関税の撤廃に関しては、AFTAとともにほぼ実現に向かっている。AFTAは東アジアのFTAの先駆であるとともに、東アジアで最も自由化率の高いFTAである。先行加盟6カ国は2010年1月1日にほぼすべての関税を撤廃した。2015年1月1日には、新規加盟4カ国（CLMV諸国）の一部例外を除き、全加盟国で関税の撤廃が実現された（なお、CLMV諸国においては、関税品目表の7％までは2018年1月1日まで撤廃が猶予される）。2015年1月には、カンボジアで約3000品目、ラオスで約1000品目、ミャンマーで約1200品目、ベトナムで約1700品目の関税が新たに撤廃され、ASEAN10カ国全体での総品目数に占める関税撤廃品目の割合は95.99％に拡大した[13]。また、（その製品がASEAN産であるかどうかを判定する）原産地規則も、利用しやすいように改良されてきた。原産地証明の自己証明制度の導入や税関業務の円滑化、ASEANシングルウィンドウ（ASW）、基準認証も進められている。

　非関税措置の撤廃も進められているが、その課題の達成は先進国でも難しく2015年以降の課題となるであろう。サービス貿易の自由化、投資や資本の移動の

---

12)　AECの進捗状況に関して、石川（2013、2015b）、参照。物品貿易の自由化・円滑化、サービス貿易や投資の自由化に関して、助川（2013a、2013b、2015）、参照。またAECの様々な分野における状況に関しては、石川・清水・助川（2013）の各章や石川・朽木・清水（2015）の第2部を参照頂きたい。

13)　『通商弘報』2015年3月16日号。

自由化、人の移動の自由化も進められている。「B. 競争力のある経済地域」と「C. 公平な経済発展」に関係する、輸送プロジェクトやエネルギープロジェクト、経済格差の是正、知的財産における協力等多くの取り組みもなされている。これらは2015年を通過点としてさらに2016年以降の課題となるであろう。「D. グローバルな経済統合」は、ASEAN+1のFTA網の整備やRCEP交渉の進展によって、目標に比べて大きく進展しており、2015年末に当初予想よりも達成される分野である。

2015年末に「AECブループリント」で述べられた目標のすべてが実現するわけではないが、AFTAの実現によりASEANにおける関税の撤廃はほぼ実現され、域外とのFTAも整備される。1990年代前半のAFTAが提案された段階からは隔世の感がある。

4.2　統合への遠心力と2016年以降の目標設定

ASEANにおいては、現在においても各国の状況の違いがあり、いくつかの統合への遠心力を抱えている。最近では、長年ASEAN統合の遠心力であったミャンマーの民主化は進展してきた。しかし各国の政治の不安定、各国間政治対立、発展格差、各国の自由貿易へのスタンスの違いがあり、南沙諸島を巡る各国の立場の違い、それにも関連する各国の中国との関係の違いが、統合の遠心力となっている。しかしながら、それらの緊張もASEANを自身の統合に追い立てるとも考えられる。これまでの域内経済協力の歴史においても、ASEANは、多くの遠心力を抱えながらも、少しずつ域内経済協力を深化させ、AFTAを確立し、2015年末のAECの確立へ向かってきたのである。

2015年末が近づき、2016年以降のAECとASEAN経済統合の目標設定に向けて新たな取り組みがなされている[14]。2014年11月の第25回ASEAN首脳会議では「ASEAN共同体ポスト2015ビジョンに関するネピドー宣言」が宣言され、2015年秋のASEAN首脳会議で、2016年から2025年にかけてのASEAN共同体のビジョンとなる文書が出されることとなった。AECに関しても、2016年から2025年のAECの目標（AEC2025）が定められる予定である。

---

14)　福永（2013、2015）、参照。

2014年の「ネピドー宣言」では、2025年に向けての AEC は、①統合され高度に結合した経済、②競争力のある革新的でダイナミックな ASEAN、③強靭で包括的、人間本位・人間中心の ASEAN、④分野別統合・協力の強化、⑤グローバル ASEAN、を含むとされた[15]。2007年に出された AEC ブループリントの戦略目標に比べて、④が新たに加えられている。

ASEAN は、遠心力を抱えながらも、2015年末を大きな通過点として、AECの実現に向けてさらに統合を進めて行くであろう。

4.3　AEC が規定する東アジア経済統合

世界金融危機後の構造変化は、東アジアのメガ FTA である RCEP を ASEAN が提案することにもつながり、現在でも ASEAN は東アジアの経済統合の中心である（図11-2）。そして AEC が東アジアの経済統合を規定する。

「RCEP 交渉の基本指針及び目的」によると、RCEP の「目的」は、ASEAN 加盟国及び ASEAN の FTA パートナー諸国の間で、現代的な包括的な質の高いかつ互恵的な経済連携協定を達成することである。ASEAN の中心性や経済協力強化も明記されている。RCEP の「交渉の原則」では、これまでの ASEAN ＋ 1を越える FTA を目指すとされている。また域内途上国への特別かつ異なる待遇と ASEAN 後発途上国への規定がある。RCEP の「交渉分野」に関しても、①物品貿易、②サービス貿易、③投資、④経済技術協力、⑤知的財産、⑥競争、⑦紛争解決等であり、AEC と ASEAN +1FTA が扱う分野とほぼ重なっている。RCEP も、ASEAN のルールが東アジアへ拡大する例と言える[16]。

RCEP は ASEAN が提案して進めてきており、また交渉16カ国の中の10カ国が ASEAN 諸国であり、RCEP 交渉が妥結できるかは、ASEAN に大きく依存する。RCEP の規定も AEC に合わせたものになるであろう。AEC は東アジアで最も深化した経済統合であり、AEC が RCEP を方向付けるとともにその範囲を限定するのである。さらには、RCEP が世界のメガ FTA に影響を与えることに

---

15) "Nay Pyi Taw Declaration on the ASEAN Community's Post2015 Vision," http://www.asean.org/images/pdf/2014_upload/Nay%20Pyi%20Taw%20Declaration%20on%20the%20ASEAN%20Communitys%20Post%202015%20Vision%20w.annex.pdf.

16) RCEP に関して詳細は、清水（2014）、本書第14章（石川）等を参照。

第11章 ASEAN経済共同体と開発

図11-2　ASEANを中心とする東アジアの地域協力枠組み

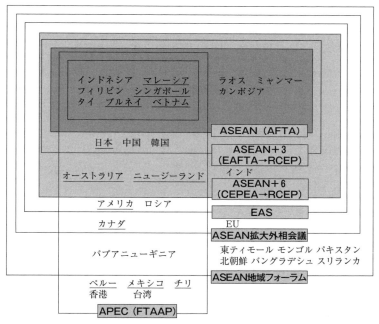

注）（　）は自由貿易地域（構想を含む）である。ASEAN：東南アジア諸国連合、AFTA：ASEAN自由貿易地域、EAFTA：東アジア自由貿易地域、EAS：東アジア首脳会議、CEPEA：東アジア包括的経済連携、RCEP：東アジア地域包括的経済連携、APEC：アジア太平洋経済協力、FTAAP：アジア太平洋自由貿易圏。
下線は、環太平洋経済連携協定（TPP）交渉参加国。
出所）筆者作成。

より、世界のメガFTAにも影響を与えるであろう。

5　AECの意義と日本ASEAN協力

5.1　ASEAN経済共同体と開発

　前節までで見てきたように、ASEANは、時間を掛けながらも着実にAECの実現に向かってきた。AFTAの実現も、1990年代初期には想像もできなかったが、現在ではAFTAという自由貿易地域（FTA）をほぼ確立し、資本（投資）

の自由移動、熟練労働力の自由移動という要素を取り入れた AEC の実現へ向かっている。AEC は、東アジアで初の FTA を越えた取り組みである。また輸送やエネルギーの協力、経済格差の是正にも取り組んでいる。AEC は地域としての直接投資の呼び込みを重要な要因とし、国境を越えた生産ネットワークを支援し、常に世界経済の中での開発・発展を目指す経済統合を目標としている。

　AEC は、ASEAN と東アジアの開発においても極めて重要である。AEC の実現が、ASEAN と東アジアの開発に与える影響についていくつか検討してみたい。AEC の実現は、第1に、ASEAN 域内での物品貿易を促進し、さらにサービス貿易や投資を促進し、ASEAN 並びに東アジアの発展成長に資するであろう。AFTA などによる物品貿易の自由化は、今後ももちろん重要である。サービス貿易の自由化も、域内需要の拡大とともに今後の ASEAN と東アジアの成長にとって重要になろう。そして AEC は、1987年以来の ASEAN 経済統合の重要な要因である、地域としての直接投資の呼び込みに大きく貢献するであろう。

　第2に、ASEAN の生産ネットワークあるいはサプライチェーンの整備を促進し、ASEAN と東アジアの発展成長に大いに資するであろう。ASEAN と東アジアは世界の成長地域であり、その成長を生産ネットワークが支えている。AEC の実現は、ASEAN と東アジアの生産ネットワークをさらに整備するであろう。これらの整備は、ASEAN と東アジアで生産ネットワークを構築して FTA を利用する日本企業にとっても、きわめて重要な要件である。

　第3に、ASEAN 域内の経済格差の縮小に貢献し、ASEAN 全体の発展に貢献する可能性がある。AEC によってさらに格差が拡大する可能性も否定はできないが、AEC は「格差の是正」も主要な目標としており、輸送インフラ整備など域内の連結性を高めて格差是正につなげることを目指している。これらの整備は、発展の遅れていた CLMV 諸国等を ASEAN と東アジアの生産ネットワークに含めることを可能にして、ASEAN 全体の発展と格差是正を促進するであろう。現在の「タイ・プラス・ワン」の動きも、加速する可能性がある。

　第4に、AEC の実現と深化が、RCEP の実現と深化を可能にし、東アジアの経済統合を推進するであろう。AEC の実現と深化が、RCEP を規定するからである。そして RCEP の実現が、ASEAN を含めた東アジア全体の発展成長と生産ネットワークの整備、ASEAN を含めた域内格差の縮小につながる可能性があ

る。

5.2 AEC 実現へ向けての日本 ASEAN 協力

　AEC の実現は、経済関係の深い日本にとってもきわめて重要である。最近の日本のアジア向け直接投資でも、ASEAN 向けが中国向けをも上回っており、ASEAN は日本企業にとっても最重要な生産拠点と市場である。同時に自動車や電機など多くの生産ネットワークが構築されてきている。例えば自動車においては ASEAN 市場の約80％を日系が占め、ASEAN において重層的な生産ネットワークを確立している。

　日本は、現在の ASEAN の目標である AEC の確立へ向けて、さらに協力を拡大することが期待される。日本の協力は、東アジア全体の発展のためにも必要である。ASEAN 経済統合においては、「統合の深化」と「域内格差の是正」が一貫した課題である。「統合の深化」と「域内格差の是正」を達成するために、日本ができる協力についていくつか考察したい[17]。

　まずは、ASEAN 統合の深化に向けた協力である。ソフトインフラ構築やルール構築における協力、ハードインフラ整備を含む。第1に、ASEAN の統合の阻害要因の検討と解決への協力、第2に、ASEAN における貿易や物流円滑化への支援、第3に、ASEAN 全体の物流や交通のインフラの整備が必要であろう。また ASEAN 地域規格・標準策定、相互承認（MRA）の促進への協力等のルールにおける協力も考えられる。

　次に、域内格差是正に向けた協力である。その第1は、新規加盟諸国を中心に物流インフラ整備への協力である。域内格差の是正は、いうまでもなく ASEAN 統合の不可避の目標であり、日本に対する期待も大きい。第2に、統合のネガティブな影響を受ける各国への技術人材育成、裾野産業などへの支援も考えられる。

　上記の「統合の深化」と「域内格差の是正」の両方に関係するが、ASEAN 統合に関する調査と提言も、重要な協力である。さらには RCEP などの ASEAN の経済連携への協力が必要である。また日本自身の成長と市場開放が求められるであろう。そして現在においては、世界経済の中で ASEAN がより重要な地位

---

17)　AEC 実現に向けての日本の協力に関して詳細は、清水（2013b）を参照されたい。

を占めてくることもあり、ASEAN に対して日本が協力するとともに、より相互の協力が必要になってくるであろう。

6 結び

ASEAN は、世界経済の構造変化に合わせて発展を模索し、1976年から域内経済協力を進め、現在は2015年末の AEC の実現を目指している。世界金融危機後の変化は、世界経済における ASEAN の重要性を増すとともに、AEC の実現を追い立てている。そして AEC が RCEP を規定し、東アジア経済統合を牽引する。

グローバル化を続ける現代世界経済の変化に合わせて着実に AEC の実現に向かい、さらには世界の成長地域である東アジアにおいて経済統合を牽引している ASEAN の例は、現代の経済統合の最重要な例の1つである。

AEC は、ASEAN と東アジアの開発においてもきわめて重要である。第1に、AEC の実現は、ASEAN 域内での物品貿易を促進し、さらにサービス貿易や投資を促進し、ASEAN 並びに東アジアの発展成長に資するであろう。そして AEC は、地域としての直接投資の呼び込みに大きく貢献するであろう。第2に、ASEAN の生産ネットワークあるいはサプライチェーンの整備を促進し、ASEAN と東アジアの発展成長に大いに資するであろう。第3に、ASEAN 域内の経済格差の縮小に貢献し、ASEAN 全体の発展に貢献する可能性もある。第4に、AEC の実現と深化が、RCEP の実現と深化を可能にし、東アジアの経済統合を推進するであろう。

AEC の実現は、経済関係の深い日本にとっても極めて重要である。ASEAN は、日本にとっても最重要なパートナーの1つである。また日系企業にとっても最重要な生産拠点と市場である。日本は、AEC の確立へ向けて、さらに協力を拡大することが期待される。そして現在においては、世界経済の中で ASEAN がより重要な地位を占めてくることもあり、ASEAN に対して日本が協力するとともに、より相互の協力が必要になってくるであろう。

ASEAN にとって2015年12月31日は、大きな節目になるであろう。そしていくつかの目標は2016年以降に持ち越され、次の2025年に向けての目標が重要となってくる。ASEAN は、変化を続ける世界経済と東アジアの中で、AEC を核にさ

らに経済統合と開発を進めていくであろう。

参考文献

石川幸一 (2013)「ASEAN 経済共同体はできるのか」、石川・清水・助川 (2013)。
石川幸一 (2015a)「ASEAN の市場統合はどこまで進んだのか」『国際貿易と投資』(国際貿易投資研究所：ITI)、第98・99号。
石川幸一 (2015b)「ASEAN 経済共同体の創設と課題」、石川・朽木・清水 (2015)。
石川幸一・馬田啓一・国際貿易投資研究会編 (2015)『FTA 戦略の潮流——課題と展望』、文眞堂。
石川幸一・馬田啓一・渡邊頼純編 (2014)『TPP 交渉の論点と日本』、文眞堂。
石川幸一・朽木昭文・清水一史編 (2015)『現代 ASEAN 経済論』、文眞堂。
石川幸一・清水一史・助川成也編 (2009)『ASEAN 経済共同体——東アジア統合の核となりうるか』、日本貿易振興機構 (JETRO)。
石川幸一・清水一史・助川成也編 (2013)『ASEAN 経済共同体と日本』、文眞堂。
清水一史 (1998)『ASEAN 域内経済協力の政治経済学』、ミネルヴァ書房。
清水一史 (2008)「東アジアの地域経済協力と FTA」、高原明生・田村慶子・佐藤幸人 (2008)。
清水一史 (2011)「ASEAN 域内経済協力と自動車部品補完——BBC・AICO・AFTA と IMV プロジェクトを中心に」、『産業学会研究年報』、第26号。
清水一史 (2013a)「世界経済と ASEAN 経済統合」、石川・清水・助川 (2013)。
清水一史 (2013b)「ASEAN 経済共同体と日本 ASEAN 協力」、石川・清水・助川 (2013)。
清水一史 (2014)「RCEP と東アジア経済統合」、『国際問題』(日本国際問題研究所)、632号。
清水一史 (2015a)「ASEAN 経済共同体とメガ FTA」、石川・馬田・国際貿易投資研究会 (2015)。
清水一史 (2015b)「世界経済の構造変化と ASEAN 経済統合」、石川・朽木・清水 (2015)。
助川成也 (2013a)「物品貿易の自由化・円滑化に向けた ASEAN の取り組み」、石川・清水・助川 (2013)。
助川成也 (2013b)「サービス貿易および投資、人の移動の自由化に向けた取り組み」、石川・清水・助川 (2013)。
助川成也 (2015)「ASEAN と域外との FTA」、石川・朽木・清水 (2015)。
高原明生・田村慶子・佐藤幸人編・アジア政経学会監修 (2008)『現代アジア研究 1

──越境』、慶應義塾大学出版会。
福永佳史（2013）「2015年以後のASEAN統合の更なる深化に向けて」、石川・清水・助川（2013）。
福永佳史（2015）「ASEAN経済統合の将来展望」、石川・朽木・清水（2015）。
山影進編（2012）『新しいASEAN──地域共同体とアジアの中心性を目指して』、アジア経済研究所。
山澤逸平・馬田啓一・国際貿易投資研究会編（2013）『アジア太平洋の新通商秩序──TPPと東アジアの経済連携』、勁草書房。
ASEAN Secretariat, *ASEAN Documents Series,* annually, Jakarta.
ASEAN Secretariat, *ASEAN Annual Report,* annually, Jakarta.
ASEAN Secretariat (2008a) *ASEAN Charter,* Jakarta.
ASEAN Secretariat (2008b) *ASEAN Economic Community Blueprint,* Jakarta.
ASEAN Secretariat (2010) *Master Plan on ASEAN Connectivity,* Jakarta.
ASEAN Secretariat (2012) *ASEAN Economic Community Scorecard,* Jakarta.
Intal, Ponciano Jr., Yoshifumi Fukunaga, Fukunari Kimura, Phoumin Han, Philippa Dee, Dionisius Narjoko and Sothea Oum (2014) *ASEAN Rising: ASEAN and AEC beyond 2015,* ERIA, Jakarta.
Severino, Rodolfo C. (2006) *Southeast Asia in Search of an ASEAN Community,* ISEAS, Singapore.
"Guiding Principles and Objectives for Negotiating the Regional Comprehensive Economic Partnership."
"Nay Pyi Taw Declaration on the ASEAN Community's Post2015 Vision."

第12章

日中韓 FTA の可能性
中韓 FTA の妥結内容から見た考察

高安雄一

1　はじめに

　日中韓 FTA は、2003年から2009年にかけて民間共同研究、2009年から2011年にかけて産官学共同研究が行われた。2012年5月に開催された日中韓首脳会談においては、日中韓 FTA の年内の交渉開始について3首脳が一致し、3回にわたる事務レベル会合を経て、2012年11月に日中韓 FTA 交渉の立ち上げが宣言された。

　それから2年半経った2015年5月には、第7回日中韓 FTA 交渉会合（首席代表会合）が開催されたが、未だ交渉の枠組みも決まらない状況である。2014年のGDP で見れば、中国は世界第2位、日本は第3位、韓国は13位であり、3カ国合わせれば世界全体の21.5％を占めている[1]。また2014年の日本との貿易を見ると、中国に対する輸出額は13兆3815億円と僅差でアメリカに次ぐ第2位、輸入額は19兆1765億円と他を大きく引き離して1位である。また韓国に対する輸出額は5兆4559億円で第3位、輸入額は3兆5313億円で第6位である。日中韓 FTA が発効すれば、GDP の規模から見て世界全体の26.5％を占める NAFTA、同じく23.9％を占める EU に匹敵する経済圏となる。

　日中韓 FTA の交渉立ち上げ宣言に先立つこと半年、2012年5月、中韓間で FTA 交渉の立ち上げが宣言されていた。そして14回の交渉を経て、2014年11月

---

[1]　IMF "World Economic Outlook Database April 2015" による。数値は2014年の推計値であり、世界全体の GDP は数値が入手できる188カ国の合計である。

に交渉が妥結し、2015年2月には中韓FTAが仮署名された。日中韓のうち、中韓のFTAが先行したわけであるが、本章では中韓FTAを物品貿易自由化に焦点を当て分析したうえで、中韓FTAの妥結内容から、日中韓FTAが締結された場合どのような内容となる可能性が高いのか考察してみたい。第2節で中韓FTAによる物品貿易の自由化につき整理したうえで、第3節では韓国側の自由化除外品目、第4節では中国側の自由化除外品目、第5節では両国の自由化除外品目につき見ていく。そして第6節では、中韓FTAの妥結内容から見た日中韓FTAの可能性をその姿を含め考察し、第7節で本章における結論を示す。

2　中韓FTAによる物品貿易の自由化

中韓FTAの物品貿易自由化にかかる大枠は、2013年9月の第7回交渉において合意された第1段階交渉モダリティー（Modality）によって決定した。具体的には、一般品目、敏感品目、超敏感品目[2]の3つの品目群に分け、品目数基準で90％、相手国からの2012年における輸入額基準（以下、「輸入額基準」とする）で85％以上を自由化、すなわち関税を撤廃することが決まった[3]。

2段階目の交渉では、すべての品目に対する自国の譲許案（offer）、相手国に対する譲許要求（request）を交換し、これらをもとに品目別に交渉が進められた。韓国側は、農水産物、零細中小企業製品を超敏感品目群とした案を提示し、中国側は、鉄鋼、化学、機械などを超敏感品目群とした案を提示した。そして、韓国側は、鉄鋼、化学、機械、ディスプレーなど高付加価値製造業品目に対する早期関税撤廃を要求し、中国側は、農林水産市場の開放を要求した[4]。

そして、韓国側の12,232品目（HS 10桁）[5]のうち、元々無関税であった16.2％（1,983品目）を含んだ79.2％（9,690品目）が一般品目、12.9％（1,582品目）が

---

[2]　「敏感品目」、「超敏感品目」はセンシティブ品目を意味するが、本稿では韓国語をそのまま日本語に訳した用語を使用する。

[3]　産業通商資源部「韓―中FTA第1段階協定終了」（報道資料：2013年9月6日）による。

[4]　産業通商資源部「商品など重要分野の韓中間の立場差異が大きい――韓中FTA第10次交渉結果」（報道資料：2014年3月21日）による。

敏感品目、7.8％（960品目）が超敏感品目となった。また中国側の8,194品目（HS 8桁）のうち、元々無関税であった8.4％（691品目）を含んだ71.3％（5,846品目）が一般品目、19.3％（1,582品目）が敏感品目、9.3％（766品目）が超敏感品目となった。

2014年11月に中韓FTA交渉は妥結したが、最終的な自由化率は、韓国は品目数基準で92.2％（11,272品目）、輸入額基準で91.2％（736億ドル）、中国は品目数基準で90.7％（7,428品目）、輸入額基準で85.0％（1417億ドル）となった。

次に自由化スケジュールを見てみよう。韓国については品目数基準で49.9％が即時撤廃（うち有関税品目は33.7％）、10年以内関税撤廃は79.2％、20年以内は92.2％、自由化除外品目は7.8％（うち6.8％が譲許除外）である。また中国については、品目数基準で20.1％が即時撤廃（うち有関税品目は11.7％）、10年以内関税撤廃は71.3％、20年以内は90.7％、自由化除外品目は9.3％（うち7.8％が譲許除外）である[6]。

また品目群別に見ると、一般品目は、即時撤廃あるいは10年以内撤廃、敏感品目は、15年以内あるいは20年以内撤廃で決着した。超敏感品目は大半が譲許除外とされ、除外されなかった品目も、現行関税を維持するが関税割当（Tariff Quota：TRQ）制度が適用される、あるいは関税を一定幅引き下げることとなった[7]。

韓国側から中韓FTAを見ると、これまで締結した主要FTAの中では自由化率が低い。米韓FTAは、韓国側が品目数基準で99.7％、輸入額基準で99.3％の自由化率であり、アメリカ側は完全に自由化した。またEU韓FTAは、韓国側が品目数基準で98.1％、輸入額基準で99.5％の自由化率であり、EU側は品目ベースで99.6％、輸入額ベースで100％の品目を自由化する[8]。つまり、これまで自由化率の高い、言い換えれば高いレベルのFTAを結んできた韓国にとって、中

---

5) HSコード（Harmonized System Code）とは、輸出入の際に商品を分類する番号である。HSコードは、上2桁が「類」、上4桁が「項」、上6桁が「号」と呼ばれ、桁数が増えるごとに細かな品目が特定できる。なおHSコードの上6桁までは世界共通であるが、それ以下は各国が設定できる。ちなみに、最も細かい分類は、日本はHSコード9桁、韓国は10桁、中国は8桁である（経済産業省ホームページによる）。

6) 関係政府部処共同（2015）12ページによる。

7) 産業通商資源部（2014）18ページによる。

韓FTAは低いレベルのFTAとして位置付けられる。

3　韓国側の自由化除外品目

3.1　農産物

　韓国側の自由化除外品目は農林水産品に集中している。668品目が自由化から除外されており、全自由化除外品目数の69.6％を占めている。農林水産品の中で見ると、自由化率は品目数基準で70.2％、輸入額基準で40.0％に過ぎない[9]。米韓FTAにおける韓国側の農林水産品の自由化率を見ると、品目数基準で98.9％、輸入額基準で99.1％、EU韓FTAはそれぞれ、97.2％、99.8％、豪韓FTAが88.6％、98.6％であり、中韓FTAにおける韓国の自由化率は、他の主要国とのFTAにおける自由化率に遠く及ばない。

　これだけ低い自由化率であると、国内の主要農産物はほとんど自由化から除外される。まず農林畜産食品部の「農林畜産食品統計年報」から、2013年度の農業生産額が大きな順で上から25位までの農産物について、中韓FTAにおける自由化スケジュールを見てみよう[10]。生産額が最大である米は協定対象から排除され、関税撤廃義務は当然のことながら、その他の協定上のすべての義務を負うことがない。米以外の食糧作物を見ると、食用大豆や小豆（種子用を除く）は現行関税を維持したうえで、それぞれ1万トン、3千トンの関税割当が設けられた。そして、さつまいもは譲許除外とされた。

　また、豚肉、牛肉、鶏肉、鶏卵、あひる肉（以上、肉類）、いちご、柿、りん

---

8) 米韓FTAの数値は、JETRO（2008）40〜41ページ、EU韓FTAの数値は、JETRO（2011）26ページによる。
9) 関係政府部処共同（2015）20ページによる。
10) 農林畜産食品部の「農林畜産食品統計年報」で生産額が示されている農産物である。ただし、薬用作物、花卉類、わらは除いた。また韓牛、肉牛および乳牛は、牛肉、とうがらしと青とうがらしは、とうがらしとして、柿、甘柿および渋柿は、柿としてまとめた。なお、関税庁「韓―中FTA　100問100答」（2015年3月）11ページでは「農林業生産額上位30大品目交渉結果」がまとめられている。本稿における順位と関税庁の資料が示した順位には異なっているところがあるが、これは、①生産額の基準年の違い、②本稿でいくつかの農産物をまとめたことなどによる農産物の区分の違い、③本稿では薬用作物などを除外したことなどによる。

ご、すいか、みかん、ぶどう、メロン（以上、果物・果菜類）、トマト、はくさい、大根、たまねぎ、きゅうり（以上、葉根菜類）、そして、とうがらし、朝鮮人参、にんにく（以上、調味野菜・朝鮮人参・特用作物）、牛乳（以上、酪農品）はすべて譲許除外となった[11]。

生産額基準で上位25位から50位までの農産物についても見ると、ようやく自由化対象品目が現れる。たばこ（製造タバコを除く）は、15年あるいは20年で関税が撤廃される。また自由化はされないものの、エゴマは現行税率である40％の10％に相当する税率（4％）が5年間で引き下げられ、ゴマは2万4千トンの関税割当が設けられたうえで現行関税（630％）が維持された。しかし、残りの21の農産物、すなわち、はちみつ、梨、桃、じゃがいも、パプリカ、かぼちゃ、梅、ほうれんそう、ひらたけ、まつたけ、サンチュ、ねぎ、スモモ、にんじん、にら、生姜、やぎ肉、キャベツ、セリ、キウイー、うずらの卵、えのきだけは譲許除外となった。

以上で挙げた生産額ベースで50位までの農産物の生産額は、全農産物の95％以上を占めている。中韓FTAでは、その大半で現行の関税維持が認められており、韓国の農業部門が影響を受けることはなさそうである。

3.2 繊維

韓国側の工産品の自由化率は品目数基準で97.1％、輸入額基準で93.5％である。自由化されない品目の数は292であり、関税の一部引き下げが52品目、譲許除外が240品目である[12]。工産品の中では、繊維において自由化除外品目が集中している。153品目が自由化から除外されており、工産品全体の自由化除外品目数の52.4％を占めている。繊維の自由化率は品目数基準で87.8％、2012年における中国からの輸入額基準（以下、「輸入額基準」とする）で61.4％である[13]。

2010年における韓国の関税率を見ると、糸が単純平均で7.8％、輸入額の加重

---

11) 本稿においては、農産物から調整品（ソーセージ、ジュースなど）といった関連品目を除いた。
12) 関係政府部処共同（2015）15ページによる。
13) 韓国繊維産業連合会「韓ー中FTA仮署名結果（繊維分野）」（2015年3月4日）による。

平均で7.6％、織物がともに9.7％、衣料がそれぞれ12.7％、12.8％である[14]。そして関税が撤廃されている品目は羊毛、綿など31品目にとどまる。

自由化除外品目の内訳を見ると、現行関税の30％に相当する税率引き下げを5年間で行う品目は9品目で、品目数基準、輸入額基準ともに0.7％を占め、10％に相当する税率引き下げを5年間で行う品目は15品目で、それぞれ1.2％、8.9％を占める。そして品目数基準で10.3％、輸入額基準で29.0％を占める129品目が譲許除外とされた。

繊維はHSコードの第50類から第63類にまたがっているが、第62類、第54類、第52類に自由化除外品目が多い。第62類は「衣服および衣服付属品（メリヤス編みまたはクロセ編みのものを除く）」であり、繊維全体の自由化除外品目に占める第62類が占める割合は、品目数で18.3％、輸入額で59.6％である。具体的な品目を見ると、男性用は、スーツ（羊毛、合繊）、ジャケット（羊毛、合繊）、ズボン（全素材）、シャツ（綿、化繊）、コート（化繊）、女性用は、ジャケット（合繊）、ドレス（合繊）、スカート（全素材）、ズボン（全素材）、ブラウス・シャツ（綿、化繊）が自由化の対象から外された。

第54類は「人造繊維の長繊維ならびに人造繊維の織物（以下略）」であり、品目数で15.0％、輸入額で16.0％を占めている。具体的な品目を見ると、合成繊維の長繊維の糸では、ポリエステル（強力糸、テクスチャード加工糸、その他）、弾性糸など輸入額が大きい品目を中心に自由化除外品目とされた。また合成繊維の長繊維の糸による織物については、輸入額で上位4位[15]（HS6桁）の品目が自由化の対象から外された。

第52類は「綿および綿織物」であるが、品目数で30.1％、輸入額で8.2％を占めている。具体的な品目を見ると、綿糸の大部分（輸入額基準で83.4％）、綿織物の一部（同21.8％）などの関税が撤廃されないこととなった。

また第62類、第54類、第52類以外でも、紡毛織物および梳毛織物のすべて、不織布の多く（輸入額基準で71.0％）、じゅうたんの一部（同24.4％）が自由化除

14）　韓国繊維産業連合会「韓・中FTAに対する繊維業界の立場」（報道資料：2012年2月29日）による。

15）　HS 5407.61、HS 5407.69、HS 5407.51、HS 5407.52である（輸入額が多い順）。その他、HS 5407.41、HS 5407.42も自由化除外品目である。

外品目となった。

　韓国は農産品以外にも零細企業製品を超敏感品目としたが、繊維はまさに超敏感品目が多い分野であり、輸入額基準で自由化率が61.4％にとどまるなど、農業分野に準ずる扱いを受けた。繊維については、技術競争力が優っている品目や国内生産が難しい品目は自由化したものの、対中貿易赤字が大きく、競争力が弱い品目は自由化対象外とするなど、零細企業の国内生産基盤の保護に成功したと言える[16]。

4　中国側の自由化除外品目

4.1　鉄鋼

　鉄鋼・鉄鋼製品（以下「鉄鋼」とする）は、韓国側については、ウルグアイ・ラウンドにおける相互関税撤廃合意により、すでに無関税になっている反面、中国は2012年における無関税品目は1.2％に過ぎなかった[17]。そして第72類「鉄鋼」では、HS 8桁レベルの211品目における基準税率は0％から10％の間、単純平均税率は5.1％である。また第73類「鉄鋼製品」では、163品目における基準税率は3％から30％の間、単純平均税率は9.5％である。鉄鋼については、中国側は超敏感品目が多い分野として位置付け、韓国側は関税撤廃を要求した。結果的には、中国側の鉄鋼の自由化水準は低くとどまり、概ね中国の主張が通ったと言える。

　具体的に自由化の対象から外れた品目、すなわち、譲許除外あるいは一定幅の税率引き下げで決着した品目を見ていこう。まず普通鋼である[18]。第1に熱延鋼板類である。熱延広幅帯鋼（幅600mm以上）については、酸洗帯は厚さにかかわりなく自由化対象外とされた。他方、浮き出し模様のある熱延広幅帯鋼、その他（コイル）は自由化されることとなった。また熱延薄板は一部品目を除いて

---

16)　産業通商資源部（2015）17ページによる。
17)　産業通商資源部（2015）15ページによる。
18)　数値は韓国貿易協会データベースにより入手した（以下、鉄鋼、化学については同じ）。一般鋼は、日本鉄鋼連盟「鉄鋼輸出品目統計表」（2015年版）による区分を利用した（以下、鉄鋼の種類については同じ）。

自由化され、熱延帯鋼（幅600mm未満）はすべて自由化対象品目となった。輸入額基準では、すべての品目が自由化対象となっていない酸洗鋼帯の占める割合が高く、熱延鋼板類のうち自由化除外品目が占める比率は90.0％に達している[19]。

第２に冷延薄板類であるが、冷延広幅帯鋼は、厚さが１mm超３mm未満、厚さが0.5mm未満の品目が自由化対象から外れた。他方、厚さが0.5mm以上１mm以下、厚さが３mm以上は10年間あるいは15年間かけて自由化されることになった。また冷延鋼板は、厚さが0.5mm未満、0.5mm以上１mm以下、１mm超３mm未満が自由化対象外となった。さらに、みがき帯鋼はすべて自由化されることとなった。輸入額基準では、自由化対象となっている厚さが0.5mm以上１mm以下の冷延広幅帯鋼が一番大きく、冷延薄板類の輸入額の59.7％を占めている。よって冷延薄板類のうち自由化除外品目が占める比率は35.3％にとどまっている。ちなみに、自由化されない品目では、厚さが１mm超３mm未満、厚さが0.5mm未満の冷延広幅帯鋼が、それぞれ冷延薄板類の、17.1％、18.1％であり、輸入額基準ではこの２品目で自由化除外品目のほぼすべてを占めている[20]。

第３に亜鉛めっき鋼板[21]であるが、溶融めっき、電気めっきとも、幅が600mm

---

19) 熱延鋼板類は、熱延薄板、熱延広幅帯鋼、熱延帯鋼を加えた種類とした。熱延鋼板類の自由化除外率は、分母（熱延鋼板類全体の輸入額）、分子（熱延鋼板類の自由化除外品目の輸入額）は、ともに輸入額をHS６桁レベルの品目で集計している（鉄鋼や化学におけるすべての輸入額ベースの比率も同様）。この理由は、中国はHS８桁レベルで品目の自由化スケジュールを定めているなか、HS８桁（中国基準）レベルの品目の輸入額（韓国側の輸出額）が入手できないためである。HS６桁レベルの品目が８桁レベルでは複数の品目に分かれ、複数の品目に自由化除外品目と自由化対象品目が存在する場合、当該HS６桁レベルの品目の輸入額は自由化除外品目の輸入額として扱った。具体例を挙げると、酸洗熱延広幅帯鋼の幅600mm以上で厚さ1.5mm以上３mm未満（HS 7208.27）に含まれる、HS 7218.27.10（1.5mm以下の厚さ）は15年で関税撤廃、HS 7208.27.90（その他）は譲許除外とされたが、HS 7208.27の輸入額のすべてを自由化除外品目の輸入額に算入した。
20) 冷延薄板鋼については、冷延広幅帯鋼の幅600mm以上で厚さ１mm超３mm未満（7209.16）は、HS８桁レベルでは、HS 7209.16.10（降伏強度が275N/m²超過したもの）とHS 7209.16.90（その他）の２つの品目に分かれる。HS 7209.16.10は10年で関税撤廃、HS 7209.16.90は譲許除外とされたが、HS 7209.16の輸入額のすべてを、自由化除外品目の輸入額に算入した（理由は注19と同じ）。
21) 亜鉛めっき鋼板については、カラー鉄板を除いた。

以上の板・コイルが自由化対象から外された。亜鉛めっき鋼板については、2012年の韓国から中国への輸出額基準、すなわち中国の韓国からの輸入額基準（以下「輸入額基準」とする）で見ると、亜鉛めっき鋼板の96.9％が自由化対象品目となっており、亜鉛めっき鋼板については、総じて関税が撤廃されない。

　第四に電気鋼板であるが、これは方向性電気鋼板、無方向性電気鋼板とも幅にかかわりなくすべて自由化対象品目から外された。第五に表面処理鋼板であるが、アルミニウム亜鉛合金めっき、アルミニウムめっきについては幅が600mm以上の品目が自由化対象外とされた。

　次に特殊鋼鋼材である。第一にステンレス鋼であるが、形鋼、棒鋼、線材のすべて、熱間圧延帯鋼（600mm未満）の厚さ4.75mm以上のもの、溶鍛接鋼管（油井管、ラインパイプ以外）の外径が406.4mm以下のものが自由化対象外となった。ただし、輸入額基準で見ると、ステンレス鋼のうち自由化除外品目が占める比率は12.6％に過ぎない[22]。これは、多くを占める広幅帯鋼が、熱間圧延については即時から10年、冷間圧延については10年から20年で関税が撤廃されるからである。第二に合金鋼であるが、広幅帯鋼の大部分、すなわち、熱間圧延および冷間圧延（幅600mm以上）のすべてが自由化対象外となった。

　さらに二次製品である。第一に鉄線および硬鋼線（めっきおよび被覆をしていないもの）であるが、すべての品目が自由化対象品目から外れた。第二にクラッド鋼線・その他めっき線であるが、亜鉛以外の卑金属めっきをしたものが自由化の対象から外れた。第三に特殊鋼鋼線であるが、合金工具鋼、バネ鋼の一部などの関税が撤廃されないこととされた。第四にボルト・ナット・リベットであるが、

---

22) ステンレス鋼の総輸入額（比率の分母となる数値）には、①溶鍛接鋼管のラインパイプ（外径406.4mm超）、②その他（油井管、ラインパイプ以外）（外径406.4mm超）に、ステンレス鋼以外の品目が入っている。この理由は、日本鉄鋼連盟「鉄鋼輸出品目統計表」（2015年版）は、鉄鋼の品種をHS 9桁（日本基準）で分類しているなか、HS 9桁の品目については、中国の韓国からの輸入額を入手できないからである。HS 6桁レベルの品目がHS 9桁レベルでは複数の品目に分かれ、これが複数の品種にまたがる場合がある。①の品種には、HS 9桁レベルで複数の品種に分かれるHS 6桁レベルの品目が存在するが、当該HS 6桁レベル品目の輸入額をすべて①の品種の輸入額に算入した。②も同様である。ただし①②とも総輸入額に占める割合がそれぞれ0.4％、2.3％に過ぎず、ステンレス鋼以外の品目が入っていても、ステンレス鋼のうち自由化除外品目が占める比率に与える影響は小さい。

ナット、座金、リベットが自由化除外品目となった。第五に木ねじ・小ねじであるが、コーチスクリュー、スクリューフックおよびスクリューリング、セルフタッピングスクリューなどが自由化の対象から外れた。

以上が、鉄鋼において自由化対象から外れた品目であるが、鉄鋼の自由化率は、品目数基準で87.2％、輸入額基準で59.3％となる[23]。これは韓国における繊維の自由化率を下回る水準である。中国は、韓国の中国現地工場の素材として活用される冷延鋼板類、ステンレス鋼などを開放した（先に示した通り、これらについては輸入額基準で自由化除外品目が占める割合が比較的低い）。しかし、国内産業育成の観点から、亜鉛めっき鋼板や電気鋼板など高付加価値品目を自由化対象から除外したことにより、結果として自由化率が低くとどまっている[24]。

4.2 化学

化学を第29類「有機化学品」に絞って見てみよう。輸入額基準で大きなものとして、テレフタル酸およびその塩、パラ-キシレンが自由化対象から除外され、自由化率は輸入額基準で52.3％にとどまっている[25]。テレフタル酸やパラキシレンが自由化されなかった理由としては、汎用製品の自給率を高めるため、中国がこれら製品の生産設備を新設あるいは増設しているからである。他方、中国で供給が不足している基礎原料は自由化され、エチレンやプロピレンは10年で関税が

---

23) 注19で示した理由のため、分子である自由化除外品目の輸入額（HS 6桁レベルの自由化対象外品目の和）に、HS 8桁レベルの自由化除外品目の輸入額が入っている。具体的には、分子を構成するHS 6桁レベル品目の一部である、HS 7208.27、HS 7209.16、HS 7229.90、HS 7320.10、HS 7326.19の輸入額には、HS 8桁レベルの自由化対象品目の輸入額が含まれている。

24) 産業通商資源部（2015）15ページによる。

25) テレフタル酸は、輸入額基準で有機化学品の21.4％、パラキシレンは20.5％を占める。注19で示した理由のため、分子である自由化除外品目の輸入額（HS 6桁レベルの自由化対象外品目の和）に、HS 8桁レベルの自由化除外品目の輸入額が入っている。具体的には、分子を構成するHS 6桁レベルの品目の一部である、HS 2902.90、HS 2905.39、HS 2907.13、HS 2907.29、HS 2916.12、HS 2917.39、HS 2922.11、HS 2929.10の輸入額には、HS 8桁レベルの自由化対象品目の輸入額が含まれている。しかし、上記5品目（HS 6桁レベル）の輸入額は有機化合物全体の輸入額の3.3％を占めるに過ぎず、有期化合物の自由化率には大きな影響を与えていないと考えられる。

撤廃される[26]。

5 両国の自由化除外品目

韓国および中国でともに自由化対象から外した分野として、乗用自動車（HS 8703）と常用自動車ほかの部分品および付属品（HS 8708）がある（以下、「乗用車および部品」とする）。自動車（新車）および部品については、両国とも自動車産業の保護のため、譲許除外、あるいは関税を撤廃する場合も長い期間をかけて撤廃することとされた[27]。

まず韓国についてである。乗用車は、排気量1000cc以下、1000cc超1500cc以下、1500cc超3000cc以下、3000cc超（以上、ピストン式火花点火内燃機関搭載）、排気量1500cc超2500cc以下、2500cc超（以上、ピストン式圧縮点火内燃機関搭載）の新車、電気自動車が譲許除外となった。部品は、ハンドルほか（HS 8708.94）のみが自由化対象から外され、現行税率の30％に相当する関税が5年間で引き下げられることとなった。

次に中国についてである。乗用車はすべての品目（HS.8703.21〜HS.8703.90についてHS 9桁レベル）が自由化対象外とされた。部品は、ギヤーボックスほかのすべての品目（HS.8708.40についてHS 9桁レベル）、消音装置ほか（HS 8708.92）が自由化対象品目となった。また、駆動軸（HS 8708.50）、クラッチほか（HS 8708.93）、ハンドルほか（HS 8708.94）のそれぞれ一部品目（HS 9桁レベル）などが自由化の対象から外された。

6 中韓FTAから見た日中韓FTAの可能性

中韓FTAにおいては、韓国は農産物の自由化を回避し、繊維についても中小企業が影響を受けると予想される品目について自由化を見送った。また中国も、鉄鋼や化学について国内産業の影響を最小限に抑えるべく、自由化除外品目を十

---

[26] 産業通商資源部（2015）16ページによる。
[27] 産業通商資源部（2015）19ページによる。

分に確保した。第1段階交渉モダリティーによって品目数基準で90％、相手国からの輸入額基準で85％以上を自由化すると決まった時点で、両国とも豊富な自由化除外枠を有することとなり、これらを保護が必要な品目に振り分けることができた。

日中韓 FTA については、中韓 FTA とは異なる FTA であり、中韓 FTA における物品貿易の自由化水準に拘束されることはない。しかしながら、中国と韓国が、両国間で既に合意された物品貿易の自由化スケジュールを大幅に修正する形で改めて交渉を行うことには、難色を示すことが想定される。よって、日中韓 FTA を、包括的かつ高いレベルの FTA にすることを求めれば、その実現は容易ではない。

しかし中韓 FTA と同程度の自由化水準とすることで妥協がなされれば、日中韓 FTA が締結される可能性が出てくる。この場合、日中韓 FTA がどのような姿になるか検討してみよう。中韓 FTA の自由化率、すなわち品目数基準で90％、輸入額基準で85％は、日本がこれまで締結した FTA の自由化率に近い数値である。既に発効している FTA におけるこれまでの日本側の自由化率を見ると、品目数基準では概ね90％に近い水準であり、輸入額基準では概ね90％以上を達成している[28]。日本は既に工産品を中心に無税の品目が多いため、若干ハードルを高くするよう要求される可能性はあるが、大枠としては既存の FTA を踏み越えるものにはならないと考えられる。

具体的な品目を中国との関係を中心に見ていこう。日本側は、韓国と同様、自由化除外品目の枠を農林水産品に集中させることが予想され、主要農産物のほとんどで現行関税を維持することが可能である。工産品については、日本は既に自由化している品目が大半であるが、一部の分野の品目に対しては関税が課されている。繊維はその一つであるが、日本は既存の FTA において繊維を自由化している。ただし中国との関係では、韓国と同様、繊維にも自由化除外品目枠を割り振ろうとするかもしれない。日 ASEAN FTA[29] において、日本は繊維を自由化したが、原産地規則、具体的には、二工程基準を基本とした品目別規制によって、

---

28) 内閣官房「TPP 協定交渉の現状」（説明資料：2013年2月）による。
29) 正確には日 ASEAN 包括経済連携協定であるが、本稿では正式名称にかかわらずすべて FTA とした。

実質的には中国の繊維品目がASEANを経由して日本に無税で入ることを防いでいる。例えば、織布衣服の場合は織布＋縫製、織布生地の場合は、①紡糸 or 紡績＋織布、または、②先染め＋織布（織布＋後染め）の加工が日ASEAN FTAの締約国内でなされない限り、無関税とならない[30]。例えば、中国で布を織って、ベトナムで染色、縫製を行った衣服はベトナム産と認められず、中国で糸を作り、ベトナムで織った布もベトナム産と認められない。中国は繊維分野における自由化を日本に要求してくるであろうが、既存のFTAにおいて、中国から繊維が流入することを防いでいるなか、中国からの繊維輸入を自由化することは想定し難い。

ただし日本にとって難しい点は、繊維に自由化除外品目を多く割り当てる場合、これまで自由化したことのない品目を自由化する必要に迫られることである。日本の中国からの輸入全体に占める繊維の割合は14.4％であり、韓国の6.8％を上回っている[31]。韓国における繊維の自由化除外比率は輸入額基準で38.6％であるが、日本が同じ水準の自由化除外率とした場合、繊維だけで自由化除外枠を5.6％使ってしまう。既存のFTAにおいて日本は繊維を自由化したにもかかわらず、自由化率は輸入額基準で90％程度にとどまっている。よって繊維の一部を自由化品目から外す場合、その分、これまで自由化の対象から外してきた品目を自由化しなければならなくなり、この調整が日本にとって難しいところであろう。

中国側は自由化除外品目の枠を工産品に集中することが想定されるが、どの工産品に配分するかについては中韓FTAにおける交渉結果が参考になる。鉄鋼については、国内産業育成の観点から高付加価値品目を自由化対象から外すと考えられる。化学についても、中国で供給が不足している品目は自由化するものの、自給率を高める政策をとっている品目については自由化しないと想定される。なお自動車についても、中国は乗用車やギヤーボックスなど主要自動車部品を自由

---

30) 伊集院秀樹「EPAとビジネスチャンス（繊維分野を例にした原産地の考え方とその活用について）（EPA特定原産地証明書発給セミナー資料：2010年2月）12ページ、17ページによる。

31) HS.50からHS.63までの全品目の輸入額が、全輸入額に占める割合である。日本は2014年、韓国は2012年の数値である。財務省貿易統計および大韓貿易協会データベースによる。

化しなかった。これら分野の品目については、日本は中国に自由化を要求するであろうが、日本からの輸入についても韓国からの輸入と同様に自由化しないことが予想される。

また韓国との関係については、日本も韓国の農産品に自由化除外品目を集中させると考えられる。ただし韓国は日本と比較して関税が課している工産品が多いため、日本から輸入が多い工産品にも自由化除外品目枠を配分すると考えられる。

7　結び

日中韓 FTA について、包括的かつ高いレベルの FTA にこだわらず、中韓 FTA と同程度の自由化水準とすることが合意された場合、経済的なメリットが小さい FTA となる。日中韓 FTA の経済効果については先行研究が蓄積されている。例えば、阿部（2008、28ページ）は、日中韓の間で関税が撤廃された場合、日本の実質 GDP は0.41％押し上げられると試算している。また日中 FTA については、100％自由化した場合は0.66％、日本が農業の重要品目を、中国が自動車を自由化しない場合でも0.36％の実質 GDP 押し上げ効果が期待できる[32]。しかしながら、中韓 FTA と同程度の自由化水準となれば、このような経済効果は期待できない。

日中韓 FTA を自由化が不十分なものとすれば、将来的に貿易費用低減もままならず、経済効果が非常に限定されるため、結論を急がず腰を据えて取り組むべきとした主張もある[33]。他方、レベルは低くとも、FTA の空白地域であった北東アジア地域に FTA が創設される意義は小さくない。

中韓 FTA が先行してしまった今、高い自由化率をあくまでも追求するといった選択肢は難易度が高まっており、実より名をとって中韓 FTA と同様、自由化レベルの低い FTA を早急に結ぶことを選択することが現実的と言えよう。

---

32)　内閣官房「EPA に関する各種試算」（資料：2010年10月27日）3 ページによる。
33)　阿部（2012）25ページによる。

参考文献

阿部一知（2008）「日中韓 FTA の経済効果」、阿部一知・浦田秀次郎・NIRA『日中韓 FTA』、日本経済評論社。

阿部一知（2012）「日中韓 FTA の意義と課題」、日立総合計画研究所『日立総研』、2012年2月号。

JETRO（2008）『韓米 FTA を読む』。

JETRO（2011）『EU 韓国 FTA の概要と解説』。

関係部処共同（2015）『韓・中 FTA 詳細説明資料』。（韓国語）

関税庁（2015）『韓―中 FTA 100問100答』。（韓国語）

産業通商資源部（2014）『韓中 FTA 詳細説明資料』。（韓国語）

産業通商資源部（2015）『韓・中 FTA 仮署名参考資料』。（韓国語）

中小企業庁・中小企業振興公団（2015）『韓―中 FTA 協定文および関税譲許表』。（韓国語）

第13章
インドの開発と地域統合

吉竹広次

1 はじめに

　インドは2000年代に入りBRICsの1国として成長の加速をみたが、2011年以降、失速感がでていた。こうした中、2014年にはナレンドラ・モディ首相率いるインド人民党（BJP）新政権が誕生し、構造改革の実施、インフラ支出の増加などで景気回復の期待が高まった。2014年からの原油安も相俟って、IMFは2015年度の経済成長率を7.2％、2016年は7.5％と世界で最も高成長する経済大国と予想している。

　インドは東アジアの高齢化の中、生産年齢人口（15〜64歳）が毎年1000万人のペースで増加しており、人口ボーナスを享受するためにも、雇用機会の創出が必要である。モディ首相も「モデノミックス」、なかんずく「Make in India（インドでのモノつくり）」構想によって雇用創出効果の大きい製造業の発展を掲げ、東アジアなどとの経済連携強化による海外企業の対印進出と、これに不可欠な道路や水、電気などのインフラ整備や法制面の改革に注力している。本章では、インドの開発を振り返り、モディ新政権の政策を概観したうえで、インドの今後の成長の鍵となる南アジアや東アジアとの地域経済統合の可能性を検討する。

2 インドの開発

2.1 「ヒンズー的成長」からBRICsへ

　インド経済は1970年代までは年3％台の低成長から「ヒンズー的成長」と揶揄

図13-1 インド経済の推移

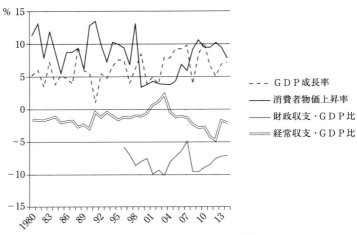

出所) IMF World Economic Outlook Database に基づき筆者作成。

されていた。1950～80年の年平均成長率は3.7%[1]であった。この間、世界輸出に占めるインドのシェアは1951～60年の1.4%から1981～1990年0.5%に減少した。1979年には第2次石油ショックによる原油価格高騰から、深刻な国際収支危機に陥る。1980年にインディラ・ガンジー首相はIMFからの借款を受け、経済改革に着手したが暗殺され、後を継いだ息子のラジブ・ガンジーは輸出促進、税制合理化、民間企業規制緩和といった改革を続けた。1991年には友好関係にあり輸出の15%程度を占めていたソ連が崩壊に向かう中、湾岸戦争による原油価格の高騰、湾岸出稼ぎ労働者の送金の途絶などから外貨準備が払底、深刻な外貨危機に直面した。政権についたラオ首相とマモハン・シン蔵相はIMF・世界銀行に支援を求め、輸出主導、直接投資誘致を目指し、投資ライセンス廃止などの産業規制緩和、金融、通信などサービス部門の公共独占廃止、出資比率51%までの直接投資の自動承認、関税率引下げ、変動相場制移行などの自由化政策とともに「ルック・イースト政策」による東アジアとの関係強化を打出す。1996年BJPを与党とするバジパイ政権に代わるが、政策は継続された。2004年に国民会議派

---

[1] 経済成長率、投資率などマクロデータは世銀 *World Development Indicators* による.

(INC) が BJP を破り、マモハン・シンが首相に就任する。

経済成長率は80年代5.5％、90年代5.6％から2000年代初めに加速し、2000年代の成長率は年平均7.6％となり、ゴールド・マンサックスはBRICsの1国とした。次に、こうした改革による成長の特徴と構造的問題を確認しよう。

クルーグマンの「幻のアジア経済」により指摘された東南アジアの高成長は資本を主とした生産要素投入型成長であって、生産性向上型のものでなかった。インドでは、投資率は1980年19％から2013年には32.5％と上昇しており、投資の増加は2000年代のGDP成長の約半分に寄与しているが、生産性の上昇も、経済成長に貢献しており、生産性（TFP）上昇による成長は80・90年代が成長率の約4分の1で、2003年以降は約半分になっている[2]。生産性の上昇はイノベーションよりも、生産要素の再配置（低生産性の農業から高生産性の工業、サービス産業へ）、競争の激化、貿易の増大、金融深化、ITなど先進技術の吸収、ガバナンスの改善による考えられる。

GDPの産業別構成は、サービス産業が6割と圧倒的で、以下、農林水産（15％）、製造業（15％）、建設業（7％）、その他となっている。

インドの貿易は2000年代以降に急増する。輸出は2000年の423億8千万ドルから2013年3132億4千万ドル、輸入は同期間に515億2千万ドルから4660億4千万ドルとなった[3]。輸出・GDP比は10％台半ばで、3割程度の中国に比べ輸出依存度は低い。1990年代以降、貿易収支と所得収支が慢性的に赤字であり、ビジネス・プロセス・アウトソーシング（BPO）、ノリッジ・プロセス・アウトソーシング（KPO）ソフトウエア輸出を含むサービス収支や移転収支が黒字となっているのが特徴である。

インド準備銀行（RBI）の雇用統計では、1993年度から2011年度の間、経済成長率は6～7％程度で推移したが雇用増加率は1％程度であった。2012年までの6年間での雇用増加数は約1500万人にすぎない。

このようにインドの成長メカニズムは中国のような「輸出・投資主導型成長」でも、アジア経済危機前の東南アジアのような「生産要素投入型成長」とも異な

---

2) Bardham, Pranab K. (2010) *Awakeing Giants, Feet of Clay: Assessing the Economic Rise of China and India*, Princeton University Press, pp.641-80.

3) 貿易データはIMF Direction of Trade Databaseによる（以下、同じ）。

第 3 部　アジアにおける地域統合のあり方

る「サービス・投資型の雇用なき成長」であった。

　構造的課題としては農業の低生産性、財政赤字、インフラ（電力、輸送、水）の不備、4 億人の絶対的貧困層の存在、中国を抜いて世界一になる人口増大に見合う雇用創出のための高成長の持続の可能性という、いずれも厄介なものである。

2.2　インド経済の失速とモディ政権誕生

　インドの経済成長にとっての構造的な不安定要因はインフレ、財政赤字、経常収支赤字である。実質 GDP 成長率は2010年には10.3％を記録した後、2011年6.6％、2012年は5.1％と 2 年連続で低下し、2013年は6.9％と漸く上向いたが、消費者物価指数（CPI）は90年代後半から2007年までは 5 ％であったものが、2008年からは 9 ％台に達し、2012年は10.4％、2013年は10％と 2 年連続して10％台となった。

　2012年は経常赤字 GDP 比が過去最悪の4.8％となった。通貨ルピーは2000年代に入り、1 ドル＝40〜50ルピーで推移してきたが、米国 FRB バーナンキ議長（当時）が QEIII 縮小を議会で示唆すると、いわゆるテーパー・タントラムから、2013年 8 月28日には 1 ドル＝68.825のルピー史上最安値をつける下落となり、91年の外貨危機の再来と懸念された。そのような中で、2013年 9 月 IMF チーフエコノミストに最年少で就任したことでも知られ、国際的知名度も高いラジャンがRBI 総裁に就任した。

　インフレの高進、景気後退、汚職の蔓延の中、シン政権の政策運営は不安定な連立から停滞し、2014年 5 月の総選挙では BJP のナレンドラ・モディが政権についた。BJP が下院において単独で過半数を上回る議席数を獲得した地滑り的勝利はグジャラート州首相として、同州の経済成長率を10％に維持させ、貧困の減少もインド一という実績と辣腕ぶりに国民が期待を託したものである[4]。ただし、上院議席数は BJP は 5 分の 1 、与党全体でも 4 分の 1 程度である。

　BJP のマニフェストでは、財政赤字対策では電力など積極的インフラ整備を進めながらの財政再建、インフレ対策では農産物の流通改革、政府の価格調整介

4）　グジャラート州で発生した2002年のイスラム教徒集団暴行・虐殺事件では、これを黙認したとして米国は入国ビザを拒否していた。

218

入、汚職撲滅に向けては、電子政府化、監視体制の強化、透明性の向上をあげ、産業政策では、投資認可行政の透明化、許認可取得時間の短縮、環境規制の透明化、物品・サービス税（GST）の導入、総合小売業を除く外資規制の原則緩和、雇用関連法、土地収用法の見直しを約している。

就任後、2014年秋までに、軽油価格の自由化、ガス価格の引き上げ、直接投資規制緩和、「Make in India」キャンペーン、Prime Minister's People Money Scheme（国民財形計画）などを矢継ぎ早に打ち出した。海外直接投資規制緩和では、外資出資上限を鉄道は100％に引き上げ、保険及び軍事分野の出資上限も26％から49％に緩和した。

「Make in India」構想は、国内・外の企業への投資促進策であり、特に雇用を創出する労働集約型製造業を振興するものである。構想では自動車、化学、IT、エレクトロニクス、医薬・健康産業、繊維、皮革製品、観光、鉄道、港湾、再生可能エネルギー、鉱業、バイオテクノロジーなど25のセクターに焦点があてられている。

「Make in India」構想の実現には、海外企業がインドのビジネス環境の課題とする複雑な規制、官僚的レッドテープ、労働規制を挙げており、世銀/IFC の Doing Business Index では189カ国中132位であることもあり、こうしたビジネス環境の改善、エネルギー、輸送、通信インフラの整備が必要である。インフラ整備の遅れには後述の土地収用などの法制整備も急務になっている。

Pradhan Mantri Jan Dhan Yojana（Prime Minister's People Money Scheme：国民財形計画）は、国民に近代的金融サービスを提供するため、農民や貧困層などに銀行口座を開設させ、全国民が銀行を利用できるようにするもので、経済的弱者に対し金融サービスを提供する金融的包摂政策の中心である。11月には目標の7500万世帯を達成した。

2.3 「モディノミクス」と2015年度予算

「モディノミクス」初の予算案では2015年度（4月～3月）の経済成長率を8～8.5％と想定し、歳出17兆7747億ルピー、歳入11兆4157億ルピーで財政赤字のGDP 比は前年度の4.1％から3.9％に下がる見込みとしている。歳出は前年度比5.7％増の一方、歳入は前年度比1.4％増に留まり、これを国営企業等の政府保有

株式売却で補う。財政赤字・GDP比目標の3％達成時期を2017年から1年間延長し、重点を財政再建から経済成長へと若干シフトさせた。補助金は8.6％減と大幅に削減している。原油価格の下落を受けた2014年10月にディーゼル燃料補助金廃止、LPG補助金の上限設定など燃料関連の補助金が半減となったことが大きい。2013年に食糧安全保障法が制定され、インド国民の約7割（農村人口の75％、都市人口の50％程度）をカバーする食糧補助金制度[5]が2014年より実施されている。モディ政権も、この食糧補助金を維持する。インフラなど資本的支出は前年度比33.0％の大幅増で、総延長10万キロの道路、5発電所の建設が含まれる。歳入ではサービス税率を12％から14％に引き上げる一方、法人税率を16年度から4年間かけ現行の30％から25％へ引き下げ、「Make in India」構想を後押しする。また、原材料や中間財の輸入関税を引き下げる。さらに、州税と連邦税の間接税を統一する物品・サービス税（GST）の2016年4月の導入を目指すとしている。

2015年度予算国会（2月末から5月上旬）ではGSTと土地収用法改正が最大の課題であった。インドは29州から成る連邦国家であり、連邦制度のもとでは、電力や輸送などの州内インフラは州のみに立法権限があるほか、労働、土地取得などは州と連邦の双方に立法権限がある[6]。物品サービス税は現在、州税であるVAT（物品取引への課税）と連邦税である物品税やサービス税等の間接税を一本化し、複雑な税制の簡素化と課税ベース拡大による税収の増加を図るものであるが、憲法で間接税には州と連邦それぞれの徴税権が定められ、物品サービス税導入には憲法改正が必要となり、政府は下院、上院、州それぞれの承認を得なくてはならない。

なお、GSTによって州毎に異なっていた間接税が統一されれば、インドのビジネス環境の改善につながる。

もう1つの課題である土地収用問題は、土地収用を容易化し、インフラ整備や工業化の促進を図るものである。これは公的機関およびPPPの土地取得につい

---

5) コメ1キロ3ルピー、小麦同2ルピー、トウモロコシ雑穀同1ルピーという安価で、毎月5キロを上限に供給するもの。1兆2500億ルピーの財政負担が見込まれる
6) 双方の法律に相違が生じた場合は、大統領の承認のもとで州法が連邦法に優先されることになる。

て、インフラ整備などの場合、土地所有者の80%以上の合意の要件を除外し、環境影響公聴会義務を免除する取得者側負担を大幅に軽減するものである。

しかし、結局、GST、土地収用法、さらに労働者保護を弱める労働法改正は予算国会を通らず、8月の夏季国会（モンスーン国会）に持ち越されたが、閣僚の汚職問題から空転したまま会期を終えてしまった。労働法改正を巡っては9月に交通機関や金融機関が営業停止となる大規模なストライキが全国で発生した。BJPは冬季国会（例年11月から）や臨時国会も視野に入れ、2016年4月の「GST」導入を目指す方針としている。GSTについては野党INCの賛同も得られると見られていただけに、労働法改正や農民からの反対が強い土地収用法も含め、現時点では今後の見通しはつきにくい。モディノミクスの象徴でもあることから内外の期待を冷やす懸念がある。

モディノミクスの「Make in India」、インフラ整備、法人税引き下げ、原材料・中間財の輸入関税引下げ、外資規制の緩和、GST、労働法、土地収用法改正などが狙うところは、直接投資を梃子に国際生産ネットワークをインドに取込み、これによる成長と雇用創出、輸出の多様化を図ることである。一方では食糧補助や金融など貧困層を支える包摂政策にも目配りをしているものの、大企業優先で中小企業や労働者・農民への裨益が少ないという批判もあり、その行方は予断を許さない。

3 インドと南アジアの経済統合　SAARC・SAFTA

南アジアは70年代まで世界で最も保護主義的な経済であった。77年にスリランカは自由化政策を採り、80年代には他の国もこれに続いた。南アジアが本格的自由化を開始したのは90年代にインドが大幅な改革政策に転換してからである。この結果1980〜2000年の年平均成長率は5.7%となり、その後、世界経済危機までの成長率は6.5%に加速した。これによって域内各国の貧困率も低下した。輸出は2000年の650億ドルから2013年の3700億ドルに増加し、域内大国のインドを除いても年率約10%の増加となっている。

インドは南アジアのGDPの80%以上を占める。インドと南アジアの貿易は90年代から急増に増加し、2000年から2013年の間に7倍近い伸びである。しかし、

第3部　アジアにおける地域統合のあり方

図13-2　南アジア地域の貿易額推移

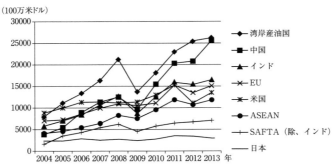

出所）IMF DOTS に基づき筆者作成。

インド以外の南アジアの貿易は中国や湾岸諸国との貿易の増加がこれを上回って大きい。パキスタン以外の南アジア諸国の域内貿易の90％以上をインドが占め、パキスタンでさえ、3分の2である。インドの輸出に占める南アジアの割合は5％程度、輸入は1％以下にすぎない。インドからの輸入の増加に比べて輸出の増加は少なく、輸入は輸出の4倍以上になっている。インドはネパール以外には大幅な貿易黒字である。このように域内貿易で太宗を占めるインドの成長は必ずしも周辺の南アジア諸国の成長に繋がっていない。

　1985年にバングラデッシュの提唱により南アジア地域協力連合（SAARC）[7]が結成されたものの、経済統合の歩みは遅く、1995年にSAPTA（南アジア特恵貿易協定）が結ばれた。SAPTAでは、3,857の特恵関税のタリフラインが挙げられたが、SAARCのLDC（Least Developed Country：後発開発途上国）に含まれない国々の輸出の僅か8％程度が該当したにすぎなかった。SAPTAは殆ど成果をみることはなかった。このためSAFTA（南アジア自由貿易協定）の結成が合意され2006年に発効した。SAFTAは物品貿易に対象を限定していた（2012年からサービス貿易も追加）。SAFTAはネガティブリスト以外の関税撤廃を定めており、SAFTAの原産地規則はこの地域のFTAと同様だが、SAFTAの場合

7）　バングラデッシュ、インド、パキスタン、スリランカ、ブータン、ネパール、モルディブ、アフガニスタンの8カ国。

は他のFTAと異なり、ネガティブリストに入れる最大品目数は各国の交渉によるとされ、HS 6桁では5051のタリフラインの20％とネガティブリストは広範であった。この削減には4年毎の見直しが規定されているが、オープンエンドで、拘束性はない。ASEANのAFTAの場合、ネガティブリストは5段階で削減することが明示されている。SAFTA加盟国間の約半分の輸入品がSAFTAの関税自由化から外れている。バングラデッシュ、モルディブ、ネパールのLDC国では65～75％の輸入品が関税自由化対象外になっており、インドも4割弱を対象から外している。AFTAは特恵関税品目の数量規制の撤廃とNTBs（非関税障壁）の5年以内の廃止を求めている。さらに、SAFTAは技術基準（TBT）、植物・動物検疫（SPS）、環境、安全などのNTBsについての明示的約束はないが、加盟国の提起により専門家委員会が問題を検討する仕組みである。SAFTAの約束表（TLP）では、インドは最初の2年間に関税率を20％に引下げ、2013年までに0～5％にする。LDCは0～5％を2016年までに達成するとしている。しかし、インドは非LDC向けに長いネガティブリスト（2006年は868品目、2012年から614品目）を設けた一方、LDC向けネガティブリストの264品目をスケジュールより前倒して削減した。なお、インドはSAFTAで唯一、従量税をとっている。2008年に非LDC向けに144品目の従量税を廃止し、従量税は614のセンシビティリストの品目のみになった。SAFTAの域内貿易比率は僅か5％であり、60％を超えるEU、40％に近いNAFTA、40％を上回るASEAN＋3、30％に迫るASEANに比べ大きく低迷している。南アジアは世界で最も経済統合が遅れている地域である。

　SAFTAのもつ加盟国の経済的厚生――地域貿易協定がもつ厚生を高める貿易創出効果と低める貿易転換効果――への影響には、様々な議論がある。世銀のエコノミストの分析では①小さい地域経済規模、②効率的供給者の僅少による貿易転換効果、③ネガティブリストや原産地規則の恣意的運用による輸入障壁からSAFTAの経済厚生が高くないとする[8]。また、いわゆる「キャプティブ・マーケット」、例えば、バングラデッシュがインド製品の関税を引き下げても、イン

---

[8] Baysan, T, A Pangariya and N Pitigala (2006), 'Preferential trading In South Asia', World Bank Policy Research Working Paper No.3813

ドの輸出者はメンバー国以外の供給者の販売価格以下には価格を引下げず、関税引き下げの利益はインドの輸出者の利益の増大のみになるという意見もある。さらに、南アジア経済の代替性の制約を指摘する見解などもあるが、一方では、公式の貿易の1割ともいわれる非公式な国境貿易の存在から潜在的な可能性も指摘される。

　もっとも、ASEANも70年代中頃までは、SAFTAと変わらず、その後の直接投資による地域間の国際分業が補完性を顕在化させたし、また中国がインド洋の海洋権益確保のためにいわゆる、「真珠の首飾り」[9]、「海のシルクロード」戦略により、南アジア周辺国への港湾整備などを通じて、軍事的プレゼンスを高めるなど、政治的課題を抱える南アジアの場合は地域協力を単に経済的成果のみから評価すべきではないともいえよう。

　南アジアの貿易コストが非常に高いことは広く知られている。関税は徐々に引き下げられてきており、関税削減の貿易創出効果は限られ、貿易転換効果も縮小する。こうした中で、貿易創出効果を期待できるのは非関税障壁による貿易コストの削減である。南アジアの場合、コネクティビティーの改善、税関行政の効率化・簡素化、汚職の抑制は確実に大きな効果を持つ。世銀のLPI（ロジスティックス指標）では南アジアはサブサハラに次いで最悪であり、また同じくビジネス環境指標もインドが189カ国中132位であり、また世界経済フォーラムの貿易指標もバングラデッシュとネパールを最悪としている。

　こうした貿易円滑化措置がとられ、貿易コストが引き下げられた場合のSAFTAの経済的厚生の変化を分析したCGEモデル[10]では、関税撤廃のみのケースはバングラデッシュが貿易転換効果による損失をうけるが、非関税障壁による貿易コスト削減の場合には、南アジアの全ての国で厚生が増大し、インドが最大の受益を、比率的にはバングラデッシュが最も高い恩恵を受け、また輸出増大効果はネパールが顕著で、バングラデッシュも低価格の原料を域内から調達し、加工した繊維、衣類を域外輸出することで、成長率は15％に達するとしている。

---

9) 海南島、シトウェー港（ミャンマー）、チッタゴン（バングラデッシュ）、ハンバントウ（スリランカ）、グワダル港（パキスタン）を結ぶ。

10) Selim Raihan and Mohammad A. Razzaque (2014) *Assessing Gains from SAFTA, Regional Integration in South Asia,* The Commonwealth, pp.175-177.

南アジアには、なお５億人以上の絶対的貧困層が集中しており、貧困削減のための経済成長と雇用創出が最大の課題である。2015年末にはASEAN共同体が発足するなど、東アジアが経済統合化の加速をみていることから、南アジア域内でも経済統合による成長促進と貧困削減への期待は高い。

　この分析が示唆するように南アジアの非関税障壁の是正は、関税障壁撤廃よりもはるかに大きい厚生の改善を実現する。SAFTAを有効にするには貿易自由化は必要条件としても、それだけでは経済統合は実現しない、全ての加盟国に厚生の増大をもたらすインフラと貿易円滑化の十分条件を充たすことが不可欠である。

4　インド・南アジアと東アジア

　90年代以降は南アジアと東アジアの統合努力が活発化する。その背景には、先ず、東アジアへの輸出指向の直接投資流入と輸送、通信、ロジステックコストの大幅に低下による国際生産ネットワークの形成がある。さらにアジア間貿易の自由化を含むFTAの拡大であり、2013年末までに二地域間のFTAは９（うち６はインド）となっており、これにはインドのルック・イースト政策の成果もある。インドは東アジアと、APTA（1976年）、ASEAN（2010年）の多国間FTA、二国間FTAではタイ（2004年）、シンガポール（2005年）、韓国（2010年）、マレーシア・日本（2011年）と締結している。

　インド・ASEAN　FTAでは2013～16年の間に80％以上の関税を撤廃すること、センシティブ品目の関税を2016年に５％へ引き下げること、ただし489のセンシティブ品目については現行のままとすることが決められ、インドは農業、繊維、自動車、化学品、パームオイル、コーヒー、紅茶、スパイスなどを適用外にしている。

　インドのASEAN　FTA交渉ではパームオイル、ゴム、スパイスのプランテーション・ロビイストが輸入関税の引下げに反対した。同様に、自動車、繊維では、インド自動車工業連盟と綿製品、化学製品、エンジニアリングなどの輸出促進団体が反対した。他方、外資系企業を主とした製造業グループは東南アジアからの中間財などの輸入関税の引下げを要求したが、これはインドを国際生産ネットワーク、サプライチェーンへ統合させる要求であり、外資の進出はインド側パ

ートナーとともに政策への影響力を高めよう。既に製薬業界ではファイザーやメルクなどが特許法の強化を求めている。インド・ASEAN FTA の結果、インドと ASEAN の貿易は2000年の71億3千万ドルから2013年には774億2千万ドルへ年率22％増加し、ASEAN はインドの世界貿易の約10％を占めるようになった。インドの ASEAN 向け輸出の伸びは輸入を上回る。インドの ASEAN 輸出では資本財輸出が増加し、電気機械、送信装置、綿糸などが新たに追加された。一方、ASEAN はインドへ電気機械、パームオイル、鉱物燃料など中間財を輸出している。

インドの対中貿易は輸出が2001年の15億ドルから2013年には145億ドルに、輸入は20億ドルから515億ドルに急増し、中国がインドの最大の貿易相手国になっている。2014年習近平国家主席が訪印、2015年5月のモディ首相訪中では、総額約100億ドルの協力プロジェクトの推進に合意した。インドは AIIB、中国は BRICS 銀行で先進国主導の国際金融秩序への対抗に歩調を合わせるなど、両国は領土・安全保障問題が経済関係の支障にならないよう、トゥートラックアプローチをとっている[11]。

この中国を含む ASEAN＋3 とインドでは2013年の貿易額は1772億ドルであり、この間年率で23％増と、これまでインドがどの地域とも実現したことのない過去最高の急増となった。この結果、ASEAN＋3 はインドの世界貿易の4分の1を占め、世界最大の貿易相手地域である。

インド以外の南アジア諸国も、域内貿易の低迷の一方で、東アジアとの貿易が増加している。1990年から2013年の間に、南アジアから東アジアへの輸出は年率13.2％、輸入は13.7％の増加となっている。この間、貿易額は127億ドルから2352億ドルになった。もっとも、その4分の3はインドが占めている。

東アジアの輸入に占める南アジアの割合はこの間、14.5％から17.9％に、輸出は22.5％から27.9％に増加した。これは、インドの東アジアへのシフトの反映であり、インドの輸出の5分の1、輸入の4分の1を東アジアが占める（2013年）。

---

[11] モディ政権の外交政策は先ず南アジア周辺諸国との関係を強化し、米国、日本など民主主義を共有する国々のほか、ロシアともヤルタ問題での対露制裁に不参加の一方、戦後70周年式典に参加するなど伝統的友好関係を維持するなど、経済優先の全方位外交といえるが、これは独立後の非同盟路線の延長でもある。

比較優位にしたがって、南アジアからの輸出は賦存量の多い天然資源や労働集約財、東アジアからはハイテク商品など資本、技術集約的財が占める。

南アジアと東アジアの経済統合の進展は進んでいるが一様ではない。インド以外の南アジア諸国は東アジアとの経済統合の緒についた段階であり、東アジアからの輸入は増えているが、輸出や対内直接投資は少なく、FTA締結は遅れている。東アジアからの直接投資の増大は、大半はインドに向かっている。世界的には直接投資の伸びが貿易の伸びを上回っていることを勘案すると、南アジアの生産コストやビジネス・リスクの高さが障害と考えられ、課題はインフラ、関税・非関税障壁、ビジネス環境、人材育成など広範な国内改革である。

5 コネクティビティーとインド・ASEANの経済統合プロジェクト

5.1 サプライチェーンとコネクティビティー

企業のサプライチェーンネットワークは生産コストの低下や市場アクセスの拡大につながる各国の比較優位や各国・地方の貿易の地理的優位性のポテンシャルを引き出す。サプライチェーンが競争優位をもつのは距離的に離れても生産拠点のもつ地理的優位性から得られる利益が、距離による不利益を上回る場合である。南アジアがグローバルサプライチェーンを形成するのには2つのパターンがありえる。1つは日本や既に南アジアに直接投資をしている国の企業に、南アジアがカンボジア、ラオス、ミャンマーに比肩する地理的優位性を、あるいはインドがインドネシア、タイ、フィリピン、マレーシアなみの地理的優位性を提供する場合である。もう一方は、南アジアの既存産業で前方・後方連関効果に従った国際分業を行う場合である。東アジアでは、FTAの整備もあり工程間分業、生産拠点の集約化、最適配置は進展してきているが、南アジアとの経済連携によって東—南アジアにまたがるサプライチェーンの構築のためには、ハード・ソフト両面でのインフラ整備とりわけサプライチェーンに沿った、効率的で、信頼性の高い物流が不可欠である。

南アジアでは、地域のコネクティビティーの欠如が地域の成長と経済統合を阻害する大きな要因である。例えば、国境に面した2都市、バングラデッシュのペ

トラポールとインドのバナポール間のトラック輸送は100時間以上かかる。ネパールからインドに輸出するには200、インドからは140の署名が必要とのことである。ニューデリーからダッカまでコンテナの鉄道輸送が可能なら5日間だが、トラックの陸送で35日、海上輸送はボンベイ、チッタゴンの直通航路がなく、コロンボないしシンガポール経由、チッタゴンである[12]。こうした越境輸送にかかる物的、制度的コネクティビティーの問題がコスト、時間、不確実性による貿易の取引費用を高くしている。物的コネクティビティーでは道路、鉄道の不備が最大の要因で、不十分な海運のコネクティビティーも事情をさらに悪化させる。制度的なコネクティビティーでは技術基準、複雑・不透明な越境手続き、過剰な書類作成、積出・積降両側での検査、それ以外の地点での検査などがある。

GATT5条は通過運送の自由を定めている。2007年にSAARCは通過運送協定を結ぶことを決め、SAFTA8条に税関手続きの簡素化、調和と効率的な域内貿易のための通過施設など貿易促進措置を定めた。

2010年の第17回ASEANサミットではASEANコネクティビティー・マスタープランが採択され、物理的、制度的、人的の3次元での地域コネクティビティーの強化のための戦略を特定した。2013年の東アジアサミットではコネクティビティーが取り上げられ、物的、制度的、人的の3つのコネクティビティーの改善が謳われた。南アジアでも、戦略的な地域コネクティビティー計画を通過運送に係る協定とともに策定する必要があろう。

バングラデッシュはインドの通過運送を認めてこなかったが、2011年に「内水面交通・貿易プロトコル」でインドの北東部アッサム州Tripuraへのバングラデッシュ領内通過運送を認めた。インド・バングラデッシュは2015年5月、領土・領海条約[13]を締結した。これは1974以来の懸案であり、両国の相互不信の象徴として、コネクティビティーの最大の障壁だった。これによってインド本土のバンカオン、バングラデッシュのダッカ、インド北東部のダウキを結ぶアジア・ハイウェイによる輸送が可能になる。また、海運協定によって、バングラデッシ

---

12) Prabir De (2014) *Connectivity and Regional Co-operation in South Asia, Regional Integration in South Asia,* The Commonwealth, pp.185-210.

13) 国際仲裁裁判所審判が、係争地の8割をバングラデッシュとし、これを両国が承認した。

第13章 インドの開発と地域統合

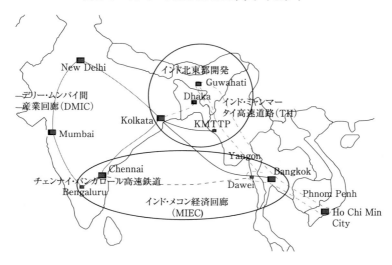

図13-3 インド・ASEANのコネクティビティー

ュの港湾をインドも利用できるようになる。中国はチッタゴン・ダッカ間の道路建設に協力したが、インドはバングラデッシュ内の鉄道建設に20億ドルの支援を行う。

　バングラデッシュとネパールは貿易・通過運送協定を結んでいる。両国は貿易と通過運送にMFNを認めているが、問題はインドが通過通行を2時間しか認めていないことである。バングラデッシュは2003年にブータンと貿易協定を結び、インドへの特定経路の通過運送を認めた。インドはバングラデッシュのネパールへの通過運送を認めていない。このように通過運送が認められる場合でも、経路や時間、手続きなどの制約が大きい。国連アジア太平洋社会委員会（ESCAP）事務局も2012年に「国際道路輸送円滑化のための地域戦略的枠組み」を運輸分野の閣僚会合に提示した。もっとも、通過運送には道路、橋梁などの損傷、混雑、排気ガスなど通過国にコストを生じるため、GATT5条もインフラ整備、維持費用などの通行料徴求は認めている。

　インド・ASEANのコネクティビティーの改善は、インドとASEANの生産ネットワークに新たなダイナミズムを引き起す。生産ネットワークによる貿易・投資の拡大は南-東アジアの経済統合を深化させる。こうしたコネクティビティ

229

ーの改善によって南アジア、東アジアを結ぶ国際生産ネットワークの構築を進めるための計画として、「メコン・インド経済回廊」、またインド北東部とミャンマーを結ぶプロジェクトさらに、ベンガル湾周辺国の地域協力体 BIMST-EC がある。

5.2 メコン・インド経済回廊（MIEC）

ASEAN 経済研究所（ERIA）が2010年の東アジアサミットに提出した「アジア総合開発計画（CADP）」ではメコン・インド経済回廊——インドのチェンナイ港とミャンマーのダウェイ港を海路で、バンコック、プノンペン、ホーチミンを陸路で結ぶ経済回廊——が大きな経済インパクトを生み出す可能性が高いとし、ダウェイ深水港開発の重要性を強調している[14]。この回廊が完成し、コネクティビティーが強化されれば、インドと ASEAN 4 カ国の供給サイドのボトルネックの解消につながり、生産ネットワークの強化を通じた経済ブロックを形成すると考えられる。「経済回廊」はアジア開発銀行が1998年に初めて用いたもので、単に道路、鉄道、港湾などの物的インフラのみでなく、ソフトなインフラである貿易円滑化を含み、特定の地域諸国間のハブ、ノードを結節させるネットワークを意味する。インド・メコン経済回廊のインド側のゲートウエイはチェンナイ港である。チェンナイを含むタミールナド州は2000年代に入っての10年間の成長率が13.2％とインドで最も成長の高い工業州である。タミールナド州の製造業の成長は急速で、2000〜2010年では最大の直接投資受入れ州でもある。同州は「黄金の四角形プロジェクト」北のニューデリー、西のムンバイ、南のチェンナイ、東アジアのコルカタを結ぶ高速道路網や鉄道網でインドの主要都市と結ばれている。さらに、この発展著しいチェンナイとインドのシリコンバレー、バンガロールも結ばれており工業化の進んだ地域の他、開発の遅れた周囲もカバーし、チェンナイとバンガロールを核として SEZ や IT パークなどで周辺の工業化促進を面的に図るインフラとビジネス環境の整備計画（PRIDe）もある。こうしたことから、

---

14) 2013年11月、ミャンマー、タイ両政府は2008年より開発を主導したタイのイタルタイ社の事業撤退を承認。日本政府は2014年10月ミャンマー・タイ政府にダウェイ工業団地開発への協力をコミットした。開発にともなう補償問題など適切な対応が不可欠である。

第13章　インドの開発と地域統合

メコン・インド経済回廊の完成後にはチェンナイは東アジアへのインドへのゲートウエイと共に産業クラスターの中心、国際生産ネットワークのハブ、ノードとなる可能性がある。課題としては既に、能力の限界に近づいているチェンナイ港の施設整備と付近のエンノール港との連結道路の整備がある。

5.3　インド北東部開発

　インド北東部は北に中国、南西にバングラデシュ、北西にブータン、東にミャンマーと接する。インド北東部は Arunachal Pradesh、Assam、Manipur、Meghalaya、Mizoram、Nagaland、Sikkim、Tripura の8州からなり、1947年のパキスタン分離以前は、現在のバングラデシュを通じて他のインド地域と通じていたが、分離後は、「鶏の首」と呼ばれる幅23kmの「シリグリ回廊」を迂回路にして東部の港湾都市コルカタに結ばざるを得ない内陸地域となった。バングラデシュを通じれば500kmのところを迂回すれば2000kmとなる。北東部は炭化水素、水力、森林、鉱物資源などに恵まれながら、その輸送コストから本来の比較優位を発現できずに開発が遅れ、インドで最も貧しい、政治的にも不安定な地域のままである。しかし、インド北東部4州 Arunachal Pradesh、Manipur、Mizoram、Nagaland は国境を接するミャンマーを通じて ASEAN のメコン地域さらに、バングラデシュ、ブータン、ネパールとの経済統合の拠点たりえる。ミャンマーはインド、ASEAN、中国という世界で最も活発な経済圏に隣接しており、コネクティビティーの問題が解決すれば、この地域の辺境とされた地理的条件は逆に、3大経済圏を結びつける結束点という地理的優位性に変わる。この意味で、ミャンマーとインド北東部の開発戦略はインドと東アジアの経済統合の核と言える。インドのルック・イースト政策以来、ミャンマーとの連携は強化されつつあり、ミャンマーは南アジアと東アジアをつなぐ陸橋となりえるが、ミャンマーの民主化の進展と少数民族ロヒンギャの問題も課題である。

　現在、次の道路、鉄道、海運のプロジェクトが検討されている。
・インド・ミャンマー・タイ3国高速道路（IMTTH）：インドの Moreh から、ミャンマーの Bagan を経由して、タイの Mae Sot に至るもので、UNESCAP が主導したアジア・ハイウェイ1の一部にあたる。問題はミャンマーとインド北東部である。インド、タイ政府は自国内道路の補修の他ミャンマー政府への

資金供与を約している。
・デリー・ハノイ鉄道リンク：ミャンマー、バングラデッシュ内の鉄道整備なしには、インドとベトナムのコネクティビティーは難しい。インド政府はマンダレー・ヤンゴン間の640km の鉄道の改修のために56億ドルのクレジットラインをミャンマー政府に供与した。
・KALANDAN 多モード通過運送計画（KMTTP）：インドの港湾とミャンマーの SITTWE 港間の海上輸送と SITTWE とインド北東部との陸上輸送（道路、鉄道）の改善によるコネクティビティーの強化を図るものである。インド・ミャンマー政府が合意し、5年間での完成を予定しており、2010年12月に開始した。

5.4 BIMST-EC

ベンガル湾周辺国の経済協力推進を図る Bangladesh-India-Sri Lanka-Thailand Economic Cooperation（BIST-EC)は1994年にタイによって提唱され、97年にはミャンマーの参加により、BIMST-EC となった。BIMST-EC はコネクティビティーの強化については14回廊、4鉄道回廊、2内水面回廊、11海洋ゲートウエイ、15航空ゲートウエイを特定した。事務局を務めるバングラデッシュの首相は貧困を地域の「共通の敵」として国際間のコネクティビティーの改善による開発の必要性を訴えている。進展には紆余曲折が予想されるが、BIMSTEC は SAARC と ASEAN、南アジアと東南アジアを結ぶ架け橋となりえる。

6 結び

人口増加を「人口ボーナス」として享受できるか。モディノミクスの意図は明白で、モディ政権のかかげる雇用創出効果の大きい製造業振興政策「Make In India」は適切であるが、そのためにも世界経済との統合の深化に喫緊の要がある。南アジアは成長を始めたが、域内の経済統合効果は乏しい。関税障壁の撤廃が進んだ現在、非関税障壁なかんずくコネクティビティーが貿易・投資ひいては国際生産ネットワークの構築と経済統合の最大の課題といえる。その意味で、インド・メコン経済回廊による南部チェンナイを核とした産業クラスターの創出、

BIMST-ECなどインド北東部のコネクティビティーの強化によりミャンマーを介したASEANとの経済統合を図ることで、インドが南アジアのサプライチェーンのハブとなり、また南アジアと東アジアの国際生産ネットワークグループを結ぶブリッジとしての役割を果たす可能性があるといえよう。いずれもいまだ、緒に就いたばかりであり、そうしたなか、中国経済の減速、米国の利上げという国際経済環境の変化は、インド経済にも重荷であるが、外需依存度や中国との連動性が比較的低いこと、原油安による国際収支や財政収支の改善、さらにインフレの低下もある。モディノミクスが着実な成果をあげられるかどうかが、インドが中国を上回る成長を維持し、国際的生産拠点、ハブやブリッジとしてグローバル経済成長のエンジンとなり、南アジア地域の持続可能な成長と貧困削減を実現することができるかを決しよう。

参考文献

絵所秀紀・佐藤隆広編（2014）『激動のインド　第3巻　経済成長のダイナミズム』、日本経済評論社。
近藤則夫編（2012）『現代インドの国際関係』、アジア経済研究所。
柳沢悠（2014）『現代インド経済』、名古屋大学出版会。
Ahmed, Sadiq Saman Kelemaga, and Ejaz Ghani (2010) *Promoting Economic Cooperation in South Asia Beyond SAFTA*, The World Bank.
De, Prabir (2011) "ASEAN-India Connectivity: An Indian Perspective," in Kimura, Fukunari and So Umezaki (eds.), *ASEAN-India Connectivity: The Comprehensive Asia Development Plan, Phase II*, ERIA Research Project Report 2010-7, ERIA, pp.95-150.
Kimura, Fukunari and So Umezaki (2010) *ASEAN-India Connectivity: The Comprehensive Asia Development Plan, Phase II*, ERIA Research Project Report 2010, No.7.
Nayar, Baldev Raj (2014) *Globalization and India's Economic Integration*, Georgetown University Press.
Razzaque, A. Mohammad and Yurendra Basnett (2014) *Regional Integration in South Asia*, Commonwealth Secretariat.
Wignaraja, Ganeshan (2014) "Assessing the Experience of South Asia-East Asia Integration and India's Role," ADBI Working Paper Series No.465.

第14章
RCEPの新たな課題

石川幸一

1 はじめに

　現在交渉中の東アジアの広域FTAは東アジア地域包括的経済連携（RCEP）と環太平洋経済連携協定（TPP）である。RCEPとTPPは経済規模が巨大なメガFTAとして注目を集めている。米国が主導するTPPに対しRCEPはASEAN中心性が特徴である。TPPかRCEPかという議論があるが、日本にとっては両方とも重要であり、アジア太平洋自由貿易地域（FTAAP）実現に向けてRCEPとTPPの締結に向けて交渉を進めていくべきである。

　本章では、第2節で広域FTAが交渉されるようになった背景を踏まえてRCEPが提案され、交渉が開始された経緯を説明し、RCEPはアジア通貨危機後の東アジアの地域協力とTPPはAPECの貿易自由化と「ルーツ」が全く違うことを論じている。第3節では、交渉原則と交渉分野と論点について言及している[1]。第4節では、RCEPの意義をASEAN中心性に焦点を当てて論じている。第5節では、RCEPの課題を検討しており、特に原産地規則の統一をやや詳しく論じている。第6節ではまとめとしてRCEPの大きな特徴であるASEAN中心性の意義を再考した。

---

[1]　TPPは情報提供不足が批判されたが、RCEPについての情報はTPPに比べると桁違いに少ない。TPPについての日本語の書物は50冊を超えるがRCEPについての単行本は皆無である。本論では、豪州政府、ニュージーランド政府、日本政府の資料のほか参考文献掲載の資料により取りまとめている。

2 ASEANが中心となる東アジアの広域FTA

2.1 課題となる広域FTA

　RCEPは、ASEANとASEANのFTA相手国（ASEAN+FTAパートナーズ）で交渉中の東アジアの広域FTAである。参加国はASEAN10カ国と6つのFTA相手国（日本、中国、韓国、インド、豪州、ニュージーランド）の合計16カ国である。2011年11月にASEANが提案し、2015年交渉完了を目標に2013年5月に交渉が開始された。

　東アジアは20世紀末まではFTA空白地帯といわれていたが、21世紀に入りFTA締結が活発化し、現在約40のFTAが締結されている。AFTA（ASEAN自由貿易地域）のように東南アジアの10カ国が参加する協定もあるが、大半は二国地域間の協定で東アジア[2]全域をカバーする広域FTAはなかった。多国籍企業による東アジア各国間でのサプライチェーンの構築が進む中で東アジアの広域FTAの締結が課題となってきた。広域FTAが必要な理由は、①ルール（特に原産地規則[3]）がFTAにより異なり企業のFTA利用の事務手続きが煩雑となりコストが増加すること、②日本→マレーシア→インドのような3国以上の国での生産ネットワークを利用する場合原産地規則によりFTAが使えなくなる可能性があること、③効率的生産を行っていながらFTAに参加していない国から生産効率が低いFTA参加国に輸入先が転換する貿易転換効果[4]を避けることができること、である。

　アジアの広域FTA構想は、RCEPとTPPの2つである。RCEPはASEANが提案したASEANが中心となるFTAであり、TPPはAPECの貿易自由化構想にルーツを持ちAPECのFTAを目指すFTAである。

　2）　本章における東アジアは、ASEAN10カ国と日本、中国、韓国、インド、豪州、ニュージーランドの合計16カ国とする。
　3）　FTAはFTA参加国の原産品を特恵関税率の対象とする。原産品を定めるルールが原産地規則である。原産地規則については、第4節で詳しく説明する。
　4）　FTAの経済効果、特に貿易創出効果と貿易転換効果については、黒岩郁雄編（2014）『東アジア統合の経済学』、日本評論社、43～49ページ。

2.2 ASEANが提案したアジアの東アジアの広域FTA

　RCEPはアジア通貨危機後の東アジア協力にルーツを持っている。東アジアの地域協力の起点はアジア通貨危機の起きた年である1997年の12月に日中韓の首脳がASEANの首脳会議に招待され開催された初のASEAN+3首脳会議である。RCEPの原点はアジア通貨危機後の東アジアの地域協力にあるといってよい。ASEAN+3首脳会議は1998年に金大中韓国大統領（当時）の提案により東アジアスタディグループ（East Asia Study Group：EASG）を設置し、EASGの2002年の報告書が東アジアFTAを提言した。2003年に中国がEAFTA（East Asia Free Trade Area：ASEAN+3）を提案、2006年に日本がCEPEA（Comprehensive Economic Partnership for East Asia：ASEAN+6）を提案し、併行して2009年まで研究が続けられたが、日中の主導権を巡る対立もあり交渉は始まらなかった。

　2011年8月には日本と中国が「EAFTAおよびCEPEA構築を加速させるためのイニシアティブ」により、物品貿易、サービス貿易、投資の自由化についての作業部会設置を共同提案した。今まで対立していた日中の共同提案に対し、東アジアの地域統合においてイニシアティブを握りたい（ASEAN中心性を維持したい）ASEANはEAFTAとCEPEAを統合する構想としてRCEPを提案した。こうした変化をもたらしたのはTPPである。TPP交渉開始と日本の関心表明により東アジアの広域FTAが米国主導で進むことを警戒した中国が柔軟な姿勢に転じたことが背景にある。

2.3 APECのFTAが目標のTPP

　TPPはAPECのFTAを目指すFTAである。APECは1994年の「ボゴール宣言」により、先進経済は2010年、発展途上経済は2020年を貿易自由化の目標にしていた。APECの自由化方式は自主的自発的な非拘束的なものであり、センシティブな分野の自由化を行なうことは無理だった。その例が1997年の「早期自主的分野別自由化（Early Voluntary Sector Liberalization：EVSL）」であり、日本が林産物と水産物の自由化を日本が拒否したためEVSLは1998年に失敗に終わった。

　そのため、拘束的に自由化を進めるFTAを目指して、米国、豪州、ニュージ

ーランド、チリ、シンガポール（P5）が1998年には非公式の議論を始めた。しかし、米豪の国内事情からP5の議論は進まず、2001年にシンガポールとニュージーランド（P2）がFTA交渉を開始し、2003年にチリが加わり（P3）、2006年にブルネイが参加しP4となった。P4は自由化レベルが高く包括的なFTAであり、APECのFTAを指向していた。2009年には米国が参加を表明、豪州、ペルー、ベトナムが参加し、P4をベースに新たにTPPの交渉が2010年3月に始まった。TPPには、2010年10月にマレーシア、2012年にカナダとメキシコ、2013年に日本が参加し現在12カ国で交渉を行なっている。こうした有志国によるFTAは、「パスファインダーアプローチ（先遣隊方式）」と呼ばれており、APECの非拘束性と自主的協力の原則を維持しながらAPEC枠外でFTAを実現させる方法である[5]。TPPはアジアだけでなく豪州や米国が関与する中で生まれてきた構想であり、高い自由化率やルール重視など従来の東アジアのFTAとは異なった特徴を持っている。

3　何を交渉しているのか

3.1　交渉の経緯と交渉原則

　ASEANの提案を受けて2012年8月にASEAN+FTAパートナーズ経済大臣会合が開催され、「RCEP交渉の基本指針および目的（Guiding Principles and Objectives for Negotiating RCEP）」が合意された（表14-1）。2012年11月のASEAN+FTAパートナーズ首脳会議で基本指針を承認しRCEP交渉を2013年早期に開始し2015年末までに完了させることを宣言した。

　「基本指針」について補足をしておく。①GATT24条の最も重要な規定は「実質的に全ての貿易を自由化すること」であり、一般に90％以上（輸入額と品目数の2つの基準がある）を自由化（関税撤廃）すると理解されている。サービス貿易協定（GATS）5条は「相当な範囲の分野（substantial sectoral coverage）を対象にすること」を規定している。物品貿易およびサービス貿易の自由化で

---

[5]　馬田啓一（2015）「TPP交渉と日本の通商戦略」石川幸一・馬田啓一『FTA戦略の潮流』文眞堂、216〜217ページ。

表14-1　RCEP交渉の8つの基本指針

① GATT24条, GATS5条を含むWTOと整合的.
② 既存のASEAN＋1FTAよりも相当改善した, より広く深い約束.
③ 貿易投資円滑化規定, 貿易投資関係の透明性を向上する規定, 国際的, 地域的サプライチェーンへの参加国の関与を促進する規定を含む.
④ 既存のASEAN＋1FTAに整合的な形で, 特別のかつ異なる待遇並びにASEANの後発加盟国に対する追加的な柔軟性についての規定を含む適切な形の規定を含む.
⑤ ASEAN＋1FTAおよび参加国間の二国間・多国間FTAは存続し, RCEP協定のいかなる規定もこれらのFTAに影響を及ぼさない.
⑥ 当初から交渉に参加しなかったASEANのFTAパートナー国は他の全ての参加国が合意する条件に従い交渉への参加が認められる, FTAパートナー国と域外の経済パートナー国が交渉完了後に参加できるよう開かれた加盟条項を設ける.
⑦ 技術協力および能力開発に関する規定は, 全参加国が十分に交渉に参加しRCEPの義務を実施しRCEPから利益を享受することを可能ならしめ, 途上国および後発開発途上国に利用可能になる.
⑧ 物品貿易, サービス貿易, 投資およびその他の分野の交渉は併行して実施する.

出所)「RCEP交渉の基本指針および目的」外務省仮訳に基づき筆者作成.

WTO整合性を目指すとしている。②自由化目標をASEAN+1FTAを上回るレベルとしている。後述のようにASEAN+1FTAの自由化レベルは大きく異なっている。④はASEAN新規加盟国（カンボジア、ラオス、ミャンマー、ベトナム：CLMV）への特別扱いを規定している。AFTAおよびASEAN+1FTAでもCLMVは自由化時期を遅らせるなどの措置を実施している。⑤ASEAN+1FTAなど既存FTAの存続を認めている。ACFTAなどGATT24条ではなく途上国の特別待遇を認めた授権条項によるFTAもある。⑥RCEP交渉への途中参加および交渉完了後の参加を認めている。具体的な候補は2014年にASEAN+1FTAとして交渉が合意された香港が考えられる。

3.2　交渉状況および交渉分野

RCEP交渉は2013年5月にブルネイで第1回が行なわれ、2015年2月までに7回開催されている。順次、作業部会（ワーキンググループ）を設置し各分野の交渉を行っている。作業部会の議長はASEAN加盟国が務めており、ASEAN中心性が発揮されている（表14-2）。

表14-2　RCEP の作業部会と議長国

1.	物品貿易	シンガポール	第1回交渉で設置
2.	サービス貿易	マレーシア	第1回交渉で設置
3.	投資	ベトナム	第1回交渉で設置
4.	経済技術協力	インドネシア	第3回交渉で設置
5.	知的財産権	シンガポール	第3回交渉で設置
6.	競争	シンガポール	第3回交渉で設置
7.	法的制度的事項（紛争解決）	ブルネイ	第3回交渉で設置
8.	原産地規則	タイ	第2回交渉で設置
9.	税関手続き・貿易円滑化（CPTF）	フィリピン	第2回交渉で設置
10.	標準・強制規格・適合性評価手続き（STRACAP）	タイ	第5回交渉で設置
11.	衛生植物検疫（SPS）	インドネシア	第5回交渉で設置

注）　8〜11はサブワーキンググループ。上記以外に「その他」の事項を扱う作業部会があり、全体で12作業部会となる。電子商取引と中小企業の2作業部会設置に2014年8月の第2回 RCEP 閣僚会議で合意している。STRACAP は Standard, Technical Regulations and Conformity Assessment Procedures.
出所）マレーシア政府資料に基づき筆者作成。

3.3　交渉分野の内容と論点

「基本指針と目的」では、物品貿易、サービス貿易、投資、経済・技術協力、知的財産、競争、紛争解決の8分野が交渉分野として示されている。TPP の21分野と比べると少ないが、分類が異なるためであり実態は包括的な FTA である。各分野の目標などは次の通りである。

「物品の貿易」は、実質上すべての物品貿易についての関税および非関税障壁を漸進的に撤廃することを目指す。品目数および貿易額の双方で高い割合の関税撤廃を通じて高いレベルの関税自由化を目指す。ASEAN の後発開発途上国の関心品目の早期関税撤廃を優先事項とするとしている。交渉の指針では、既存の ASEAN+1 FTA よりも相当改善した水準を目指すとしているが、ASEAN+1 FTA の自由化率は一様ではない。どの程度の自由化率を目標とするのか、統一された関税撤廃スケジュールを目標としているが可能なのか、などが論点になると考えられる。AFTA および ASEAN+1 FTA のように段階的な自由化を行なうとしている。標準・強制規格・適合性評価手続き（貿易の技術的障害：TBT）、衛生植物検疫（SPS）、原産地規則、税関手続と貿易円滑化、セーフガード、アンチダンピングなど貿易救済措置も物品の貿易の交渉対象となっている。

「サービス貿易」では、サービス貿易に関する制限および差別的な措置を実質

的に撤廃する。規則および義務はWTOのサービス貿易に関する一般協定（General Agreement on Trade in Service：GATS）に整合的であり、GATSおよびASEAN+1 FTAにおける約束を基礎として自由化の達成を目指し、全ての分野と提供形態が交渉の対象となる。

「投資」は、促進、保護、円滑化、自由化の4つの柱を含むとしている。AECでは最低限の規制を残して自由化するとしている。最低限の規制には、土地の取得や保有に関する措置、従業員雇用・外国人雇用に関する措置、民営化・国有資産の売却に関する措置などでの内国民待遇の適用除外（外資への差別）が含まれている。マレーシアではマレー人優遇政策も対象である。AECおよびASEAN+1 FTAの自由化レベルをどの程度上回る自由化が達成できるのかが焦点となる。

「経済および技術協力」は、ASEANおよびFTAパートナーズ諸国との既存の経済協力取決めを基礎とする。協力活動には電子商取引およびその他の分野が含まれる。

「知的財産」は、経済統合および知的財産の利用、保護、執行における協力を推進することにより、貿易及び投資における知的財産権関連の障壁を削減することを目指す。真偽は不明だが、リークされた日本の提案は、6年間の医薬品のデータ保護期間、販売承認手続きによる特許期間侵食回復のための医薬品特許保護期間の延長などWTOの知的所有権の貿易関連の側面に関する協定（Agreement on Trade-Related Aspects of Intellectual Property Rights：TRIPS）プラスの内容となっている[6]。日本の提案は豪州、ニュージーランド、マレーシア、シンガポールなどTPP交渉参加国および韓国が支持しているが、インドはTRIPSプラスに反対している。

「競争」では、競争分野における能力および国家制度に関するRCEP参加国の大きな差異を認識しつつ、競争、経済効率及び消費者の福祉の促進ならびに反競争的な慣行の抑制に関する協力を行う基礎を提供するとしている。

「紛争解決」では、協議および紛争解決のための効果的、効率的かつ透明性のあるプロセスを提供する紛争解決メカニズムを含むとしている。

---

6) Intellectual Property Provisions in the Leaked Japanese RCEP Proposal that Threaten the Availability of Generic Medicines（http://infojustice.org/archives/33910　2015年3月アクセス）

「その他の事項」は、RCEP 参加国間の FTA で包含されており、交渉の中で特定され、合意されるその他の事項を検討し、ビジネス実態に即して新たに生じる事項も考慮するとしている。ニュージーランド外交貿易省によると、政府調達、中小企業、労働、環境がその他に含まれる可能性がある分野としてあげられている[7]が、政府調達は AEC でも対象外であり、労働、環境は AEC、ASEAN＋1 FTA で含まれていない分野であり、交渉対象になる可能性はないと考えられる[8]。

4　RCEP の意義とは何か

4.1　世界で最も成長可能性の高い市場を含む FTA

RCEP は TPP、米国と EU の FTA である TTIP（環大西洋貿易投資パートナーシップ）とともにメガ FTA と呼ばれる。RCEP は人口〈2013年〉では34.4億人で世界の48.8％を占め TPP（8億人、11.4％）、TTIP（8.2億人11.7％）に比べ、圧倒的な規模だが、名目 GDP〈2013年〉でみた経済規模は21.3兆ドル、28.7％で TPP（27.8兆ドル37.5％）、TTIP（34.2兆ドル、46.2％）を下回る。

TPP、TTIP と比べた RCEP の特徴は成長可能性である。3つの大成長市場である中国、ASEAN、インドが参加していることが大きな魅力となっている。IMF によると[9]米国はやや高いものの、ユーロ圏、日本の経済成長率は、2000年以降低迷しており、2015年、2019年も1～2％の見通しである（表14-3）。一方、中国の成長率は緩やかに低下しているが、シンガポールとタイを除く ASEAN 各国、インドは6％前後の成長が見込まれている。特に、カンボジア、ラオス、ミャンマーは7～8％の高い成長が予測されている。これら3カ国と地域は、先進国は言うに及ばず中南米、中東北アフリカ、サブサハラアフリカなど他の途上

---

7) New Zealand Ministry of Foreign Affairs & Trade, Regional Comprehensive Economic Partnership (http://www.mfat.govt.nz/Trade-and-Economic-relations/2-Trade-Relationsips).
8) 豪州が環境と労働を交渉分野に含めることを主張した。深沢淳一・助川成也（2014）『ASEAN 大市場統合と日本』、文眞堂、263～264ページ。
9) IMF "World Economic Outlook" October 2014.

表14-3 世界の主要国地域と中国、インド、ASEAN各国の実質GDP成長率（単位：%）

	2010	2011	2012	2013	2014	2015	2019
世界	5.4	4.1	3.4	3.3	3.3	3.8	4.0
米国	2.5	1.6	2.3	2.2	2.2	3.1	2.6
EU	2.0	1.8	−0.3	0.2	1.4	1.8	2.0
日本	4.7	−0.5	1.5	1.5	0.9	0.8	1.0
中南米	6.0	4.5	2.9	2.7	1.3	2.2	3.3
中東北アフリカ	5.5	4.5	4.8	2.3	2.6	3.8	4.5
サブサハラアフリカ	6.9	5.1	4.4	5.1	5.1	5.8	5.5
中国	10.4	9.3	7.7	7.7	7.4	7.1	6.3
インド	10.3	6.6	4.7	5.0	5.6	6.4	6.7
インドネシア	6.2	6.5	6.3	5.8	5.2	5.5	6.0
マレーシア	7.4	5.2	5.6	4.7	5.9	5.2	5.0
フィリピン	7.6	3.7	6.8	7.2	6.2	6.3	6.0
シンガポール	15.2	6.1	2.5	3.9	3.0	3.0	3.1
タイ	7.8	0.1	6.5	2.9	1.0	4.6	4.3
ベトナム	6.4	6.2	5.2	5.4	5.5	5.6	6.0
カンボジア	8.7	7.1	7.3	7.4	7.2	7.3	7.5
ラオス	7.2	8.0	7.9	8.0	7.4	7.2	7.5
ミャンマー	5.3	5.9	7.3	8.3	8.5	8.5	7.6

注）2014、2015、2019は見通し。
出所）IMF, "World Economic Outlook" October 2014に基づき筆者作成。

国地域と比べても高い経済成長が見込まれ、世界で最も成長可能性の高い市場である。RCEPの経済規模は今後確実に拡大すること確かであろう。

4.2 ASEANが主導するFTA

　RCEPはASEAN中心性が特徴といわれている。「基本指針と目的」は、RCEP交渉は新たな地域経済アーキテクチュアにおけるASEANの中心性と参加国間の経済統合、公平な経済発展、経済協力強化を支援し、貢献することについてのASEANのFTAパートナー国の利益を認識するとしている。米国主導のTPPに対し、RCEPは中国が重視しているという見方もあるが、RCEPにおけるASEAN中心性は何を意味しているのだろうか。前述のように、RCEP構想が生まれたのは、米国主導のTPPではASEANが東アジアの広域FTAで主導権を握れないという理由が大きかった。これが、ASEAN中心性を強調する理由である。

ASEAN中心性はそのように具体化されているのだろうか。まず、参加国の構成が、ASEANおよびASEANとFTAを締結している国（FTAパートナーズ）でありASEANを中核にした構成になっていることが指摘できる。次に、交渉のベースになるのは、研究を行なってきたEAFTA（ASEAN+3）、CEPEA（ASEAN+6）および5つのASEAN+1FTAであり、ASEANプラスという形でASEANを中心にしていることだ。交渉がどのように行われているのかは不明だが、作業部会の議長国はASEAN各国となっている（表14-2）。議長ポストを確保することにより主導権を握ることを意図していると考えられる。また、ASEAN後発開発途上国への特別かつ異なる待遇と柔軟性を交渉原則としていること、関税削減を（AFTAのように）段階的に行うこと[10]、交渉分野に開発格差を縮小するための経済技術協力を入れていること政府調達が含まれていないことはASEAN中心性の具体的な表れである。

　ASEANは2015年末にASEAN経済共同体（AEC）を創設する予定である。RCEPはASEAN共同体の実現を支援すると位置づけられている。ASEANはRCEP16カ国の中で10カ国を占めており、RCEP交渉に大きな影響を与えるのは確かである。清水（2015）は「ASEANは常に広域枠組みに埋没してしまう危険があり、それゆえに自らの経済統合を他に先駆けて進めねばならない。そして、同時に東アジアの地域協力枠組みにおいてイニシアティブを確保しなければならない」と指摘している[11]。RCEPとAECおよびASEAN+1 FTAの関係は、①自由化を進めることにより相互に自由化を促進する影響を与える場合と逆に②低い自由化レベルがRCEPの自由化レベルに影響する束縛する可能性の両方が考えられる。①が望ましいシナリオであり、RCEPに向けてAECおよびASEAN+1 FTAも自由化の深化（例えば日本のASEANとのFTAの自由化率の向上など）を進めることが期待される。ASEAN中心性を維持することにより、東アジア各国に受入れやすいFTAができると考えられるが、同時に自由化レベルが

---

10) AFTAは1993年に関税削減を開始しASEAN6は2003年に0~5％に削減、2010年に関税を撤廃、CLMVは2015年に93％の関税撤廃し全品目の関税撤廃を行うのは2018年である。

11) 清水一史（2015）「ASEAN経済共同体とメガFTA」、石川幸一・馬田啓一・国際貿易投資研究会編『FTA戦略の潮流』、文眞堂、105ページ。

低く、新たな課題に取組まない（TPPと対照的な）FTAとなる危険性がある。ただし、ASEANは時間をかけて経済統合を実現してきた歴史があり、AFTAの自由化率ではASEAN6の間では99％を超え、TPPに劣らないレベルである。ASEAN中心性の評価は短期的な視点で行うと誤る可能性が大きい。

4.3　日本企業のサプライチェーンの構築に重要

　RCEPは日本企業のサプライチェーン構築に重要なメガFTAである。グローバルな製造業生産拠点である中国、ASEAN、インドが参加し、日本企業および地場企業などの間で生産ネットワークが形成されているためである。

　ASEANではAFTAの進展に従い、ASEAN域内での企業内生産ネットワークが構築されていった。ASEAN4（インドネシア、マレーシア、フィリピン、タイ）では、輸入代替工業化政策に対応して日本企業は各国に直接投資を行った。高関税率により保護された小規模市場[12]に対し、小規模の重複投資をASEANで行なっていたのである。1993年にAFTA創設を目指し、ASEAN域内関税の段階的削減が開始された。

　AFTAによる関税削減の進展に対応して、日本企業はASEAN域内の重複生産から最も優位性を持っている拠点での生産に生産体制を再編し、AFTAを利用してASEAN内での相互補完（貿易）を行うという戦略を展開し、ASEAN域内で生産ネットワークが構築されていった。トヨタ自動車が2004年からタイで生産を開始した革新的国際多目的車（IMV）がその代表的な事例である。清水（2013）は、IMVが部品を含めてAFTAなどを活用した域内分業と現地調達を大幅に拡大することにより、ASEAN域内での重層的な生産ネットワークを活用して生産されていると述べている[13]。

　生産ネットワークがCLMVを含むASEAN全域そしてASEANのFTAパートナーズに拡大しつつある。日本企業の輸出入、部品調達、販売、投資などの事業展開はFTAを前提として行なわれる時代となっている。日本の製造業企業の

---

12)　自動車の生産台数が現在250万台を超えているタイでも10万台を超えたのは1980年代であった。

13)　清水一史（2013）「世界経済とASEAN統合」、石川幸一・清水一史・助川成也『ASEAN経済共同体と日本』、文眞堂、8～9ページ。

表14-4　製造業での日系海外現地法人数（2012年度末）

(単位：社，%)

	全地域	アジア	中国	ASEAN	インド
製造業	10,425 (100.0)	7,962 (76.4)	4,142 (39.7)	2,887 (27.7)	197 (1.9)
電気機械	667 (100.0)	535 (80.2)	326 (48.9)	153 (22.9)	13 (1.9)
情報通信機械	1,095 (100.0)	905 (82.6)	469 (42.8)	332 (30.3)	5 (0.5)
輸送機械	1,950 (100.0)	1,310 (67.2)	530 (27.2)	588 (30.2)	83 (4.3)

注）中国には香港を含む。
出所）経済産業省（2014）『通商白書2014年版』232頁に基づき筆者作成。

　生産拠点は、地域別にみるとアジアが76.4％と圧倒的に多く、アジアでは中国とASEANで多い（表14-4）。インドの現地法人数はまだ少ないものの有望事業先として注目されている。国際協力銀行の2014年の調査によると、中期的に（今後3年程度）有望な事業展開先はインドがトップ（得票率45.9％）である[14]。前述のように、ASEANをハブとするFTAは締結されているものの、日本、中国、ASEAN、インドを全て含む広域FTAは結ばれておらず、RCEPにより初めてこれらの国・地域がFTAで結ばれることになる。

　経済産業省の調査によると、アジアの日系製造業現地法人の資材調達先（2012年）は、日本の親会社23.8％、日本のその他の企業2.9％、現地の日系企業20.6％、現地の地場企業36.8％、現地のその他の企業2.9％、アジア10.6％であり、日本を含むアジアからの調達が97.6％となっている[15]。アジアはRCEPとほぼ同じである。ジェトロ調査でも、RCEP参加国に進出している日系企業の部品調達先に占めるRCEPのシェアは多くの国で90％を超えている[16]。サプライチェーンの構築のためには、液晶デバイスなど電気電子部品の生産拠点である台湾と中継貿易で重要な香港がRCEPに参加することが望まれる。

---

[14]　国際協力銀行「我が国製造業企業の海外事業展開に関する調査－2014年度海外直接投資アンケート調査（第26回）」。なお、同調査では、インドネシアの2位、タイの4位などASEANの8カ国が15位以内に入っている。中国は3位である。
[15]　経済産業省（2014）『通商白書2014年版』234頁
[16]　梶田朗・安田啓（2014）「FTAガイドブック2014」日本貿易振興機構。

5 RCEPの課題

5.1 質の高いFTAの実現

　RCEPは、「既存のASEAN+1 FTAよりも相当改善した、より広く深い約束」が交渉の基本方針となっている。ASEAN+1 FTAの自由化率（関税撤廃率は）は、豪州とニュージーランドとのFTA（AANZFTA）は極めて高いが、インドとのFTA（AIFTA）のインド側の自由化率は74.2％と非常に低い[17]。また、自由化スケジュールも多くの品目グループを設けており複雑である[18]。AIFTAより文字通り「相当」改善しないとGATT24条に整合的といわれる90％の自由化率も実現できないだろう。こうした懸念のとおり、2014年8月のインドの関税撤廃についての初期提案（イニシャルオファー）は40％と異例の低さであり、12月のインドでの第6回交渉でもインドの姿勢は変化していない。

　サービス貿易については、日本、中国、韓国、豪州などはネガティブリストとポジティブリストのハイブリッド方式を提案し、インドはポジティブリスト方式を提案しているといわれる。ASEAN経済共同体（AEC）でのサービス貿易自由化では、第3モード（サービス分野の投資）は外資出資比率70％が目標であり、第4モード（サービス提供者の移動）は一部の自由職業サービスに限定され当面は実効性が期待できないなど目標の2015年末時点でも制限が相当残る。GATSでの自由化を上回るだけでなく、AECとASEAN+1 FTAの自由化を上回る自由化が課題となるが、ASEAN主導のRCEPでAECを相当上回る自由化を期待するのは難しいと考えられる。

　投資では、設立前の内国民待遇が認められるかが焦点である。ASEANと中国の投資協定は、投資保護と紛争解決については国際レベルの規定となっているが、設立前の内国民待遇の規定はなく自由化については極めてレベルが低い。ASEANとインドの投資協定は設立前の内国民待遇を規定している。企業が投資

---

[17]　助川成也（2015）「タイをはじめとした進出企業のFTA利用状況と課題」、『企業のFTA活用策報告書』、国際貿易投資研究所、76〜77ページ。

[18]　ノーマルトラック1と2、センシティブトラック（MFN 5％超、5％、4％の3種類）、特殊品目、高度センシティブ品目（3つのカテゴリー）、除外品目に分類されている。

第 3 部　アジアにおける地域統合のあり方

先国の政策により損害を被った場合に国際仲裁機関に投資先国政府を提訴できる投資家と国家の紛争解決規定（Investor-State Dispute Settlement：ISDS）が盛り込まれるかも注目される。

　競争では、TPPでは米国が主張する国有企業への優遇措置の規制にベトナムやマレーシアが反対し交渉の争点となっていると報じられている。RCEP交渉の内容は判らないが、競争法が制定されておらず競争当局が設立されていない国がASEANにまだあるため、これらの国への技術協力を含め、協力や情報交換などを行なう内容になり、TPPのような対等な競争条件の実現を強く求める内容にはならないだろう。

　知的財産権では、TRIPSプラスの内容になるかが焦点である。前述のように医薬品分野での保護の強化を日本が提案しTPP交渉参加国と韓国は賛成しているが、ジェネリック医薬品へのアクセスを制限するとしてインドが反対していると報じられている。

5.2　使いやすい統一された原産地規則

　FTAは企業が利用して初めて効果を発揮する。そのためには、企業の使い勝手がよくなければならない。FTAごとに原産地規則が異なり複雑化している状態は「スパゲッティ・ボウル現象」と呼ばれ、企業のFTA利用を妨げる要因となっている。原産品を認定する基準は、完全生産品（農産品や鉱物などすべてが当該国で得られた産品）と原材料や部品を輸入して生産された製造業品などの非完全生産品に分けられる。完全生産品は何の問題もなく原産品と認められるが、非完全生産品は当該国で一定以上の加工を行なった場合（実質的変更）原産品と認めており、実質変更基準と呼ばれている。実質変更基準には、一定基準（たとえば40％）の付加価値が付与された場合に原産品と認める付加価値基準と当該国で生産された産品（最終製品）の関税番号が全ての非原産材料の関税番号と異なる場合に原産品と認定する関税番号変更基準、全ての非原産材料に特定の加工（例えば織物に染色を行なう）が実施された場合に原産品と認める加工工程基準がある。

　AFTAおよびASEAN＋1のFTAの原産地規則（表14-5）は、40％付加価値基準と4桁の関税番号変更基準の選択方式が多いが、ASEANインドのFTAは

第14章　RCEPの新たな課題

表14-5　AFTAおよびASEAN＋1 FTAの原産地規則

	AFTA	AJCEP	ACFTA	AKFTA	AANZFTA	AIFTA
一般規則	RVC40％，CTHの選択型	RVC40％，CTHの選択型	RVC40％	RVC40％，CTHの選択型	RVC40％，CTHの選択型	RVC35％とCTSHの併用型
RVCの計算方式	直接法と間接法	間接法	直接法	直接法と間接法	直接法と間接法	直接法と間接法
品目別規則（PSRO）	繊維衣料品，鉄鋼，電子製品，自動車など	すべてのHS章にある	皮革，繊維衣料品	すべてのHS章にある	すべてのHSの章にある	
累積	適用，部分累積規定あり	適用	適用	適用	適用	適用
デミニマス	適用（FOBの10％）	適用（一部品目）	不適用	適用（一部品目）	不適用（一部品目）	不適用

注）RVCは付加価値基準、CTHは関税番号変更基準（HS4桁）CTSHは同6桁。
出所）各協定及び Stefano Inama and Edmund W SIm（2015），"Rules of Origin in ASEAN A Way Forward," Cambridge pp.41-43に基づき筆者作成。

35％付加価値基準と6桁の関税番号変更基準の2つの基準の併用方式であり最も厳格である。ASEAN中国FTAは40％付加価値基準のみである。また、AIFTA以外のFTAで品目ごとに品目別原産地規則（Product-Specific Rule of Origin：PSRO）が多くの品目に適用されている。付加価値の計算方法は、直接法（積上げ方式）と間接方式（控除方式）の双方あるいはどちらかが採用されており、FTAにより異なっている。AFTAを例に取ると、直接法は、ASEANの付加価値（ASEANの部材費、労務費、間接費、工場から港までの輸送、利益）を積上げ、FOB（Free-On-Board）価格の40％以上であれば原産品と認めている。間接法は、FOB価格から非ASEAN原産部材費を控除した価格（Cost Insurance Freight：CIF価格）がFOB価格の60％未満であれば原産品と認めている。AFTAでは、直接法をシンガポール、インドネシア、ラオス、ミャンマーが採用し、間接法をタイ、マレーシア、フィリピン、ブルネイ、ベトナム、カンボジアが採用している。累積とは、FTAの他の締約国（AFTAであれば当該国以外のAFTA参加国）の原産材料を原産品と認める規定である。原産品と認められるには当然原産地規則を満たしている必要がある。ただし、AFTAの場合、他

表14-6　ロールアップ規定がある場合の原産付加価値計算の例

部品A	ASEAN付加価値50％	価格100ドル	ASEAN原産価額	100ドル
部品B	ASEAN付加価値40％	価格200ドル	ASEAN原産価額	200ドル
部品C	ASEAN付加価値0％	価格200ドル	ASEAN原産価額	0ドル
最終製品		価格500ドル	ASEAN原産価額	300ドル
			ASEAN付加価値60％	

出所）Stefano Inama and Edmund W SIm（2015）"Rules of Origin in ASEAN A Way Forward", Cambridge、p.22-23に基づき筆者作成。

表14-7　ロールアップが規定ない場合の原産付加価値計算の例

部品A	ASEAN付加価値50％	価格100ドル	ASEAN原産価額	50ドル
部品B	ASEAN付加価値40％	価格200ドル	ASEAN原産価額	80ドル
部品C	ASEAN付加価値0％	価格200ドル	ASEAN原産価額	0ドル
最終製品		価格500ドル	ASEAN原産価額	130ドル
			ASEAN付加価値26％	

出所）Stefano Inama and Edmund W. Sim（2015）"Rules of Origin in ASEAN：A Way Forward," Cambridge University Press, p.22-23に基づき筆者作成。

の締約国の原産材料の付加価値が20％以上あれば（通常の40％ではなく）原産品と認める部分累積（partial cumulation）を2005年に導入している。デミニマス（希少の非原産材料）は、関税番号変更基準で非原産材料が僅かであれば無視し原産品と認定する規定である。非原産材料の割合（閾値）はFTAにより異なっている。

　付加価値基準において、原産材料に含まれる非原産材料の価額の扱いについて、ロールアップ（吸収ルール）というルールがある。これは、最終製品に使われる部品に非原産材料が使われていた場合、その部品が原産地規則を満たしていれば非原産材料の価額を無視しその部品の全価額を原産品の価額に付加できるというルールである（表14-6）。ロールアップ規定がないとその部品が原産品として認定されている場合でも全体の価額ではなく、非原産材料の価額を控除した当該国の付加価値のみが原産品の価額に付加されるため、付加価値が低下してしまい最終製品が原産品と認定されない場合がでてくる（表14-7）。AFTAおよびASEAN+1 FTAでは、AJCEPを除きロールアップは明確な規定がないと指摘されている[19]。

　RCEPは、付加価値基準と関税番号変更基準の選択方式、付加価値計算は間接

法、累積を認め、デミニマスとロールアップを認めるユーザーである企業の使いやすい原産地規則を採用すべきである。

6　結び

　RCEPの課題は、貿易円滑化をどのように進めるのか、日中韓がFTAに合意しないとRCEPはできないがどのように交渉を進めるのか、FTAAPにどのように発展させるのか、などまだ多いが、紙幅の都合で割愛せざるを得なかった[20]。

　RCEPの特徴はASEAN中心性である。ASEAN中心性は、東アジアの地域協力でASEANが主導権を取ることを意味しており、具体的にはASEAN+3、ASEAN+6、東アジアサミット（ASEAN+8）などの東アジア地域の首脳会議やASEAN地域フォーラムなどの重要な会議をASEAN主導で開催することなどがあげられる。たとえば、東アジアサミット参加の条件は、①ASEANの対話国、②東南アジア友好協力条約に参加、③ASEANと実質的な関係にある、の3つである。

　経済統合におけるASEAN中心性は、会議開催面での主導権に加え、内容でもAFTAのか関税撤廃方式やルールなどがASEAN+1 FTAに採用されるなども事例としてあげられる。時間をかけて段階的に行い、経済発展が遅れている国に配慮するのもASEANの特徴である。AFTAの場合、ASEAN6は17年かけて関税を撤廃しているし、CLMVは18〜20年で撤廃をする予定である。サービス貿易自由化も1995年に交渉を開始しており、20年後の2015年でも完全には自由化しない。

　RCEPは、前述のようにCLMVへの特別待遇と協力を原則に含めており、ASEAN中心性の反映といえよう。TPPは途上国への特別待遇を行なわないとしており、RCEPとは対照的である。CLMVへの協力への具体的内容は判らないし、開発協力はASEAN経済共同体の枠組みで行なわれるであろう。ASEAN

---

19)　Stefano Inama and Edmund W. Sim（2015）"Rules of Origin in ASEAN: A Way Forward," Cambridge University Press, p.44.

20)　貿易円滑化については、石川幸一（2015）「RCEPの意義と課題」、石川幸一・馬田啓一『FTA戦略の潮流』、文眞堂を参照。

の経験と方法を基盤とするアジア的な統合を進めるメガFTAとしてRCEPの進展と交渉内容からは目が離せない。

参考文献

石川幸一（2015）「RCEPの意義と課題」、石川幸一・馬田啓一『FTA戦略の潮流』、文眞堂。
石川幸一・清水一史・助川成也（2013）『ASEAN経済共同体と日本』、文眞堂。
馬田啓一（2013）「TPPとRCEP」『季刊国際貿易と投資』、第91号、国際貿易投資研究所。
馬田啓一（2015）「TPP交渉と日本の通商戦略」、石川幸一・馬田啓一『FTA戦略の潮流』、文眞堂。
梶田朗・安田啓（2014）『FTAガイドブック2014』、日本貿易振興機構。
木村福成（2014）「経済連携の潮流と日本の通商戦略」、馬田啓一・木村福成編『通商戦略の論点——世界貿易の潮流を読む』、文眞堂。
清水一史（2014）「RCEPと東アジア経済統合」、『国際問題』、第632号、日本国際問題研究所。
椎野幸平（2014）「アジア太平洋地域のFTA動向」、梶田・安田（2014）所収。
菅原淳一「RCEP交渉15年末合意に黄信号」、みずほインサイト2014年9月1日付け。
助川成也（2013）「RCEPとASEANの課題」、山澤逸平・馬田啓一・国際貿易投資研究会編著『アジア太平洋の新通商秩序』、勁草書房。
深沢淳一・助川成也（2014）『ASEAN大市場統合と日本』、文眞堂。
ASEAN Secretariat（2012）"Guideline Principles and Objectives for Negotiating the regional Comprehensive Economic Partnership."
Asian Development Bank（2012）"Asia2050: Realizing the Asian Century," Manila, Asian Development Bank.
Australian Department of Foreign Affairs & Trade, "Regional Comprehensive Economic Partnership."
Inama, Stefano and Edmund W. Sim（2015）*Rules of Origin in ASEAN: A Way Forward*, Cambridge University Press.
New Zealand Ministry of Foreign Affairs & Trade, "Regional Comprehensive Economic Partnership（RCEP）."

第15章

FTAAPへの道
APECの課題

馬田啓一

1 はじめに

　アジア太平洋地域の新たな通商秩序を巡る動きが加速している。今やその主役はアジア太平洋経済協力会議（APEC）ではなく、環太平洋経済連携協定（TPP）である。TPPに注目が集まる一方で、APECへの関心は薄くなっている。しかし、域内自由化と経済協力の推進を目標としたAPECの役割はまだ終わっていない。

　ポスト・ボゴール目標とされるアジア太平洋自由貿易圏（Free Trade Area of Asia-Pacific：FTAAP）が現実味を増す中で、APECとTPPの関係をどのように見るべきか。FTAAPの実現は、法的拘束力をもつ自由貿易協定（FTA）の締結を意味する。しかし、APECは「緩やかな協議体」として法的拘束力を持たない。ピアプレッシャーを採用し、各国の自主性を尊重する。したがって、APECからFTAAPへの移行は、APECの変質を伴う。ここにFTAAP実現に向けた取り組みにおけるAPECの限界がある。

　TPP交渉は、APECに加盟する12カ国によって行われてきたが、APECとは切り離されている。APECの規範によって、APECではFTAAPの協定づくりのための交渉が困難であるからだ。TPPはAPECのパスファインダー（先遣隊）と位置づけられ、FTAAPへの道筋は、APEC以外のTPPを通じたものとなり、APECはインキュベーター（incubator：孵卵器）の役割を担うことになった。

　しかし、その一方で、TPPの出現はAPEC内に大きな亀裂を生んだ。TPPは

ハードルの高い包括的なFTAを目指す。このため、参加が困難な中国は米主導のTPPの動きに反発、TPPの拡大による中国包囲網を警戒し、米国に対する対決姿勢を強めるなど、APEC内の米中対立が顕在化しつつある。

今後、いかにしてAPEC内の対立を調整し、FTAAPを睨んだ様々なAPEC合意を積み重ね、インキュベーターとしての役割を果たしていくか。APECは今まさに正念場を迎えようとしている。

以上のような問題意識にもとづき、本章では、APECとTPPの関係に焦点を当て、FTAAPの実現に向けたAPECの新たな役割と課題について論じたい。

2　APEC自由化を巡る確執

2.1　FTAAPで蘇ったクリントン構想

2006年11月のAPECハノイ会議でブッシュ政権が提案したFTAAP構想は、オリジナルなものではない。1993年にクリントン政権が打ち出したがお蔵入りとなってしまった新太平洋共同体（New Pacific Community）構想の復活版である。

1993年7月、クリントン政権は、NAFTA（北米自由貿易協定）をAPECに包含させ、アジア太平洋地域を1つの自由貿易圏にするとの野心的な提案を打ち出した。「APECのFTA化」、すなわち、NAFTAと同じようなFTAをアジア太平洋地域で実現させようというものであった。

この構想の狙いが、世界の成長センターとして成長著しい東アジア地域の取り込みにあったことは言うまでもない。APECをベースにしてFTAを締結し、それによって東アジア諸国に対する市場アクセスの改善を図り、米国の対アジア輸出を増やして貿易赤字を縮小させようとしたのである。

その結果、それまで経済・技術協力が主たる目的であったAPECの活動は、米国の強力なイニシアティブで貿易・投資の自由化に焦点が移った。だが同時に、自由化に向けての動きは、APEC内に深刻な対立をもたらすことになった。発足当初からASEANが握っていたAPEC運営の主導権が、実質的に米国に移ったからである。マレーシアのマハティール首相は「APECは米国に乗っ取られた」と主張し、米国主導のAPECに強く反発した[1]。

クリントン構想は、東アジア諸国の反発によって米国の思惑通りには進まなか

った。その背景に、貿易・投資の自由化の進め方について、米国と東アジア諸国の間で考え方の違いがあった。

　ASEAN諸国も、自由化そのものに反対したのではなく、米国主導の下で地域の多様性を無視した形で、協定のように拘束力をもった取り決めが結ばれ、急激かつ高圧的な自由化圧力を受けることに懸念を抱いたのである。ASEAN諸国にとって、どのタイミングでどの分野をどの程度自由化するかは極めて重要な問題であり、性急な自由化には慎重であった。

　クリントン政権は、東アジア諸国の反発を受けて、共同体構想の実現に固執せずにこれを棚上げにした。その代り、非公式のAPEC首脳会議で、共同体とは切り離して、実質的にAPEC域内の貿易・投資の自由化を進めていくという「シアトル合意」を取り付けた。クリントン政権の実利主義にもとづく実にしたたかなAPEC外交が、このあと4年間にわたり展開される。

2.2　APEC自由化の取り組み：加速と減速

　1993年のAPECシアトル会合を契機に、APECは、米国の主導により経済・技術協力よりも貿易・投資自由化にもっぱら重点がおかれるようになった。

　シアトル会合では、閣僚会議の他に初の非公式首脳会議が開催され、貿易・投資自由化に向けての取り組みが確認された。貿易・投資自由化がAPECの主要議題に取り上げられるようになると、東アジアへの市場アクセス改善を狙って、交渉により強制的に自由化を進めたい米国に対して、東アジア諸国から懸念が表明されるなど、米国と東アジア諸国との間で域内自由化の進め方をめぐり確執が顕在化していった。

　1994年にインドネシアで行われた非公式首脳会議では、「ボゴール宣言」が採択され、先進エコノミーは2010年、発展途上エコノミーは2020年までにAPEC域内での貿易・投資自由化を目指すという目標年次が決められた。

　1995年の大阪会合では、ボゴール目標に向けてこれを具体化させるために、「大阪行動指針」というガイドラインが採択され、包括性、同等性、無差別、柔

---

1)　当初、APEC運営の主導権がASEANに与えられたのは、APECへの参加を渋るASEANを取り込むためであった。APEC参加によりASEANが溶解することを恐れたASEANの懸念を払拭する狙いがあった。

軟性など9つの一般原則（その後追加）と、その具体的な対象分野として関税、非関税障壁、サービス、投資など14分野（その後追加）が定められた。行動指針には、「協調的自主的行動」（concerted unilateral action）を基本として、各エコノミーのペースで自由化を進めていくというAPEC独自の自由化方式が導入された。

1996年のマニラ会合では、各エコノミーが行動指針に基づき自発的に策定した自由化計画が提出され、個別行動計画（Individual Action Plan：IAP）と共同行動計画（Collective Action Plan：CAP）からなる「マニラ行動計画」が採択され、1997年1月から実施段階に入ることとなった。

この間、貿易・投資の自由化を主導する米国と東アジア諸国との間では、貿易・投資の自由化をめぐり激しい対立も見られた。しかし、結果的には、米国のイニシアティブでAPEC域内の自由化への取り組みが進められた。

1993年から1996年の4年間は、APECの活動が最も高揚した時期だった。貿易・投資自由化に関する「シアトル宣言」、自由化の達成期限を定めた「ボゴール宣言」、自由化の進め方のガイドラインをまとめた「大阪行動指針」、各エコノミーの自由化に向けた「マニラ行動計画」などが決定され、APEC域内の自由化は、議論から実行の段階に移行した。しかし、その後、米国のAPECに対する熱意は次第に萎んでいくことになった。

1997年になると、APECへの逆風が吹き始める。11月のバンクーバー会合では、7月に発生したアジア通貨危機への対応が不十分であり、期待外れとの内外の批判に晒された。APECは地域経済協力の面でその存在意義を問われ、急速に地盤沈下していった。全治3年といわれた通貨危機の後遺症から保護主義が台頭、域内自由化の進展にもブレーキがかかった。

2.3 自由化推進派の決起：TPPの起源

APECの自由化の中で特に注目される出来事として、早期自主的分野別自由化（EVSL）の失敗が挙げられる。EVSLには、IAPに基づくAPECの自由化のテンポが遅い点を補うために、比較的に容易な分野の自由化を先行させることで、ボゴール目標に向けた自由化に弾みをつけようという狙いがあった。

1997年のバンクーバー会合で、議長国カナダがEVSLの導入を提案し了承さ

れ、15分野（うち9分野を先行実施）が採択された。翌1998年のクアラルンプール会合で優先9分野の一括自由化について協議が行われたが、事実上、決裂に終わった。日本が、センシティブな林産品と水産非品の2分野について一括自由化を拒否したからだ。APECで協議するよりも世界貿易機関（WTO）の新ラウンドで協議する方が望ましいとする日本の主張は、両分野の早期の自由化を避けるための口実であった。

これをきっかけに、積極的に域内自由化を推進していくべきだとする米国や豪州、ニュージーランド（NZ）などの積極派と、APECでの自由化はあくまで自主的な作業の積み重ねに基づくべきだとする日本、東アジア諸国の慎重派との対立が一気に露呈した。

APEC内の自由化の遅さに失望したメンバーは少なくなかった。EVSLの失敗がきっかけとなって、その後、APECの自由化方式に限界と危機感を持った米国、豪州、NZ、チリ、シンガポールの5カ国は、度々APEC会合の折に会合を持つようになり、自由化を推進するための新たな方法を協議した。その結論が、APECを飛び出してFTAを立ち上げるというものであった。途中で米国と豪州が抜けたが、残る3カ国が2005年のAPEC貿易相会合で高度なFTAを結ぶことを発表、これにブルネイが加わって、2006年にP4（Pacific 4）が発足した。

小国によるFTAだったため、当初は全く注目されなかったが、P4は、APECの他メンバーの追加参加を通じてより広域のFTAにつなげることを目的としていた。脚光を浴びるようになったのは、2008年に米国が参加を表明し、それに追随して豪州、ペルー、ベトナムなどが参加してからである。呼び名もP4からTPPに変更され、2010年3月から新しい協定をつくるためのTPP交渉が始まった。

3 　APECはなぜジレンマに陥ったのか

3.1　FTAAP実現への道筋

FTAAP構想は、アジア太平洋地域における広域FTAであり、貿易・投資の自由化と幅広い分野の経済上の連携・協力を目指すものだ。2004年にAPECビジネス諮問委員会（APEC Business Advisory Council：ABAC）がサンチャゴで

の首脳会議で、この構想を提案した。

当初、実現可能性の点から冷遇されていたが、2006年にベトナムのハノイで行われたAPEC首脳会議で米国がFTAAP構想を打ち出すと、一気に関心が高まった。FTAAPは長期的な目標として位置づけられ、作業部会で検討することで合意した。

米国がFTAAPを提案した背景には、東アジア地域主義の台頭があった。東アジア経済共同体を視野に入れたASEAN＋3やASEAN＋6の提案はいずれも米国を排除したもので、そうした動きを牽制する狙いがあった[2]。

2009年のシンガポールでの首脳会議で、2010年にFTAAPの実現に向けた道筋を検討することで一致した。これを受けて、2010年、横浜で開催されたAPEC首脳会議で「横浜ビジョン」が採択され、FTAAPは、TPP、ASEAN＋3、ASERAN＋6の3つの地域的な取り組みを基礎としてさらに発展させることにより、包括的なFTAとして追求されるべきことになった。なお、その後、ASEAN＋3とASEAN＋6は、東アジア地域包括的経済連携（RCEP）に収斂された。

一方、APECは、FTAAPのインキュベーターと位置付けられた。すなわち、APECはFTAAPの実現に向けて、FTAAPに含まれるべき次世代貿易・投資の課題などに取り組むことになった。

3.2　APECの変質とその限界

さて、ポスト・ボゴール目標としてFTAAP実現が位置付けられたことにより、APECは新たな段階に入った。APECからFTAAPへの移行はAPECの変質を伴う[3]。

1989年に創設されたAPECは、3つの特徴をもつ。第1に、APECは、コンセンサス（全会一致）方式を基礎とした「緩やかな協議体」であり、交渉でなく

---

[2]　バーグステン（2005）は、FTAAPの意義として、①ドーハ・ラウンド合意に向けた触媒、②ドーハ・ラウンドが失敗したときのセカンドベスト策、③二国間FTA増加の抑制、④アジア太平洋地域の東西分断への防止、⑤米中摩擦のリスク緩和、⑥APECの活性化、などを挙げている。

[3]　APECの変質については、寺田（2011）を参照。

協議の場とされる。また、合意内容は協定でなく、声明や宣言の形式をとり、あくまで自主的な努力目標であって法的な拘束力はない。

拘束力のない自主的な実施で十分な成果が得られるのかといった指摘は多い。このため、各国取り組みの進捗状況を定期的に公表するなど、加盟国相互の圧力（peer pressure）を採用している。

第2に、APECは、「開かれた地域主義（open regionalism）」を基本理念とし、域内で実施された自由化措置を域外にも適用するという最恵国待遇を採用している。アジア太平洋における地域協力の枠組みを重視しつつ、他方においてグローバルな視点を持ち、差別的な経済ブロックとは一線を画した。

「開かれた地域主義」は、排他性の強い伝統的な地域主義とは異なる新しい地域主義の概念であり、WTOの理念と背反せず、その実現につながるものとしてグローバリズムに大きく踏み込んだ概念といえる。

第3に、APECの加盟国には先進国と途上国が参加しており、このため、貿易・投資の自由化に加えて、経済・技術協力の推進もAPECの目標とされた。しかし、日本を除き米豪などの先進国は必ずしもこれに強い関心を示さず、自由化に比べると停滞気味だった。

他方、FTAAPは、法的拘束力を持つ差別的なFTAである。したがって、APECがFTAAPの実現を目指すことは、APECの変質を余儀なくする。第1に、「開かれた」地域主義から「閉じられた」地域主義への移行、第2に、非拘束原則の放棄、第3に、経済・技術協力の軽視を意味する。

APEC横浜会合で、議長国の日本はボゴール目標に合わせ2020年までのFTAAP実現を主張したが、もっと早めたい米国と遅らせたい中国との間で意見が割れたため、結局、数値目標の導入には至らなかった。FTAAPの実現を睨んでAPECの非拘束原則を修正しようとする試みもあったが、東アジア諸国などの反対が根強く、APECの3つの性格を変える動きにはならなかった。FTAAPへの道筋を描く中で、非拘束に固執するAPECの限界が改めて浮き彫りとなった。

3.3 TPPはAPECの先遣隊

現在、TPP交渉はAPECに加盟する12カ国によって行われているが、APEC

とは切り離されている。その理由としては、第1に、FTAAP実現のためには、APECの行動規範を変えて、差別性、交渉方式、法的拘束力などを導入する必要がある。しかし、APECにはそれを支持する雰囲気が十分に醸成されていない。

第2に、差別的で法的拘束力のあるFTAの導入は、無差別で罰則規定のないAPECのアプローチからは大きく逸脱しており、APEC内のコンセンサスが得られにくい。

このため、FTAAPの実現にあたっては、2001年にAPECで採択された「パスファインダー・アプローチ（pathfinder approach）」という方式が導入された。メンバーの全部が参加しなくても一部だけでプロジェクトを先行実施し、他のメンバーは後から参加するやり方だ。APECの内ではなく外から、TPPなどの拡大を通じてFTAAPの実現を目指すことになった。

米国がTPP交渉への参加を決めた理由も、ここにある。APECからFTAAPへの移行は拘束ベースの導入を伴う。東アジアの中には中国など法的拘束力を嫌ってFTAAPに慎重なメンバーも少なくない。全会一致が原則であるAPECでの協議は、FTAAPを骨抜きにしてしまいかねない。このため、米国はTPPにAPECの先遣隊のような役割を期待し、TPP交渉への参加を決めた。

TPPはFTAAP実現の手段と位置づけられ、FTAAPの実現に向けて、APECとTPPは補完的な関係を作り上げた。なぜなら、APEC内でFTAAPを実現しようとすれば、APECの変質を余儀なくされるが、TPPのお蔭で、当面、APECを変質させることなく、FTAAPの実現に向けて、インキュベーターの役割を果たすことが可能となったからである。

4 APECの役割は終わらない

4.1 APECのボゴール目標達成に向けて

アジア太平洋地域の経済統合は、TPPとRCEPが軸になろうとしている中で、APECの存在感が薄くなっている。だが、APECの役割はまだ終わらない。APECはインキュベーターとしてFTAAPを実現する重要な役割を担っている。

2001年に始まったWTOドーハ・ラウンドの交渉が停滞する一方、二国間・

多国間のFTA交渉が活発となっている中で、APECもボゴール目標達成に向けて自発的自由化を推進してきた。APECにおける自由化・円滑化の持続的な取り組みは、FTAAPの基盤になる。

APECはボゴール目標達成に向けて、1997年から個別行動計画（IAP）のもとに自由化を実施しているが、2010年のAPEC横浜会合では、APECエコノミーがボゴール目標をどの程度達成したか、達成状況の中間評価が行われた。対象は、ボゴール宣言で指定された5先進エコノミー（米国、日本、カナダ、豪州、NZ）と自発的に評価を申し出た8エコノミー（チリ、香港、韓国、マレーシア、メキシコ、ペルー、シンガポール、台北）の13エコノミーである。

中間評価は、13エコノミーについての個別評価でなく、全体的な評価のみが公表され、13エコノミーはボゴール目標達成に向けて顕著な進展があり、IAPプロセスがアジア太平洋地域の高成長をもたらしたと総括した。

しかし、その一方で、関税、非関税障壁、サービス、投資、知的財産権、政府調達などのセンシティブな分野でなお障壁が残存しているとして、貿易・投資の自由化・円滑化の更なる推進の必要性を強調している。横浜宣言では、2020年のボゴール目標達成に向けて、21すべてのエコノミーがIAPプロセスを継続することを約束した。

4.2　次世代貿易・投資の課題を巡る対立

APECはFTAAPの実現に向けてインキュベーターとしての貢献を期待されている。今後、自由化に関するボゴール目標の達成のほか、ルールづくりを目指す次世代貿易・投資の課題への取り組みを促進しなければならない。しかし、FTAAPとTPPの浮上によってAPEC内に不協和音が生じている。先進国と途上国の対立も目立ち始めている。

2011年11月のAPECハワイ会合では、米中が激しく対立した。中国は、米国が提示した首脳宣言のアジェンダが「過度に野心的」と反発し、特にイノベーション政策に関する共通原則と環境物品・サービスに対する関税削減などについては強く抵抗した。中国は、TPPなど自由貿易体制の問題を新しい戦線と見なし、途上国の立場から米国に対抗していく姿勢を示した。その後のAPEC会合も、環境物品の自由化とイノベーション政策については米中の対決色が強まっていっ

た。

(1) 環境物品貿易の自由化

　APECでは、経済成長と環境保護を両立させる「グリーン成長」を目標に掲げ、その実現に向けて環境物品の自由化に取り組んでいる。環境物品の関税削減は、製品をより安く輸入することで、グリーン成長を促進させ、域内の貿易や雇用にも好影響をもたらす。環境物品とは、環境対策に必要な物品、または類似の用途をもつ物品に比べて相対的に環境負荷の低い物品のことである。

　APECハワイ会合で、APEC環境物品の関税削減（2012年までに対象品目を確定し、2015年までに関税を5％以下に削減）を合意した。2012年9月のロシア・ウラジオストックで開催されたAPEC首脳会議では、貿易自由化の対象となる54品目の環境物品について合意した。具体的には、再生可能エネルギー関連製品、水・汚水処理関連機材、大気汚染制御装置、環境測定機器などが含まれる。

　WTOドーハ・ラウンドも、環境物品の自由化交渉を進めてきたが、加盟国の対立により交渉が停滞している。APECで初めて具体的な品目が決まったという点で、この合意は画期的である。

　しかし、今後の課題も残る。APECでの合意は、WTOと比べると実効力が弱い。目標には法的拘束力もないからだ。また、APECリストの定義に曖昧さが残る。明示されているのはHS 6桁までであり、HS 7桁以下をどこまで自由化するかは各国の裁量に委ねられている。先進国にとっては十分満足できるリストではない。今後も品目の拡大を模索する構えだ。

(2) 市場主導型のイノベーション政策

　2011年ハワイでのAPEC首脳会議の合意（ホノルル宣言）において、FTAAPに向けた次世代貿易・投資の課題の1つとして、「イノベーションと貿易」を特定し、「効果的、無差別かつ市場主導型のイノベーション政策」の推進について合意、APEC域内での共通原則を策定した。

　APECがイノベーション政策を推進する理由は何か。第1に、技術開発の規模拡大、不確実性とリスクの増大などにより、企業内や国内のみでイノベーション活動を行うことはもはや限界である。今後、先端的な技術革新を実現していく

ためには、企業や国の枠を超えたオープン・イノベーションが有効となる。

　第2に、企業の意思に基づかない技術移転の要求（知的財産権に係る事項や技術ライセンス取引への政府介入など）、政府調達における国産品優遇など、外国製品や外資に差別的な措置の実施を放置すれば、自由で公正な競争が行われず、国境を超えた連携・協力によるイノベーションの機会も失ってしまう[4]。

　2012年ウラジオストックでのAPEC首脳会議でも、域内のイノベーション促進のための対策について議論された。ハワイ会合で合意されたイノベーション政策が市場主導型であり、ビジネス環境整備を通してのイノベーション創出に重点があったのに対し、ウラジオストック会合ではメンバー国間で拡大するイノベーション能力の格差是正に重点が置かれた。

　議長国のロシアは、技術移転の促進によってAPEC域内の経済成長が促されると主張。イノベーション促進のための経済・技術協力の一環として、技術移転基金を創設しようと提案した。中国は支持したが、米国が反対した。

　このように、イノベーションの促進については、保護主義的な閉じたイノベーション政策の是正（市場主導型イノベーションの促進）を目指す先進国と、技術移転の促進を求める新興国との間で、思惑のズレがある。今後この溝をどう調整していくべきかが課題である。

4.3　APECの取り組むべき課題とABAC

　こうした対立の構図がみられる中で、APECがインキュベーターとしての役割を果たしていくためには、どのような点に留意すべきか。今後、FTAAPを視野に入れたルールづくりを目指す新分野をいかに特定するかがカギである。その際、先進国と途上国の対立によって議論が膠着状態に陥るような事態をできるだけ避け、双方がウィン・ウィンとなるようなアジェンダの設定がどこまでできるかが、議論の成否を握る。

　そうした観点から、重要視されているのがABAC（APECビジネス諮問委員

---

[4]　イノベーション政策の共通原則が策定された背景の1つとして、中国の「自主創新」政策が挙げられる。「自主創新」政策とは、自国の技術を育成するため、中国で開発されたIT関連の製品を政府調達で優遇するという政策だ。外国製品が中国市場から締め出されかねないと、米国企業から懸念の声が上がっている。

会)の役割である。民間の立場から域内の貿易・投資の自由化と経済・技術協力の促進のためにAPECが取り組むべき重要課題を特定するとともに、それらの課題に対応するための措置について、毎年、APEC首脳に提言を行っている。

2015年のAPEC会合はフィリピンで開催されるが、ABACは、FTAAPの実現、コネクティビティーおよびインフラ開発、グローバル・バリューチェーンを主要アジェンダに、優先課題として①地域経済統合、②インフラとコネクティビティー、③中小・零細企業と起業家精神、④持続可能な発展、⑤金融と経済、に取り組んでいる[5]。この中から特に重点項目とされるものをいくつか挙げ、簡単に説明しておこう。

第1に、サプライチェーン・コネクティビティーの強化である。APEC域内のサプライチェーン(供給網)全体にわたる物流や輸送ネットワークの連結(サプライチェーン・コネクティビティー)を整備・強化し、国境を越える物品サービスの取引をより容易に、より低コストで、より迅速に実行しようとする国際物流円滑化の構想である。この構想は、インフラ整備や事業者の能力向上、貿易手続きの簡素化などを通じて、2015年までにサプライチェーン・コネクティビティーを10%改善すべく取り組んでいる。

第2に、新たなサービス・アジェンダの追求である。サービスの貿易・投資は、APEC域内において重要かつ急成長している分野である。サービスはグローバルなバリューチェーンの効率化において極めて重要な役割を果たしている。しかし、非関税障壁がいまだ数多く残っており、サービス貿易・投資の自由化は優先課題である[6]。

第3に、インフラ開発の加速である。APEC諸国・地域の持続可能な成長を支えるためには、今後、巨額のインフラ・プロジェクトが必要とされる。しかし、インフラ投資の需要拡大に対して、政府の財政だけでは不十分で、大幅なインフラ・ギャップが生じている。このギャップを埋めるため、民間部門の資金をインフラ・プロジェクトに向けさせる必要性が高まっている。

---

5) ABAC (2014)。
6) 国境を越えて貿易・投資活動に従事するビジネス関係者の移動の改善は、貿易と経済成長を刺激する。APECビジネス・トラベル・カード(ABTC)方式の発展は、APECイニシアティブの中で最も成功したものの1つである。

表15-1 2015年のABAC作業計画

■地域経済統合
- WTOの支持、保護主義の防止
- アジア太平洋自由貿易圏（FTAAP）の実現
- 貿易投資の自由化・円滑化の加速
- 効果的なグローバル・バリューチェーンの構築
- 新しいサービス・アジェンダの前進

■インフラとコネクティビティ
- インフラ開発の加速
- 人の潜在力の最大化
- APEC連結性ブループリントの前進
- 良き企業慣行の推進
- 法の支配の強化

■中小・零細企業と起業家精神
- 強靭な中小・零細企業形成の促進
- 中小・零細企業におけるイノベーションや付加価値のある活動の構築
- 女性の経済参画推進
- 中小・零細企業の国際化支援

■持続可能な発展
- 健康で生産的な労働力の推進
- 食料安全保障の確保とブルーエコノミーの推進
- 持続可能なエネルギーの推進とエネルギー安全保障の確保
- グリーン成長の加速
- 住みよい都市と持続可能なコミュニティづくりの促進

■金融と経済
- マクロ経済の発展状況のモニタリング・評価と国際金融システムの発展
- 資本市場の発展・統合促進
- 中小・零細企業の成長支援とファイナンシャル・インクルージョン
- インフラ・ファイナンスと投資の活性化
- APECにおける価格評価基準および慣行の改善

出所）ABAC日本支援協議会ウェブサイトに基づき筆者作成。

　第4に、APEC連結性ブループリント（blueprint on connectivity）の実施である。2014年APEC北京会合において、物理的、制度的、人と人との3つの連結性を通じ、継ぎ目なく包括的に連結されたアジア太平洋を実現するための具体的な取り組みを示す「ブループリント」を策定。2025年のAPEC連結性のビジョンに向けて、合意された行動と目標を達成するため、ブループリント実施の監

視、レビューすることを決めた。

 第5に、中小・零細企業の発展と起業家精神の高揚を図る政策を推進する必要がある。この目的を達成するために優先的に取り組むべき重要な柱として、①中小・零細企業によるファイナンス利用の拡大、②中小・零細企業の国際化支援、③女性の経済的地位向上、などが挙げられている。

 第6に、持続可能な発展である。具体的には、グリーン成長の促進、エネルギー安全保障への取り組み、食料安全保障の達成が3本柱とされている。

5　APECの新たな争点：FTAAP構想をめぐる角逐

5.1　TPPかRCEPか、深まる米中の対立

 米国は中国の「国家資本主義」（state capitalism）に苛立っている。中国政府が国有企業に民間企業よりも有利な競争条件を与え、公正な競争を阻害しているからだ。市場原理を導入しつつも、政府が国有企業を通じて積極的に市場に介入するのが国家資本主義だ。米国はTPPを通じてこの国家資本主義と闘うつもりである[7]。

 米国の狙いは、TPPを通じて高度で包括的なFTAをAPEC全体に広げ、アジア太平洋地域の新たな通商秩序を構築することだ。当然、中国の参加も視野に入れている。

 国有企業が多く貿易障壁の撤廃も難しい中国が、すぐにハードルの高いTPPに参加する可能性は、現時点でほとんどない。しかし、今後、APEC加盟国が次々とTPPに参加し、事実上FTAAPと呼ぶにふさわしい規模に近づけば、中国の選択は変わるかもしれない。

 当面は中国抜きでTPP交渉を締結させ、その後、APEC加盟国のTPP参加を通じてアジア太平洋地域における中国包囲網の形成を目指す。最終的には投資や競争政策、知的財産権、政府調達などで問題の多い中国に、TPPへの参加条件として国家資本主義からの転換とルール遵守を迫るというのが、米国の描くシナリオであろう。「TPPに参加したいのであれば、自らを変革する必要がある」

---

 7)　TPPと国家資本主義については、馬田（2012）を参照。

というのが中国へのメッセージだ。

　一方、中国は、TPP 交渉が始まった当初は平静を装い、これを無視する姿勢をとった。しかし、2011年11月に日本が TPP 交渉参加に向けた関係国との協議入り声明を出したのをきっかけに、カナダやメキシコも追随し、TPP が一気に拡大する雰囲気が高まった。このため、TPP による中国包囲網の形成に警戒を強めた中国は、TPP への対抗策として、RCEP の実現に向けた動きを加速させている。

　2011年11月の ASEAN 首脳会議で ASEAN が打ち出したのが、RCEP 構想である。ASEAN は、日中共同提案（2011年8月）を受けて、膠着状態にあった ASEAN＋3 と ASEAN＋6 の2構想を RCEP に収斂させ、ASEAN 主導で東アジア広域 FTA の交渉を進めようとしている。

　中国は、そうした ASEAN の野心を承知の上で、ASEAN の中心性を尊重し、ASEAN＋6 の枠組みにも柔軟な姿勢をみせた。米国が安全保障と経済の両面でアジア太平洋地域への関与を強めるなか、米国に対抗するには ASEAN を自陣営につなぎ留めておくことが欠かせないと考えたからだ。もちろん、中国の本音は、ASEAN を RCEP の議長に祭り上げ、黒子として RCEP の操縦桿を握るつもりである。

　2012年11月の東アジアサミットで、RCEP の交渉開始が合意された。これを受けて、RCEP 交渉は2013年5月に開始、2015年末までの妥結を目指している。しかし、RCEP は同床異夢の感が拭えず、交渉は予断を許さない。

　アジア太平洋地域における経済連携の動きは、米中による陣取り合戦の様相を呈し始めた。米中の角逐が強まる中で、TPP と RCEP の動きが、同時並行的に進行しつつあるが、注意すべき点は、その背景に「市場経済 vs 国家資本主義」という対立の構図が顕在化していることだ。中国は、TPP 交渉を横目で見ながら、国家資本主義の体制を維持しながら RCEP の交渉を進めようとしている。

5.2　FTAAP ロードマップと中国の思惑

　APEC は、将来的に FTAAP の実現を目指すことで一致しているが、TPP ルートかそれとも RCEP ルートか、さらに、両ルートが融合する可能性があるのか否か、FTAAP への具体的な道筋についてはいまだ明らかでない。

こうしたなか、APEC 北京会合の準備に向けて2014年5月に中国・青島で開かれた APEC 貿易相会合で、FTAAP 実現に向けたロードマップを策定することを明記した閣僚声明が採択された。

この会合において議長国の中国は、声明に FTAAP 実現の目標時期を2025年と明記し、具体化に向けた作業部会の設置も盛り込むよう主張したが、FTAAP を TPP の延長線と捉えている日米などが反対し、声明には盛り込まれなかった。

その後、FTAAP ロードマップをめぐり水面下での中国の巻き返しが激しくなるなか、11月に APEC 北京会合が開催された。中国は再度、FTAAP 実現の目標時期を2025年と具体的に設定するよう主張したが、TPP 交渉への影響を懸念した日米などの反対で、FTAAP の「可能な限り早期」の実現を目指すと明記するにとどまり、具体的な目標時期の設定は見送られた。

他方、作業部会については、域内で先行する TPP や RCEP など複数の経済連携を踏まえて FTAAP の望ましい道筋についてフィージビリティ・スタディ（実現可能性の研究）を行ことになった。ただし、研究報告の後に直ぐ APEC 加盟国が FTAAP 交渉に入るわけではない。研究とその後の交渉は別というのが、日米の立場である。

こうして、APEC 北京会合では、FTAAP 実現に向けた APEC の貢献のための「北京ロードマップ」が策定され、FTAAP の早期実現を目指すこと、また、共同の戦略的研究を実施し2016年末までに報告することを明記した首脳宣言を採択し閉幕した。目標時期設定の見送りと共同研究の実施は、日米と中国、双方の痛み分けとなった[8]。

FTAAP のロードマップ策定についての提案は、中国の焦りの裏返しと見ることもできる。中国の狙いはどこにあるのか。米国は TPP の枠組みに中国を含む APEC 加盟国を参加させる形で FTAAP を実現するつもりだ。しかし、中国からみれば、それではアジア太平洋の経済連携の主導権を米国に奪われ、孤立する恐れがある。そこで、TPP 参加が難しい中国は、TPP 以外の選択肢もあることを示し、ASEAN の TPP 離れを誘うなど、TPP を牽制しようとしている。

FTAAP への具体的な道筋について、中国としては米国が参加していない

---

8) APEC（2014）。

第15章　FTAAPへの道

RCEPルートをFTAAPのベースにしたいのが本音だ。だが、それでは端からAPEC内の意見がまとまらない。そのため、中国はTPPでもRCEPでもない「第3の道」として、正論を逆手に取ってAPECルートを新たに提示し、APECにおいてFTAAP実現の主導権を握ろうとしている。ただし、APECルートに対する中国の本気度については疑わしく、漂流しかけているTPPルートに揺さぶりをかけるのが真の狙いとも見られる。

どのルートかでFTAAPのあり方も変わってくる。中国がFTAAPを主導するかぎり、国家資本主義と相容れない高いレベルの包括的なFTAは望めそうもない。

5.3　FTAAP交渉の含意：APECの変質

当初、APECにおけるFTAAP実現に後ろ向きだった中国が、APEC北京会合を契機に、中国の存在感を誇示するため、日米に対抗してFTAAPを主導する構えを見せた。今回の中国提案（北京ロードマップ）がきっかけで、もしAPECにおいてFTAAP交渉が行われるようになれば、APECの性質が大きく変わることになる。APECルートが実現するためには、APEC内で拘束原則が容認されなければならない。

東アジア諸国の拘束アレルギーも、二国間FTAやTPP、RCEPなどを通じて次第に薄れつつある。だが、今のところAPECルートの実現可能性は低い。TPPルートを軸とした高いレベルのFTAAPを目指している日米などが反対姿勢を強めているからだ。かつてはAPECルートの可能性を模索した日米両国が、今はAPECルートを否定する立場に回るのは、何とも皮肉な話だ。APECを舞台に、FTAAP構想をめぐる米中の対立がますます先鋭化していくのは避けられないだろう。

中露の接近も気になる。ウクライナ危機によって米国との対立が深まっているロシアが、「敵の敵は味方」とばかりに中国に同調する姿勢を見せている。APECの亀裂も懸念されるなか、APECからFTAAPへの移行を目指す「APECのFTA化」は、今後、紆余曲折が予想される。

いずれにしても、非拘束原則は、2016年末までに報告する共同研究で取り上げられる論点となる。APECにおけるFTAAP交渉の是非について議論が行われ

る過程で、非拘束原則の変更について検討が深まれば、まさに「瓢箪から駒」ということになるかもしれない。

6　結び：APECの気になる将来像

　FTAAP実現後、APECは果たしてどうなるのか。2つのシナリオが考えられる。第1のシナリオは併存型で、FTAAP実現後も、APECはFTAAPとは一線を画して、非拘束性と自主性の原則を維持する「緩やかな協議体」として引き続き活動する。横浜ビジョンは、APECにおいて拘束化へのシフトを当面は困難と見て、第1のシナリオを想定した。

　第2のシナリオは合体型で、FTAAP実現後を睨み、APECは拘束的なルールに軌道修正し、FTAAPとの一体化を進め、「APECのFTA化」を実現する。FTAAP実現に向けて、米国、豪州、NZ、チリ、シンガポールなど、APECの中の急進派の動きがカギとなる。拘束原則の導入をめぐる確執が再燃する可能性は高い。

　途上国の立場からFTAAPをみれば、第1のシナリオは地域統合と経済協力の2本柱が確立するのに対して、第2のシナリオは経済協力の比重が薄れてしまう恐れが否めない。

　もっとも、第1のシナリオについても楽観は禁物で、APEC内の亀裂が深まれば、下手をすると、急進派のAPEC離脱といった不穏な動きによって、APECは「蝉の抜け殻」となってしまうかもしれない。今後、経済協力を重視する日本のAPEC戦略の真価が問われそうだ。

参考文献

馬田啓一（1995）「APECと今後の世界貿易体制」、青木健・馬田啓一編『検証・APEC——アジア太平洋の新しい地域主義』、日本評論社。
馬田啓一（2013a）「TPPと新たな通商秩序——変わる力学」、石川幸一・馬田啓一・木村福成・渡邊頼純編『TPPと日本の決断』、文眞堂。
馬田啓一（2013b）「APECとTPPの良い関係・悪い関係——アジア太平洋の新通商秩序」、国際貿易投資研究所『季刊国際貿易と投資』、第92号（2013年夏号）。

馬田啓一（2014）「APECの新たな視点——FTAAP構想をめぐる米中の対立」、国際貿易投資研究所『フラッシュ』、第96号。
浦田秀次郎・日本経済研究センター編（2009）『アジア太平洋巨大市場戦略』、日本経済新聞出版社。
浦田秀次郎（2011）「APECの新たな展開と日本の対応」、馬田啓一・浦田秀次郎・木村福成編『日本通商政策論——自由貿易体制と日本の通商課題』、文眞堂。
寺田貴（2011）「日米のAPEC戦略とTPP——「閉じられた地域主義」の幕開け」、拓殖大学海外事業研究所『海外事情』、第59巻第9号。
山澤逸平（2010）『アジア太平洋協力——21世紀の新課題』、ジェトロ。
山澤逸平（2012）「APECの新自由化プロセスとFTAAP」、山澤逸平・馬田啓一・国際貿易投資研究会編『通商政策の潮流と日本』、勁草書房。
ABAC (2014) *Report to APEC Economic Leaders: Building Asia-Pacific Community, Mapping Long-Term Prosperity,* China 2014.
APEC (2010a) The 18th APEC Economic Leaders' Meeting, *The Yokohama Vision: Bogor and Beyond,* Yokohama, Japan, 13-14 November, 2010.
APEC (2010b) *Pathways to FTAAP,* 14 November 2010.
APEC (2014a) The 22nd APEC Economic Leaders' Declaration, *Beijing Agenda for an Integrated, Innovative and Interconnected Asia-Pacific,* Beijing, China, November 11, 2014.
APEC (2014b) *The Beijing Roadmap for APEC's Contribution to the Realization of the FTAAP.*
APEC/PSU (2010) *The Mutual Usefulness between APEC and TPP,* October.
Bargsten, C. Fred (2005) "A New Foreign Economic Policy for the United States", in C. Fred Bargsten, ed., *The United States and the World Economy: Foreign Economic Policy for the Next Decade,* Institute for International Economics.
Petri, A. Peter and Michael Plummer (2012) "The Trans-Pacific Partnership and Asia-pacific Integration: Policy Implications," Peterson Institute for International Economics, Policy Brief, No.PB12-16, June 2012.
Yamazawa, Ippei (2012) *APEC: New Agenda in Its Third Decade,* Institute of Southeast Asian Studies, Singapore.

IV

総括と政策提言

第16章　アジアの開発と地域統合：新しい国際協力を求めて

第16章

アジアの開発と地域統合
新たな国際協力を求めて

朽木昭文・馬田啓一・石川幸一

1 はじめに

　日本の国際協力は今や見直すべき時期に来ている。日本やアジアを取り巻く国際環境が大きく変化をしているからである。中国の台頭によって世界経済の勢力図は塗り替えられ、日本の存在感も薄れつつある。AIIB（アジアインフラ投資銀行）の設立問題を含め、途上国に対して積極的なインフラ投資と援助を展開する中国の動きに、日本は警戒を強めている。ODA（政府開発援助）も量から質への転換を迫られており、従来の延長線上に日本の国際協力を考えることはもはや許されない。

　一方、企業のグローバル化と国際生産ネットワークの拡大が進むなか、途上国は自国の国内生産、輸出の担い手として、外資系企業の役割を益々重視するようになってきている。このため、企業誘致のためにサプライチェーンの効率化につながる二国間FTAや広域のメガFTAといった地域統合に積極的に参加する傾向が強まっている。ここに、日本の新たな国際協力の方向性を見出すことができる。日本の国際協力は、従来の三位一体型国際協力に地域統合の推進を加えた「四本柱（しほんばしら）型国際協力」への転換が必要である。

　そこで、本章では、第1に、なぜ今、日本は四本柱型国際協力を目指すべきなのか、第2に、地域統合を目指した国際協力がどのようなメカニズムで途上国の開発に有効であるのか、第3に、日本は地域統合の実現に向けてどのような取り組みをすべきなのか、これら3つの視点から、日本が目指すべき新たな国際協力の方向性を明らかにしたい。

表16-1 世界の名目 GDP の占有率

	2004年	%	2014年	%
世界合計	43423760		77301957	
アメリカ	12274925	28.3	17418925	22.5
日本	4655823	10.7	4616335	6.0
中国	1944674	4.5	10380380	13.4
ドイツ	2819292	6.5	3859547	5.0

出所）世界銀行、Economic Indicators（2015）に基づき筆者作成。

2 転換期の日本の国際協力：四本柱型国際協力の意義

2.1 変わる世界経済の勢力図：中国の台頭

　2015年に中国が中心となって、アジアインフラ投資銀行（AIIB）を設立した。57カ国がこの設立に参加している。しかし、日本とアメリカは参加していない。ここで、日本の国際協力のこれまでの指針が不鮮明であったことが明らかになった。

　2015年5月のアジア開発銀行（ADB）総会に出席した麻生副総理は、ADB と国際協力機構（JICA）が協力してアジアのインフラ建設に対して民間資金を利用し、民間企業のアジア地域での活動を支援する旨を発表した。アジアでのインフラ建設のための資金需要に ADB の対応では不十分である。

　世界の経済構造が21世紀に大きく変化した。アメリカの GDP 占有率は、中国と日本のそれの合計に並んだ。また、日本のそれは中国の半分以下になった。表16-1により、世界の GDP を見ていこう。アメリカの世界での GDP の占有率が下がり、2004年から2014年に世界の GDP 占有率は大きく変化した。2004年にアメリカの占有率が世界全体の28.3％であり、日本と中国占有率の合計が15.2％で、約半分あった。ところが、2014年にアメリカの占有率が22.5％へ下がり、日本と中国のその合計が19.4％とほぼ同じになった。日本と中国の比較では、2004年に日本が中国の約2倍であったが、2014年に日本が中国の約半分になった。アメリカ、中国、日本のこうした動きが今後も続き、中国が世界の GDP の大きな部分を占めることになろう。

　中国では産業政策が実施されてきた[1]。その政策が成功か失敗かの判断は難し

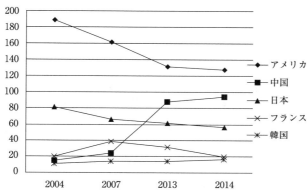

図16-1 世界上位500企業の国別の数

出所）フォーチュン・グローバル500に基づき筆者作成。

い。しかし、フォーチュン・グローバル500によれば、世界上位500社（総収入）の中国企業の数は、アメリカに並ぼうとしており、2004年に15社であったが、2007年に24社となり、10年後の2014年に95社になった（図16-1）。この数は日本の57社を上回り、アメリカの128社に近づいている。そして、2014年のベスト10にも Sinopec Group, China National Petroleum, State Grid の3社が入った。

さらに、世界の貿易、投資、外貨準備の推移を見ると、中国の台頭によって世界経済の勢力図が大きく変化していることがわかる。

第1に、貿易の動向で見ると、輸出に関して日本から中国へシフトし、輸入に関してアメリカから中国へシフトし、輸出と輸入の両面で中国の役割が増加した。

表16-2により、世界の貿易額を見ると、2006年から2013年に輸入に関して大きな変化が起きた。アメリカの占有率が2006年に17％であったが2013年に12％へ減少し、中国のそれが同じ期間に6.6％から10.3％へと増加した。そして、中国とアメリカの占有率がほぼ同じなった。同期間に、日本、ドイツ、ASEAN の占有率がほとんど変化していない。輸出についても、日本の占有率が5.68％から3.94％へ減少したのに対し、中国のそれが、8.51％から12.09％へと増加した。この期間にアメリカ、ドイツ、ASEAN の占有率に大きな変化はない。

---

1) 朽木（2012）。

表16-2　世界の輸出入

(単位：100万ドル、%)

	輸入 2006年	占有率	輸入 2013年	占有率	輸出 2006年	占有率	輸出 2013年	占有率
世界	11950800		18923814	100	11386109		18282590	100.00
アメリカ	2059932	*17.24*	2268321	*11.99*	1036635	9.10	1579597	8.64
日本	579294	4.85	838889	4.43	647290	*5.68*	719205	*3.93*
中国	791794	*6.63*	1949300	*10.30*	969324	*8.51*	2210662	*12.09*
ドイツ	907678	7.60	1189108	6.28	1109183	9.74	1452984	7.95
ASEAN 6	656264	5.49	1208064	6.38	751043	6.60	1232610	6.74

出所）日本貿易振興機構『世界貿易投資報告書』、2014年、2006年。

　第2に、直接投資の動向で見ると、ヨーロッパのバブル崩壊の影響と共に、中国の直接投資の受け入れがアメリカに匹敵するようになった。外国進出の直接投資に関して、中国と日本の合計がアメリカと匹敵する水準に近づいた。

　表16-3により、世界の直接投資を見ると、その受入れである対内直接投資に関して、2007年から2013年に中国の占有率が5.66％から8.53％へ増加し、インドのそれが1％から1.94％へ増加し、合計すると10.47％となった。これはアメリカの占有率に匹敵する水準になった。この時期の最も大きな変化は、2008年のリーマンショックによりEUの占有率が55％から17％へ減少した。

　次に、その国から外国への進出である対外直接投資に関して、2007年から2013年に、日本の占有率が2.95％から9.62％へ増加し、中国のそれが0.68％から7.16％へ増加した。同時に、アメリカのそれも15.6％から23.9％へ増加した。ただし、日本と中国のそれを加えた占有率は、16.8％となり、アメリカのそれにほぼ近づいている。

　外国からその国への対内直接投資に関して、EUの占有率は、64％から18％へ同様に減少した。この時期に対外直接投資額が2兆5千億ドルから1兆4千億ドルへ減少しているが、これはEUからEUへの投資の減少が多かったと推測できる。

　第3に、こうした状況下で、表16-4が示す通り、外貨準備高は、2013年に中国の占有率が世界全体の30％となり、日本のそれが10％となった。アメリカのそれは3.6％であり、ドイツのそれは1.6％である。

第16章 アジアの開発と地域統合

表16-3 世界の直接投資（国際収支ベース、ネット）

	対内直接投資				対外直接投資			
	2013年（単位：100万ドル）	占有率	2007年	占有率	2013年（単位：100万ドル）	占有率	2007年	占有率
世界	1451965		2446733		1410696		2492678	
アメリカ	187528	12.92	275758	11.27	338302	23.98	389597	15.63
日本	2304	0.16	22181	0.91	135749	9.62	73483	2.95
中国	123911	8.53	138413	5.66	101000	7.16	16995	0.68
インド	28199	1.94	24403	1.00	1679	0.12	15461	0.62
EU28	246207	16.96	1350741	55.21	250460	17.75	1588907	63.74
ドイツ	26721	1.84	56404	2.31	67550	4.79	179538	7.20

注）EUは、2007年27カ国。
出所）日本貿易振興機構『世界貿易投資報告書』2014年、2008年。

表16-4　外貨準備高

	2013年（単位：10億USドル）	占有率
中国	3880.37	30.8
日本	1266.85	10.0
アメリカ	448.51	3.6
インド	289.09	2.3
シンガポール	277.8	2.2
ドイツ	198.54	1.6
タイ	167.23	1.3
マレーシア	134.85	1.1
世界全体	12615.57	100.0

出所）世界銀行、Economic Indicators に基づき筆者作成。

2.2　日本の国際協力を取り巻く環境の激変

　日本の国際協力を取り巻く内外の経済環境も大きく構造変化している。第1に、日本の一人当たり GDP が1991年に世界第3位になったが、2013年に24位となった。第2に、アジアに関して、1980年代以降に韓国、シンガポール、台湾、香港という4龍の成長がリードし、後発のアジアが中所得の仲間入りを果たした。第3に、アジアでの経済活動の中心となる担い手は、公的な開発援助から民間部門にシフトし、民間企業のアジア・生産ネットワークが形成されている。第4に、公的な自由貿易協定（FTA）は、二国間から TPP などのメガ FTA という地球的な規模の FTA の動きが現れ、地域統合の動きが進行している。

　したがって、以下の3つのファクトを前提とし、「地域統合」の視点から国際協力の役割を見直す必要が生じている。

　ファクト1は、「日本経済の常識」である。第1に、国の借金が780兆円である（2014年度末、16年分の予算、財務省）。第2に、国の成長率は2003－12年平均で0.8％である（内閣府）。第3に、日本・成長戦略の3本目の矢が不足している。日本は超高齢日本経済である（65歳人口が日本23.1％、2010年10月、2011年版高齢社会白書）。したがって、海外市場抜きでは成立しない。

　これまで ODA 理論は被援助国のことを独立して考えた。しかし、ODA を日本の成長戦略にどう活用するかを考慮すべきである。日本の成長戦略としてクールジャパン（日本ブランドの輸出）、農産物輸出などを、日本のアジアへの国際協力として考慮すべきである。

ファクト2は、「地域統合の現状」である。第1に、日本企業の海外展開がグローバルネットワーク、特にアジアネットワークを形成中である。政府間のアジアネットワークの形成は遅れているが、デファクト・スタンダード（事実として）に進展している。第2に、相対的に公的な地域統合が遅れている。

ファクト3は、開発のための「地域統合の課題」である。第1に、アジア諸国の開発が特に1980年代以降に進展し、「中所得国」へ成長した（JICA2014年調査）。今後、日本は、援助するという考え方から投資を促進する政策へ変える必要がある。

第2に、2015年末にASEAN経済共同体（AEC）が成立する。また、RCEP、日中韓FTAなどメガFTAへ向けた動きも進行している。さらに、チャイナ・プラス・ワン、タイ・プラス・ワン、ベトナム・プラス・ワンなどの域内統合化も加速している。インドをこの地域統合にどう包含していくのかについても最重要課題の1つである。国単位のODAからアジアなどの「地域単位」のODAへ転換する必要がある。それが日本も含めた「アジア全体の成長」へとつながる。

2.3 「三位一体型」国際協力から「四本柱型」国際協力へ

日本の国際協力は、世界の援助方針である構造調整プログラム、貧困削減戦略、ミレニアム開発目標を順次に基本としてきた。また、日本政府としては、貿易、投資、ODAという三位一体型援助を実施してきたが、今や見直すべき時期に来ている。

国際協力の新たな指針として、地域統合を加えた「四本柱型国際協力」への転換が必要となっている。例えば、1つ1つのインフラ輸出のプロジェクトは、単にインフラを輸出するのではなく、アジア太平洋の経済統合の形成に資するのか、どのような位置づけができるかを吟味すべきである。そして、アジアで産業クラスターが形成され、そのクラスター間の連携を強化するインフラ建設が1つの有効な手段である。日本の国際協力は、単にアジアへのインフラ輸出を目指すだけでは目標に届かず、アジア太平洋の経済統合を目指す段階にある。

3 開発途上国はなぜ地域統合に参加するのか

3.1 FTAの経済効果

　開発途上国の地域統合の圧倒的多数は、開発途上国間あるいは先進国と開発途上国間のものである。たとえば、アジア太平洋では49のFTAが締結されているが、先進国間のFTAは豪州とニュージーランド（CER）、日本と豪州の2つであり、韓国および1人当たりGDPで日本を上回るシンガポールを先進国に入れても6つに過ぎない。ここではASEANを例に途上国が地域統合になぜ参加するのかを考えてみる。

　FTAの経済効果は静態的効果と動態的効果があることが知られている[2]。静態的効果は、FTA締結による関税撤廃により、関税障壁により輸入できなかった自国での生産コストより低コストの産品がFTA締結国から輸入できるようになり、FTA締結国間の貿易が増加する「貿易創出効果」と、FTA締結前から輸入されていた低コストの産品がFTA締結により関税が撤廃されたことでFTA締結国の高コストの産品に置き換わってしまう「貿易転換効果」がある。

　貿易創出効果に関しては、輸出国の生産者は輸出が拡大し、輸入国の消費者はより安い商品を入手できるので、経済的にプラスとなる。貿易転換効果に関しては、域内輸入国の消費者は利益を得るが関税収入が減少するため経済的にプラスになるケースとマイナスになるケースがあり、域外国はマイナスとなる。

　動態的効果は、生産性上昇に伴う効果として、市場拡大効果、競争促進効果、技術拡散効果、国内制度革新効果があげられ、資本蓄積に伴う効果として直接投資の増加があげられる。

　途上国がFTAに参加するのは、まず貿易の増加（貿易創出効果）への期待がある。とくに輸出増加への期待は大きく、市場アクセスの改善がFTA参加あるいは形成の誘因となる。中国あるいは日本とのFTAの締結は両国への輸出拡大（特に農水産品）を期待しており、TPP交渉への参加は米国市場へのアクセス改善が誘因となっている。

---

[2] FTAの経済効果の説明は、梶田朗「FTAの経済効果」、浦田秀次郎編（2003）『FTAガイドブック』、ジェトロ、52〜59ページによる。

一方、貿易転換効果により輸出減というマイナスの影響を避けるためのFTA参加も少なくない。中国がASEANとFTAを締結してから、日本、韓国、インド、豪州・ニュージーランドが相次いでASEANと交渉したのは、貿易転換効果による影響を避けるためである。

3.2　外国直接投資誘致：AFTA

開発途上国が地域統合に参加あるいは創設をする動機は、動態的効果である外国投資促進効果への期待が大きい。ASEANの地域統合は対内外国直接投資増加への期待が誘因となっている。

1992年に合意され93年に関税削減を開始したAFTA（ASEAN自由貿易地域）創設の背景には、中国への外国投資集中への懸念があった。中国は1989年の天安門事件後、外国投資が減少し経済成長も減速したため、1992年に当時の指導者だった鄧小平が華南地方を視察し、改革開放の加速の大号令を発した（南巡講話とよばれる）。南巡講話を契機に起きた中国への投資ブームに対してASEANの市場を統合し外資誘致を強化する意図があった。

ASEAN経済共同体（AEC）の創設も外国投資の流入の促進が意図されていた。AEC創設時の事情は、1998年から2002年までASEAN事務総長を務めたロドルフォ・セベリーノの著書に描かれている[3]。それによると、ASEAN経済共同体を提案したのはシンガポールのゴー・チョクトン首相（当時）であり、2002年の首脳会議でAFTAの次の地域統合を「ASEAN経済共同体」と名づけるべきであると主張した。その背景には、1997〜98年のアジア通貨危機後、ASEANが外国投資を惹きつける力が弱体化しているとの認識があった。中国に加え、インドが外国投資先として台頭する中で外資誘致を持続するためには、地域統合の明確な目標とステップを持ち、ASEANは統合の深化に真剣であることを外国投資家に理解させねばならないと考えていたと指摘されている。

AFTAに中国へのFTA流入に対抗する外国投資誘致効果があったか検証は難しいが、AEC創設が近づいてきた2013年、2014年の日本のASEAN向け投資

---

3) Rodolfo C. Severino（2006）"Southeast Asia In Search of ASEAN Community," Institute of Southeast Asian Studies, Singapore, pp343-344

は中国向け投資を大幅に上回っている。尖閣諸島国有化後の反日暴動、中国の人件費などコスト上昇が影響しているが、AECによるASEANに統合された6億2500万人の市場が創設されることへの期待があることは確かであろう[4]。

3.3 生産ネットワークの構築：AEC

　AFTAは1960～70年代の輸入代替工業化の時期に形成された非効率的な生産体制を再構築する原動力となった。輸入代替工業化期にASEANに進出した日本企業など外資企業は高い関税に守られた国内市場で多くの品目の小規模生産を余儀なくされた。関税障壁によりASEAN域内取引が困難なためASEANの先発4カ国（インドネシア、マレーシア、フィリピン、タイ）で重複投資と生産を行っていた。しかし、AICO（ASEAN産業協力スキーム）とAFTAにより関税が段階的に削減され、自動車、電機など代表的な輸入代替産業でもASEAN域内貿易が可能となり、最適地での生産と最適地からの調達に取組むようになった。AFTAによりASEAN域内の生産体制の再編と域内取引が1990年代後半から進められた[5]。自動車など輸入代替型産業でAFTAを利用したASEAN域内貿易が始まり、ASEAN域内生産ネットワークが創られた。

　AEC創設を控えたASEANでは、市場統合と輸送インフラ整備により新たな生産ネットワークが形成されつつある。ASEAN大陸部では、賃金上昇により生産コストが高まっているタイからカンボジア、ラオスに労働集約的生産工程を移管する動きが目立ってきている。たとえば、ミネベアは2011年カンボジアに大規模な工場を建設、タイの工場から小型モーター部品を持ち込み、完成品にしてタイ工場に戻している。タイ工場からカンボジア工場まではトラックの直送が可能で、陸送時間は大幅に短縮している[6]。タイ・カンボジア・ベトナム、タイ・ラ

---

[4] 2013年はASEAN向けが236億ドル、中国向けが91億ドル、2014年はASEAN向けが203億ドル、中国向けが67億ドルとなっている。2013年は三菱東京UFJ銀行によるアユタヤ銀行買収（53億ドル）という大型案件があったタイ向け投資だけで108億ドルとなり、中国向けを上回っている。

[5] トヨタ自動車の事例については、清水一史（2013）「世界経済とASEAN経済統合」、石川幸一・清水一史・助川成也『ASEAN経済共同体と日本』、文眞堂を参照。自動車、電機電子産業の事例については、深沢淳一・助川成也編（2014）『ASEAN大市場と日本』、文眞堂150～157頁。

第16章　アジアの開発と地域統合

オス・ベトナム間の生産ネットワークも形成されつつある。

　グローバル企業の競争力はコストとスピード（リードタイムの短縮）で決まる。そのためには、原材料・部品の調達から生産、販売にいたる国境を越えたサプライチェーンを効率的に構築することが求められる。途上国から見れば、グローバル化が進展した今日、工業化を進めるにはサプライチェーンに参加すること、すなわち生産ネットワークへの参加が決定的に重要となる。生産ネットワークへの参加には、FTAに参加し貿易と投資の自由化を進め、AECのように輸送インフラと越境輸送制度の整備を行なうとともに工業団地の整備をはじめとする産業クラスター政策を併せて実施することが効果的である[7]。

3.4　開発途上国への特別待遇と協力

　開発途上国の参加するFTAでは、途上国に対する「異なる特別な待遇（S&D）」が規定されていることが多い。AFTAでは、ASEANの後発国であるCLMV（カンボジア、ラオス、ミャンマー、ラオス）の関税削減はその他の6カ国よりも緩やかなスケジュールで実施しており、関税撤廃の時期はASEAN 6が2010年に対し、CLMVは2015年に93％の品目、2018年に100％の関税撤廃となっている。ASEANがアジア太平洋の各国と締結したASEAN＋1FTAでも同様である。

　途上国に対する協力が盛り込まれているFTAもある。日本のASEAN 7カ国に対するFTAは農林水産業、教育、人材育成、中小企業、IT、観光、科学技術など様々な分野の協力を盛り込んでいる。ASEAN経済共同体（AEC）は、4つの目標の一つに「公平な経済発展」を掲げており、具体的にはASEAN統合イニシアティブ（IAI）というCLMVによる協力のための行動計画を実施している。IAIは資金規模が小さいため人材育成、調査などソフト面の協力を行っており、インフラ整備などは行っていない。

---

6)　牛山隆一（2012）「CLMにおける日本企業の事業展開−生産フロンティアで積極経営」日本経済研究センター『アジア「新・新興国」CLMの経済』、101〜103ページ。

7)　朽木昭文（2007）『アジア産業クラスター論──フローチャートアプローチの可能性』、書籍工房早山。

4　21世紀型貿易とメガFTAの潮流

4.1　サプライチェーンのグローバル化

　メガFTA（自由貿易協定）締結に向けた動きの背景には、加速するサプライチェーンのグローバル化がある。エレクトロニクスと自動車など日本の製造業における東アジアへの生産拠点の移転に伴い、東アジアではサプライチェーンのグローバル化が急速に進展している。

　企業のグローバル化が進むなか、国際分業は生産工程のレベルとなり、今や原材料の調達から生産と販売まで、サプライチェーンの効率化が企業の競争力を左右する。これが「21世紀型貿易」（21st century trade）の特徴である。21世紀型貿易は、企業による国際生産ネットワークの進展によって、貿易と投資の一体化が進み、これまでの枠を超えた新たな貿易ルールを必要としている。

　21世紀型の貿易ルールは、サプライチェーンの効率化を通じて、企業が迅速かつ低コストで製品を生産できるようにすることが求められている。この結果、21世紀型貿易においては、企業の国際生産ネットワークの結びつきを妨げる政策や制度はすべて貿易障壁となった。ルールの重点は、国境措置（on the border）から国内措置（behind the border）へシフトしている。

　サプライチェーンの効率化を可能にするため、サプライチェーンを構成する国について、「WTOプラス」（WTO協定に先行する形で）のルール、例えば、財やサービスの貿易円滑化、投資の自由化・保護、知的財産権保護、競争政策、政府調達、規制の調和など、広範囲にわたるルールが求められるようになった。

　一方、2001年に始まったWTO（世界貿易機関）のドーハ・ラウンド（多角的貿易交渉）が迷走している。先行き不透明な交渉に対する嫌気から、主要国の通商政策の軸足はFTAにシフトし、FTA締結に向けた動きを加速させている。通商交渉におけるWTO離れは止まりそうもない。

　だが、二国間FTAが急増するなか、サプライチェーンの拡大に伴い、二国間FTAの限界も明らかとなってきた。二国間FTAでは、サプライチェーンが展開される国の一部しかカバーされない。サプライチェーンをカバーするために複数の二国間FTAを締結しても、「スパゲッティ・ボウル現象」と呼ばれるようなルールの不整合が起きてしまう。二国間FTAごとに原産地規則などルールが異

なれば、企業にとっては甚だ使い勝手が悪いものとなる。

メガFTAによって原産地規則が統一され、かつ、域内での「累積」が認められれば、原産地証明がかなり容易となる。これにより、企業が域内全域にサプライチェーンを拡げることが可能になる。

サプライチェーン全体をカバーするには、メガFTAが必要だ。メガFTAへの参加によって、企業はグローバルなサプライチェーンの範囲を拡げることが可能となり、まさに網の目のように国際生産ネットワークの拡大が容易となる。サプライチェーンの効率化・最適化という点からみると、「地域主義のマルチ化」(multilateralizing the trade regionalism) が進み、二国間FTAを包含する広域のメガFTAができ、ルールが収斂・統一されていくことのメリットはきわめて大きい。

4.2 メガFTA時代の日本の役割：アジア太平洋の懸け橋

企業による国際生産ネットワークの拡大とサプライチェーンのグローバル化に伴い、これまでの枠を超えた21世紀型の貿易ルールが求められている。そのルールづくりの主役は今やWTOでなく、メガFTAである。新たな通商秩序の力学は、TPP（環太平洋経済連携協定）、RCEP（東アジア地域包括的経済連携）、TTIP（環大西洋貿易投資パートナーシップ）、日EU・FTA、日中韓FTAなどのメガFTAを中心に動き始めているといってよかろう。

こうした中で、日本のFTA戦略は今まさに正念場を迎えている。TPP、RCEP、日中韓FTA、日EU・FTAなど、日本が参加する4つのメガFTA交渉が合意に向けて重要な局面に差し掛かっているからだ。これらメガFTA交渉の行方が、日本経済再生の成否につながると言っても過言でない。

成否のカギは先行するTPP交渉である。交渉参加12カ国は2014年末の交渉妥結を目指したが、関税撤廃や知的財産権、国有企業規律などセンシティブな問題の対応をめぐり、対立の深い溝は埋まらず、越年となった。2014年11月の米議会中間選挙の結果、上下両院とも野党の共和党が支配することになったが、皮肉なことに、これがレームダック化したオバマ政権にとってTPPの追い風となった。自由貿易に前向きな共和党の協力を取り付けて、米議会からTPA（Trade Promotion Authority:貿易促進権限）を獲得し、それによってTPP交渉に弾みを

かけ、2015年秋に交渉妥結に持ち込んだ。

　TPPの登場で、アジア太平洋地域は今やメガFTAの主戦場となっている。TPPは、高度で包括的な21世紀型のFTAを目指す。RCEPはTPPに比べると自由化のレベルは低いが、中国、インド、ASEANなどの新興国を含むルールづくりの枠組みとして大きな意義を持つ。日中韓FTAやAEC（ASEAN経済共同体）の交渉も進む中で、RCEPもこれらと連動しながら2015年末の妥結を睨んで交渉が行われている。

　同床異夢といわれるRCEPの「運転席に座っている」国は一体どこなのか。議長はASEANである。中国は、RCEPについて表向きはASEAN中心性（centrality）を尊重する姿勢を見せている。しかし、本音は、RCEPを米主導のTPPに対する対抗手段と位置付け、RCEPで実質的な主導権を握り、経済的な影響力を増大させようとしている。

　米中の角逐が強まる中、TPPとRCEPの関係について競争的かそれとも補完的か、見方は分かれる。双方が将来、より広範なFTAAP（アジア太平洋自由貿易圏）に収斂する可能性はあるのだろうか。APEC（アジア太平洋経済協力会議）にその調整役を期待する声は少なくない。

　日本は地政学的な利点を生かして、アジア太平洋地域において重層的な経済連携を展開している。TPPとRCEPの両方に参加する他の諸国と協力して、APECにおいて分野ごとにルールの調和を図り、それを通じてTPPとRCEPをFTAAPに収斂させることができる立場にある。日本は「アジア太平洋の懸け橋」としての役割を目指すべきだ。

　もちろん、現時点では、ASEAN諸国の大半は米国の求めるTPPの高いハードルを飛び越えることは容易でない。RCEPも中国、インド、CLMV諸国を考慮すると、TPPと比べてハードルは低いものとなろう。だが、ASEANに中からTPPに参加する国が増えれば、TPPをテコにRCEPの自由化とルールのレベルアップは十分可能である。

　TPPとRCEPが融合してFTAAPが実現すれば、サプライチェーンの効率化と国際生産ネットワークの拡大が進み、アジア太平洋地域に新たな成長力が生まれる。日本に求められているのは、アジア太平洋地域における新たな通商秩序の構築に向けてイニシアティブを発揮することである。米中の狭間で埋没しかねな

い日本の存在感を高める又とない好機ではないか。

5　結び

　経済再生を最優先の課題に据えるアベノミクスは、成長戦略の柱に成長するアジア太平洋地域の取り込みを掲げている。積極的なメガFTA戦略の展開を抜きにしては日本の経済再生はない。

　一方、ASEANなどアジアの途上国にとっても、メガFTAへの参加は、これまで進めてきた「外資依存型の輸出志向工業化戦略」の延長線上に位置づけられ、その総仕上げに入ったと言っても過言でない。

　日本の国益も考慮に入れつつ、TPPやRCEPなどメガFTAをはじめとする地域統合への参加を通じた東アジアの途上国の開発戦略への取り組みを、「四本柱型国際協力」の一環として日本は積極的に支援していくべきである。それは日本企業のグローバル化と、日本を拠点としたグローバルなサプライチェーンの拡大を可能とし、日本企業の強みを生かすことにもつながる。日本は、今こそメガFTA時代の新たな国際協力の枠組みの構築を目指すべきである。

参考文献
石川幸一・清水一史・助川成也編（2013）『ASEAN経済共同体と日本』、文眞堂。
石川幸一・馬田啓一・国際貿易投資研究会編（2015）『FTA戦略の潮流――課題と展望』、文眞堂。
石川幸一・馬田啓一・高橋俊樹編（2015）『メガFTA時代の新通商戦略――現状と課題』、文眞堂。
浦田秀次郎編（2003）『FTAガイドブック』、ジェトロ。
朽木昭文（2012）『日本の再生はアジアから始まる』、農林統計協会。
世界銀行（2015）*Economic Indicators*, World Bank.
日本経済研究センター編（2012）『アジア「新・新興国」――CLMの経済』（日本経済新聞社からの委託研究、国際経済研究報告書）。
フォーチュン（2015）*Fortune Global 500*, Fortune.
深沢淳一・助川成也編（2014）『ASEAN大市場と日本』、文眞堂。
山澤逸平・馬田啓一・国際貿易投資研究会編（2013）『アジア太平洋の新通商秩序――TPPと東アジアの経済連携』、勁草書房。

索　引

英数字

4タイガー　　7
21世紀海上シルクロード　　128, 133
ABAC　　257, 263
ABMF　　⇒ASEAN＋3債券市場フォーラム
ABMI　　⇒ASEAN＋3債券市場育成イニシアティブ
ACFTA（ASEAN・中国自由貿易地域）　　77, 85, 187
ADB　　⇒アジア開発銀行
AEC　　⇒ASEAN経済共同体
　　――2025　　109, 191
　　――スコアカード　　109, 190
　　――ブループリント　　94, 109, 184, 190
AFTA　　⇒ASEAN自由貿易地域
AICO（ASEAN産業協力）　　186
AIIB　　⇒アジアインフラ投資銀行
APEC　　⇒アジア太平洋経済協力会議
　　――ビジネス諮問委員会　　257
　　――連結性ブループリント　　265
ASEAN　　⇒東南アジア諸国連合
ASEAN＋1FTA　　81, 83, 103, 240-241, 244, 247
ASEAN＋3　　144, 148, 152, 156, 223, 237, 244, 258

　　――債券市場育成イニシアティブ　　145
　　――債券市場フォーラム　　146-147
ASEAN＋6　　237, 244, 258
ASEAN＋FTAパートナーズ　　236
ASEAN協和宣言　　182
ASEAN経済共同体　　93, 154, 183, 244, 247
ASEAN憲章　　184
ASEAN自由貿易地域　　73-74, 85, 93, 103, 183, 186, 236, 245
ASEANシングル・ウィンドウ　　190
ASEAN生産ネットワーク　　88
ASEAN第2協和宣言　　44
ASEAN中心性　　237, 243, 251
ASEAN統合構想　　45
ASEANハイウェイ・ネットワーク　　94
ASEAN物品貿易協定　　184
ASEANメコン川流域開発協力　　95
ASEAN連結性　　94
　　――マスタープラン　　94, 185
ASW　　190
ATIGA　　⇒ASEAN物品貿易協定
BBCスキーム　　182, 186
BRICS　　137
CEPEA　　⇒東アジア包括的経済連携
CEPT　　⇒共通効果特恵関税

CIF 価格　249
CLMV　239, 251
　——諸国　45, 50, 190
CMI　⇒チェンマイ・イニシアティブ
DAC　⇒開発援助委員会
EAFTA　⇒東アジア自由貿易地域
EASG　⇒東アジアスタディグループ
EPA　⇒経済連携協定
EPZ　⇒輸出加工区
EVSL　⇒早期自主的分野別自由化
FDI　⇒外国直接投資
FOB 価格　249
FTA　⇒自由貿易協定
FTAAP　⇒アジア太平洋自由貿易圏
　——構想　254
　——ロードマップ　268
FTA 空白地帯　236
FTA 利用率　39
GATS5条　238
GATT　⇒関税と貿易に関する一般協定
　——5条　228
　——24条　82, 238, 247
GDP　4
HS コード　204
IMF　⇒国際通貨基金
　——改革案　136
ISDS　⇒投資家と国家の紛争解決規定
LDC　⇒後発開発途上国
「Make in India」構想　219
MDGs　⇒ミレニアム開発目標
MPAC　⇒ ASEAN 連結性マスタープラン
MRA　⇒相互承認

NAFTA　⇒北米自由貿易協定
NGO　61, 164
NTBs　⇒非関税障壁
ODA　⇒政府開発援助
　——政策　66
Open Regionalism　⇒開かれた地域主義
P4　238, 257
RCEP　⇒東アジア地域包括的経済連携
SAARC　⇒南アジア地域協力連合
SAPTA　⇒南アジア特恵貿易協定
SDGs　⇒持続的開発目標
SDR　157
TPP　⇒環太平洋経済連携協定
TRIPS　⇒知的所有権の貿易関連の側面に関する協定
　——プラス　248
TTIP　⇒環大西洋貿易投資パートナーシップ
UNDP　⇒国連開発計画
WTO　⇒世界貿易機関
　——加盟　134

あ 行

アーリーハーベスト　76
アクレダ銀行　159-160
アジアインフラ投資銀行　128, 139, 154-155
アジア開発銀行　136, 155
アジア成長トライアングル　17, 20
アジア太平洋経済協力会議　182, 237, 253-254
アジア太平洋自由貿易圏　253, 258,

267

アジア通貨危機　75, 144, 152, 256
アスンシオン条約　47
アンゴラ・モデル　131
安全保障　64
アンデス共同市場　47
域外共通関税　46
域内格差　195
域内経済格差　48
域内分業　54
域内貿易　123, 149
　——決済　148
委託加工貿易　39
一括受諾方式（シングル・アンダーテイキング）　80
一帯一路　128, 132
イノベーション　262
　——政策に関する共通原則　261
インキュベーター　253, 258, 260, 263
インフラ・ギャップ　264
インフラ整備　66, 116, 139, 219-220
インフラ輸出戦略　64
インボイス通貨　148
ウクライナ危機　269
海のシルクロード　224
ウルグアイ・ラウンド　76, 205
越境交通協定　95
エネルギー問題　62
援助政策　61
円の国際化　154
黄金の四角形プロジェクト　230
欧州債務危機　135
大阪行動指針　255

か 行

改革開放政策　129
改革開放路線　74
外貨導入　74
外国直接投資　67, 91, 109
開発援助委員会　131
外部経済効果　111, 114
改良主義　58
価格競争　59
加工組立拠点　36
加工工程基準　248
華南経済圏　20
ガバナンス　140
　——改革　155
　——体制　167
カリブ共同市場　47
為替リスクヘッジ　149
環境物品　262
雁行形態型の経済発展論　93
関税と貿易に関する一般協定　75
関税番号変更基準　81, 248
関税割当　201
環太平洋経済連携協定　132, 237, 242, 253, 266
環大西洋貿易投資パートナーシップ　242
官民パートナーシップ　134
議決権　136
基軸通貨　157
技術移転　263
規模に関する収穫逓増　92
規模の経済性　43
キャプティブ・マーケット　223
協調的自主的行動　256

293

共通効果特恵関税　74, 183
　　——協定　183
共通通貨　47
共同市場　47-48
金融統合　173
クールジャパン　64, 67
クォータ（出資割当額）　155
グッドガバナンス　131
クラスター・To・クラスター　21
グラミン銀行　162
グリーン成長　262
グリーンファンド・スキーム　166
グローバリズム　259
クロスボーダー債券取引　152
経済回廊　19, 111, 113, 118, 230
経済協力　44
経済統合　46, 48
経済連携　67
　　——協定　64
原産地規則　81, 190, 210, 223, 236, 248
広域FTA　237
交易条件　54, 58
交渉モダリティー　200
構造主義アプローチ　58
構造調整借款　60
構造調整プログラム　58-59
構造調整融資　59
交通円滑化協定　95
工程間分業　106, 108, 122
高等教育　13
後発開発途上国　222
高齢化　12
国際協力　63, 67-68
国際協力機構　64

国際生産ネットワーク　225
国際通貨基金　136
国有企業　266
国有商業銀行　162
国連開発計画　63
国連ミレニアム宣言　61
国家公共財　63
国家資本主義　266
国境貿易　39, 224, 231
コンディショナリティー　59, 145

さ　行

サービス・リンク・コスト　92, 103, 106, 124
サービス貿易協定　80
最恵国待遇　77
サプライチェーン　23, 34, 36, 88, 103, 194, 225, 227, 233, 236, 245, 264
　　——・コネクティビティ　264
産業クラスター　7, 18, 67, 232
産業構造の高度化　7, 16
産業構造類似指数　49
産業集積　19, 92, 94, 99, 105, 107, 109
三位一体型国際協力　57, 66
シアトル合意　255
市場主導型イノベーション　263
次世代貿易・投資　261-262
持続的開発目標　59
指定された越境交通路　94
ジニ係数　11
四本柱型国際協力　57, 68
社会主義市場経済　74
社会的担保　176
上海協力機構　130

自由化政策　222
自由化目標　239
自由化率　83, 201-202, 247
集団的外資依存輸出指向型工業化戦略　182
自由貿易協定　21, 41, 64, 77
需要の所得弾力性　43, 54
所得格差　11
シルクロード基金　138
シルクロード経済ベルト　128, 133
新開発銀行　137
シングルウィンドウ　96
シングルストップ　96
新興ドナー　131
人口ボーナス　232
新古典派アプローチ　58-59
新古典派経済成長モデル　118
真珠の首飾り　133, 224
新太平洋共同体　254
人民元　154
　——の国際化　154, 157
心理的担保　176
スコアカード　184
裾野産業　86, 98, 103, 195
スパゲッティ・ボウル現象　73, 248
生産ネットワーク　87, 109, 149, 185, 193, 230, 245
生産要素投入型成長　217
生存水準賃金　8, 15
成長戦略　21, 64
政府開発援助　64-66, 129, 150
政府開発援助大綱　65
世界銀行　136
世界金融危機　187
世界経済危機　222

世界公共財　63
世界の工場　87, 134
世界貿易機関　76, 82, 257
絶対的貧困層　224
絶対的貧困率　218
センシティブトラック　83
センシティブ品目　79
早期自主的分野別自由化　237, 256
相互承認　195
走出去（海外進出）　134
ソフトインフラ　14, 95, 195
ソブリン危機　152

た 行

タイ・プラス・ワン　10, 39, 105, 194
第2 ASEAN 協和宣言　183
第2次石油ショック　216
ダブル・ミスマッチ　145, 150, 152, 157
地域経済協力　188
地域経済圏　74
地域通貨単位　148, 153
地域統合　67-68, 151
地域累積付加価値基準　81
チェンマイ・イニシアティブ　144, 152, 187
知的財産権　241, 248
知的所有権の貿易関連の側面に関する協定　241
チャイナ・プラス・ワン　10, 18, 102
中韓 FTA　200
中間財　23, 24, 31, 123
　——貿易　123
中間貿易財　121

中継貿易　246
中国版マーシャルプラン　133
中国包囲網　266
中所得　5
中所得国のわな　6, 10, 21, 66
中米共同市場　47
直接投資　134, 184, 227, 245
通貨・金融協力　143
通貨スワップ貿易決済機能　156
デファクトスタンダード　20
デミニマス　250
転換点　15, 18
東西経済回廊　19, 124
投資家と国家の紛争解決規定　248
投資協定　80
東南アジア諸国連合　3
ドーハ・ラウンド　260, 262
ドーハ開発アジェンダ（ドーハ・ラウンド）　76
都市化　13
ドミノ現象　77

な　行

内国民待遇　241, 247
南巡講話　74
南北経済回廊　19, 124
二重経済モデル　58
日中韓FTA　199, 210
日中共同提案　267
日本再興戦略　65
人間の安全保障　62
ネガティブリスト　222, 247
ネピドー宣言　109, 191
ノーマルトラック　79, 83
ノックダウン　86

は　行

ハードインフラ　13, 95, 195
バスケット通貨　157
パスファインダーアプローチ（先遣隊方式）　238, 260
バンドン会議　129
比較優位　50, 226
東アジア自由貿易地域　189, 237
東アジアスタディグループ　237
東アジア地域包括的経済連携　189, 192, 235-236, 242, 258, 267
東アジアの奇跡　143
東アジア包括的経済連携　189, 237
東日本大震災　62
非関税障壁　74, 223, 264
非拘束原則　259, 269
ビジネスモデル　167
ビッグ・プッシュ　58
開かれた地域主義　259
貧困削減　60, 139, 224
貧困削減戦略文書　58, 60
ヒンズー的成長　215
付加価値　43
　――基準　248
物品貿易協定　80
フラグメンテーション　106, 108
フラグメンテーション理論　92
プラザ合意　154
フリーライダー　140
ブループリント　265
ブレトンウッズ体制　137, 141
プレビッシュ・シンガー　58

プロダクト・サイクル理論　92
米韓FTA　201
米州自由貿易圏　48
米ドルペッグ制度　144
北京ロードマップ　268
ヘクシャー・オリーンモデル　42
ベストプラクティス　140
ペティ・クラークの法則　43, 51
ベトナム・プラス・ワン　10
便益費用分析　114
貿易円滑化　251
貿易自由化　75, 188
貿易創出　43
　　――効果　223-224
貿易転換　43
　　――効果　77, 223-224, 236
北米自由貿易協定　48, 74, 254
ボゴール宣言　237, 255
ボゴール目標　255, 261
ポジティブリスト　247

ま 行

マイクロビジネス　171
マイクロファイナンス　160, 166, 175
マクロプルーデンス政策　156
マザー工場　11, 105
マニラ行動計画　256
幻のアジア経済　217
マルチモード輸送　96
ミッシング・リング　95
南アジア地域協力連合　222

南アジア特恵貿易協定　222
ミレニアム開発目標　59, 61, 130
無償援助　131
メガFTA　67, 192, 242
メコン・インド経済回廊　230
メルコスール　47
モダリティー　83
モディノミクス　219, 232

や 行

優遇借款　129, 131
輸出・投資主導型成長　217
輸出加工区　84
輸出指向型工業化政策　74
輸出倍増計画　188
輸送インフラ整備　113, 124
緩やかな協議体　258, 270
要請主義　66
要素価格均等化定理　42
横浜ビジョン　258, 270

ら 行

リーディングバンク　177
リーマンショック　135-136, 152, 157
累積　249
ルック・イースト政策　216, 231
労働集約型産業　8, 21
ロールアップ　250
ロジスティックス　20
ロックイン効果　102

編著者紹介

朽木昭文（くちき・あきふみ）

　1949年生まれ。京都大学農学部博士課程修了。博士（農学）。アジア経済研究所入所後、ペンシルベニア大学客員研究員、国際協力銀行参事、世界銀行上級エコノミスト、東京大学特任教授等を経て、現在、日本大学生物資源科学部教授。主要著書に、『日本の再生はアジアから始まる』（農林統計協会、2012年）、『現代の開発経済学』（共編著、ミネルヴァ書房、2014年）、『農・食・観光クラスターの展開』（共編著、農林統計協会、2015年）など多数。

馬田啓一（うまだ・けいいち）

　1949年生まれ。慶應義塾大学大学院経済学研究科博士課程修了。杏林大学総合政策学部・大学院国際協力研究科教授を経て、現在、杏林大学客員教授。国際貿易投資研究所理事・客員研究員。主要著書に、『通商政策の潮流と日本』（共編著、勁草書房、2012年）、『アジア太平洋の新通商秩序』（共編著、勁草書房、2013年）、『通商戦略の論点』（共編著、文眞堂、2014年）、『メガFTA時代の新通商戦略』（共編著、文眞堂、2015年）など多数。

石川幸一（いしかわ・こういち）

　1949年生まれ。東京外国語大学外国語学科卒業。ジェトロ国際経済課長、国際貿易投資研究所研究主幹等を経て、現在、亜細亜大学アジア研究所所長・教授。国際貿易投資研究所客員研究員。主要著書に、『ASEAN経済共同体』（共編著、ジェトロ、2009年）、『ASEAN経済共同体と日本』（共編著、文眞堂、2013年）、『TPP交渉の論点と日本』（共編著、文眞堂、2014年）、『FTA戦略の潮流——課題と展望』（共編著、文眞堂、2015年）など多数。

アジアの開発と地域統合
かいはつ　　ちいきとうごう
新しい国際協力を求めて

2015年11月25日　第1版第1刷発行

編著者——朽木昭文・馬田啓一・石川幸一
発行者——串崎　浩
発行所——株式会社日本評論社
　　　　〒170-8474　東京都豊島区南大塚3-12-4
　　　　電話　03-3987-8621（販売），8595（編集）　振替　00100-3-16
印　刷——精文堂印刷株式会社
製　本——井上製本所
装　幀——菊地幸子
検印省略 © Kuchiki, A., K. Umada and K. Ishikawa, 2015
Printed in Japan, ISBN978-4-535-55832-8

|JCOPY|〈(社)出版者著作権管理機構　委託出版物〉

本書の無断複写は著作権法上での例外を除き禁じられています．複写される場合は，そのつど事前に，(社)出版者著作権管理機構（電話 03-3513-6969，FAX 03-3513-6979，e-mail: info@jcopy.or.jp）の許諾を得てください．また，本書を代行業者等の第三者に依頼してスキャニング等の行為によりデジタル化することは，個人の家庭内の利用であっても，一切認められておりません．

東アジア統合の経済学

黒岩郁雄[編著]

TPP、RCEP、日中韓FTAなど日本をめぐる自由貿易協定（FTA）を理論的・実証的に考えるための初めての体系的なテキスト。　◆A5判／本体3,300円＋税

これからの日本の国際協力
ビッグ・ドナーからスマート・ドナーへ

黒崎 卓・大塚啓二郎[編著]

経済の長期低迷下ではODA増額よりも限られた予算の有効活用こそが重要課題。日本発の国際協力が世界をリードするための道標。◆A5判／本体2,700円＋税

ASEAN諸国の社会保障

菅谷広宣[著]

日系企業のアジア進出の拡大に伴い、現地における労務管理の必要上からも、ASEAN諸国の社会保障の実態は必須の情報である。　◆A5判／本体4,500円＋税

過剰流動性とアジア経済

大野早苗・黒坂佳央[編著]

グローバル・インバランスを背景とした世界的な過剰流動性が各国／地域に与える影響を、主にアジアを対象にして分析する。　◆A5判／本体4,800円＋税

国際統合論
地域自決主義の比較統合論的分析

金 俊昊[著]

20世紀後半に世界全域で多発している地域統合、地域共同体の動きを網羅して、統一的な視点から比較分析した初めての研究書。　◆A5判／本体3,200円＋税

日本評論社
http://www.nippyo.co.jp/